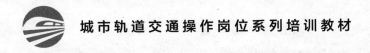

城市轨道交通操作岗位系列培训教材

城市轨道交通接触网检修工

主　编　王元厚
副主编　张立军　耿卫锋
主　审　李东辉

内 容 提 要

本书为城市轨道交通操作岗位系列培训教材，全书共分为两篇：基础知识篇和实务篇，介绍了城市轨道交通接触网系统的结构和特点、接触网系统设备、接触网车辆、接触网零部件及接口、接触网设备维护、接触网设备故障处理、接触网常用工器具及仪器、仪表的使用。

本书可作为城市轨道交通相关从业人员的培训教材，也可作为全国职业院校城市轨道交通相关专业的教材。

图书在版编目（CIP）数据

城市轨道交通接触网检修工/王元厚主编． — 北京：
人民交通出版社股份有限公司，2017.7
城市轨道交通操作岗位系列培训教材
ISBN 978-7-114-13572-9

Ⅰ.①城… Ⅱ.①王… Ⅲ.①城市铁路—接触网—检修—职业技能—教材 Ⅳ.①U239.5

中国版本图书馆CIP数据核字（2017）第000800号

城市轨道交通操作岗位系列培训教材

书　　名：	城市轨道交通接触网检修工
著 作 者：	王元厚
责任编辑：	吴燕伶　　王景景
出版发行：	人民交通出版社股份有限公司
地　　址：	（100011）北京市朝阳区安定门外外馆斜街3号
网　　址：	http://www.ccpress.com.cn
销售电话：	（010）59757973
总 经 销：	人民交通出版社股份有限公司发行部
经　　销：	各地新华书店
印　　刷：	北京市密东印刷有限公司
开　　本：	787×1092　1/16
印　　张：	14.25
插　　页：	8
字　　数：	291千
版　　次：	2017年7月　第1版
印　　次：	2017年7月　第1次印刷
书　　号：	ISBN 978-7-114-13572-9
定　　价：	41.00元

（有印刷、装订质量问题的图书由本公司负责调换）

PREFACE | 序

著述成书有三境：一曰立言传世，使命使然；二曰命运多舛，才情使然；三曰追名逐利，私欲使然。予携众编写此系列丛书，一不求"立言"传不朽，二不恣意弄才情，三不沽名钓私誉。唯一所求，以利工作。

郑州发展轨道交通八年有余，开通运营两条线46.6公里，各系统、设施设备运行均优于国家标准，服务优质，社会口碑良好。有此成效，技术、设备等外部客观条件固然重要，但是最核心、最关键的仍是人这一生产要素。然而，从全国轨道交通发展形势来看，未来五年人才"瓶颈"日益凸显。目前，全国已有44个城市轨道交通建设规划获得批复，规划总里程7000多公里，这比先前50年的发展总和还多。"十三五"期间，城市轨道交通发展将处于飞跃发展时期，相关专业技术人才将面临"断崖"处境。社会人才储备、专业院校输出将无法满足几何级增长的轨道交通行业发展需求。

至2020年末，郑州市轨道交通要运营10条以上线路，总里程突破300公里，人才需求规模达1.6万人之多。环视国内其他城市同期建设力度，不出此左右。振奋之余更是紧迫，紧迫之中夹杂些许担心。思忖良久，唯立足自身，"引智"和"造才"双管齐下，方可破解人才困局，得轨道交通发展始终，以出行之便、生活之利馈商都社会各界，助力国家中心城市和国际商都建设。

郑州市轨道交通通过校园招聘和订单班组建，自我培养各类专业技术人员逾3000人。订单班组建五年来，以高职高专院校的理论教学为辅，以参与轨道交通设计、建设和各专业各系统设备生产供应单位的专家实践教学为主，通过不断创新、总结、归纳，逐渐形成了成熟的培养体系和教学内容，所培养学生大都已成为郑州市轨道交通运营一线骨干力量。公司以生产实践经验为依托，充分发挥有关合作院校的师资力量，同时在设备制造商、安装商和设施设备维修维保商的技术支持下，编写了本套城市轨道交通操作岗位系列培训教材，希望以此建立起一套符合郑州市轨道交通运营实际且符合轨道交通行业发展水平的教材体系，为河南乃至全国轨道交通人才培养略尽绵薄之力。

教材编写过程中,得到了西南交通大学、大连交通大学、石家庄铁道大学、上海地铁维护保障有限公司、郑州铁路职业技术学院以及人民交通出版社股份有限公司的大力支持,在此一并表示感谢。

以羽扣钟,既有总结之意,也有求证之心,还请业内人士不吝赐教。

是为序。

FOREWORD 前言

随着社会的发展,城市化建设进程越来越快,城市交通问题成为各大城市的重大难题,在寻求解决这一难题办法的过程中,人们的目光逐渐聚焦在城市轨道交通上。城市轨道交通能够改善交通困局、节省土地、优化城市区域布局、促进国民经济发展和改善市民生活质量。近年来,城市轨道交通建设在我国发展迅速,很多城市都在建设城市轨道交通。

接触网系统是城市轨道交通的重要组成部分,担任着向电力机车提供动力的重要作用。因其没有备用,工作环境恶劣,故设备状态的好坏将直接影响运营的质量。为保证轨道交通安全可靠地运营,需要大量具备扎实基础知识的接触网系统维护人员;他们应具备设备维护技能并且精通安全作业流程,具有灵活的故障应变能力和良好的职业道德、高素质的敬业精神。为满足我国各大城市轨道交通蓬勃发展对接触网系统维护人才的需要,特组织编写本书。

本书按照由理论到实践的思路编写,强调教材的全面性、系统性,突出各章节的独立性。其内容既前后呼应,相互联系,又自成体系,相对独立;既可供读者全面、系统地学习,又便于读者有针对性地查阅与选学。

本书由王元厚担任主编,张立军、耿卫锋担任副主编,李东辉担任主审。其中第一章由时光编写;第二章由武学文编写;第三章前三节、第五章前两节、第九章由刘智威编写;第三章后三节、第四章由褚衍涛编写;第五章最后一节、第八章由李嘉鹏编写;第六章前两节由王向阳编写;第六章最后一节由王明月编写;第七章、第十章由胡舜编写。李东辉来自大连交通大学,其余人员来自郑州市轨道交通有限公司。

本书编写过程中,得到西南交通大学、大连交通大学、石家庄铁道大学、上海地铁维护保障有限公司、郑州铁路职业技术学院以及人民交通出版社股份有限公司的大力支持,在此表示诚挚的感谢!

由于城市轨道交通接触网发展快、技术新,资料收集齐全较为困难,加之编写人员技术水平和实践经验的局限性,错误与不足之处在所难免,敬请广大使用单位和个人不吝赐教,提出宝贵意见。

编 者
2016 年 10 月

INTRODUCTION 学习指导

一、岗位职责

接触网专业操作岗位的工作内容包括：接触网设备的安装调试、运行维护、操作检修、故障处理、技术改造等。其岗位职责包括安全职责和工作职责。

（一）安全职责

（1）对相应的生产工作负直接责任，做好生产第一现场的安全把控工作。

（2）保证安全生产的各项规章制度贯彻执行。

（3）组织学习并落实公司的各项安全管理规定和安全操作规程。

（4）负责所辖范围内特种设备的安全管理工作，确保特种作业、特种设备操作人员持证上岗。

（5）参加公司组织的各项培训工作，努力提高业务技能，增强安全意识。

（6）定期开展自查工作，落实隐患整改，保证生产设备、安全装备、消防设施、救援器材和急救用具等处于完好状态，并能够正确使用。

（7）及时反映生产过程中存在的各类问题，及时找到解决途径，确保安全生产，保障人身、设备安全。

（8）负责接触网巡视、维修维护以及应急抢险工作。

（二）工作职责

（1）积极学习安全政策和规章制度，参加各项安全操作规程培训；协助班组做好安全检查和其他各项安全工作。

（2）做好接触网的日常巡视、值班工作，做好数据及故障的统计、汇总、上报等工作。

（3）按计划对设备进行日常维护、检修、保养工作；参与设备缺陷整改、整治。

（4）处理设备故障，配合设备抢修。

（5）积极参与班组建设，定期参加班组组织的各种会议。

（6）积极参与工班和科室开展的各种培训，不断提高个人业务水平和技术能力。

（7）积极完成上级领导交办的临时性工作任务；做好班组宣传工作；参与党、工、团组织的各项活动。

（8）积极参与科研技改，配合开展实施设备的技改、工程整改工作。

（9）参与新线介入工作，及时上报工程问题，并配合上级管理部门督促承包商进行整改；参与新线接触网设备的验收工作。

二、课程学习方法及重难点

在具有一定接触网相关基础知识的条件下，首先要熟悉供电系统的组成，接触网系统的组成，接触网的设备及其作用；其次需要掌握接触网各零部件的作用；最后能了解整个接触网系统。这为后续介绍的设备维护和故障处理打下一定的理论基础。学习完实务篇的内容后，再看基础知识篇的相关内容，就会对设备有更进一步的认识。

本书基础知识篇的学习难点是掌握接触网系统的组成和各设备零部件的作用；实务篇的学习难点是常见的故障处理和分析。这些内容要通过反复学习，并结合日常的工作经验，才能做到完全掌握。

三、岗位晋升路径

根据人员情况，定期对满足职级要求（工作年限、职称、学历、绩效考评）的人员，按照一定比例进行晋级。员工晋升通道划分：

（一）技术类职级序列

由低到高依次为：技术员、助理、工程师一、工程师二、工程师三、主管。

（二）操作类职级序列

由低到高依次为：初级工、中级工、高级工一、高级工二、技师一、技师二、高级技师。

CONTENTS 目录

第一篇 基础知识篇

第一章 城市轨道交通概述 ………… 2
第一节 城市轨道交通发展概述 ………… 2
第二节 供电系统概述 ………… 3
第三节 接触网系统概述 ………… 6

第二章 城市轨道交通接触网系统的结构和特点 ………… 7
第一节 柔性接触网系统的结构和特点 ………… 7
第二节 刚性接触网系统的结构和特点 ………… 13
第三节 接触轨式接触网系统的结构和特点 ………… 20

第三章 城市轨道交通接触网系统设备 ………… 25
第一节 隔离开关 ………… 25
第二节 避雷器 ………… 35
第三节 分段绝缘器 ………… 41
第四节 膨胀元件 ………… 44
第五节 补偿装置 ………… 49
第六节 线岔、锚段关节 ………… 54

第四章 城市轨道交通接触网车辆 ………… 59
第一节 接触网作业车 ………… 59
第二节 网轨检测车 ………… 61

第五章　城市轨道交通接触网零部件及接口 ································ 65
第一节　柔性零部件介绍 ·· 65
第二节　刚性零部件的介绍 ··· 92
第三节　接触网专业与其他专业的接口 ··· 97

第二篇　实务篇

第六章　接触网设备维护 ··· 112
第一节　接触网设备巡检 ··· 112
第二节　柔性接触网设备维护 ·· 113
第三节　刚性接触网设备维护 ·· 129

第七章　接触网设备故障处理 ·· 147
第一节　隔离开关常见故障及处理方法 ··· 147
第二节　避雷器常见故障及处理方法 ·· 153
第三节　线岔常见故障及处理方法 ··· 153
第四节　锚段关节常见故障及处理方法 ··· 155
第五节　支持定位装置常见故障及处理方法 ······································· 158
第六节　分段绝缘器常见故障及处理方法 ·· 162
第七节　补偿装置常见故障及处理方法 ··· 164
第八节　膨胀元件常见故障及处理方法 ··· 165

第八章　接触网常用工器具及仪器、仪表的使用 ············· 167
第一节　常用工器具 ··· 167
第二节　常用仪器、仪表 ·· 174

第九章　实操平台搭建 ·· 188
第一节　柔性接触网实操平台搭建 ··· 188
第二节　刚性接触网实操平台搭建 ··· 191

第十章　接触网典型故障 ·· 194
第一节　异物故障 ·· 194
第二节　设备故障 ·· 198

第三节 施工异常……………………………………………209
第四节 人为因素……………………………………………210
第五节 其他因素……………………………………………212

附录 城市轨道交通接触网检修工考核大纲……………214

参考文献……………………………………………………215

第一篇 基础知识篇

第一章　城市轨道交通概述

> **岗位应知应会**
>
> 1. 了解城市轨道交通的发展历史及现状。
> 2. 了解供电系统概况。
> 3. 熟悉接触网系统。
>
> **重难点**
> 重点：接触网系统的组成。
> 难点：供电系统的组成。

随着全球工业化的不断发展,城市人口迅速增加,使得城市交通日益拥挤,世界各国都在寻求发展与之相适应的城市交通方式。轨道交通以环境污染小、节省能源、投资少且运量大而得到广泛的运用。

第一节　城市轨道交通发展概述

自 1881 年德国制造了第一辆有轨电车、1890 年美国修建了第一条有轨电车道后,有轨电车作为城市交通的主要工具在世界许多大城市得到迅速发展。但有轨电车同其他各种车辆共享路面,噪声大、速度低且乘坐舒适性差,到 20 世纪 50 年代随着私人小汽车的发展而逐渐失去了往日的地位。20 世纪 70 年代,城市交通中汽车数量剧增,造成道路阻塞、环境污染和交通事故增加,使人们重新考虑发展有轨电车。

轻轨列车尽管是在有轨电车的基础上发展起来的,但相比之下,轻轨列车更灵活,运量大且速度高。轻轨列车有电力和内燃之分,但考虑到对城市环境的影响,城市轻轨一般用电作为动力,而内燃轻轨列车主要用于市郊轻轨。进入 20 世纪 80 年代,特别是 1984 年第一辆低地板轻轨列车问世后,城市轻轨得到了迅速发展。

地铁的出现解决了大城市土地资源稀缺和交通拥堵问题,为城市健康、可持续发展开辟了新的途径。

1. 地铁概述

地铁是城市地下铁道交通的简称,属于城市轨道交通行业。它作为城市公共交通的重要组成部分,狭义上专指在地下运行的城市铁路系统;但广义上讲,由于许多此类的系统为了配合修筑的环境,可能也会有地面化的路段存在,因此通常涵盖了各种地下与地面上的高密度交通运输系统。地铁是采用在地下挖隧道,运用有轨电力机车牵引的交通方式,除为方便乘客,在地面每隔一段距离建一个进出站口外,一般不占用城市的土地和空间,既不对地面构成环境污染,又可为乘客躲避城市的噪声提供舒适的乘车环境。

与其他交通方式相比,地铁的主要特点如下:

(1)大型城市的基础设施,为社会生产和生活提供基础服务,具有显著的公益性。
(2)其基础设施中的线路、车站、通信和车辆等,具有资产专用性,一经完成不能他用。
(3)建设成本高,规模大,回收周期长,但随着地铁网络系统规模的扩大,可以降低成本。
(4)项目的规划、设计、建设和运营等各阶段,需多专业、多行业、多企业间相互配合。

2. 地铁的发展现状

世界上首条地下铁路系统是于1863年开通的伦敦大都会铁路,该线路是为了解决当时伦敦的交通堵塞问题而修建的,由于当时电力尚未普及,所以即使是地下铁路,也只能用蒸汽机车。我国第一条地铁线路是北京地铁1号线,始建于1965年7月1日,1969年10月1日建成通车,这也使北京成为我国除港澳台外第一个拥有地铁的城市。虽然我国地铁建设起步较晚,但是发展速度很快。目前我国已开通地铁的城市有27个之多,运营线路已达22条,运营总里程已经突破3500公里。

第二节　供电系统概述

城市轨道交通供电系统是为轨道交通运营提供所需电能的系统,它不仅为电动列车提供牵引用电,而且还为城市轨道交通运营服务的其他设施提供电能,如照明、通风、空调、给排水、通信、信号、防灾报警、自动扶梯等。在城市轨道交通的运营中,供电一旦中断,不仅会造成地铁运输的瘫痪,而且还会危及乘客生命安全并造成财产损失。因此,高度安全、可靠而又经济合理的电力供给是城市轨道交通正常运营的重要保证和前提。

一、城市轨道交通供电系统

城市轨道交通供电电源一般取自城市电网,通过城市电网一次电力系统和城市轨道交通供电系统实现输送或变换,然后以适当的电压等级供给城市轨道交通各类用电设备。

城市轨道交通供电系统一般包括外部电源、主变电所（或电源开闭所）、牵引供电系统、

动力照明供电系统、电力监控系统。其中，牵引供电系统包括牵引变电所和牵引网，动力照明供电系统包括降压变电所和动力照明配电系统。

城市轨道交通按规定应为一级负荷，即应由两路电源供电，当任何一路电源发生故障中断供电时，另一路电源应能保证城市轨道交通重要负荷的全部用电需要。在城市轨道交通供电系统中，牵引用电负荷为一级负荷，而动力照明等负荷根据它们的实际情况可分为一级、二级或三级负荷。

城市轨道交通的外部电源供电方案，根据线网规划和城市电网的具体情况不同，分为**集中供电方式、分散供电方式和混合供电方式**。为了便于城市轨道交通供电系统的统一管理，提高供电的可靠性和灵活性，**城市轨道交通供电系统目前较多采用集中供电方式**。

城市轨道交通供电系统中一般设置三类变电所，即主变电所（分散式供电方式为电源开闭所）、降压变电所及牵引降压混合变电所。主变电所是指采用集中供电方式时，接受城市电网35kV及以上电压等级的电源，经其降压后以中压供给牵引变电所和降压变电所的一种城市轨道交通变电所。降压变电所从主变电所（电源开闭所）获得电能并降压变成低压交流电。牵引变电所从主变电所（电源开闭所）获得电能，经过降压和整流变成电动列车牵引所需要的直流电。在有牵引变电所和降压变电所的站点，为方便运行管理，降低工程造价，可合并建成一座牵引及降压混合变电所。当由其他变电所引入中压电源而独立设置降压变电所时，可称为跟随式降压变电所。

二、牵引供电系统

（一）组成与要求

1. 牵引供电系统组成

在城市轨道交通牵引供电系统中，电能从牵引变电所经馈电线、接触网输送给电动列车，再从电动列车经钢轨（称轨道回路）、回流电缆流回牵引变电所。由馈电线、接触网、轨道回路及回流线组成的供电网络称为牵引网。牵引供电系统由牵引变电所和牵引网组成，其中牵引变电所和接触网是牵引供电系统的主要组成部分。接触网按其结构可分为架空式和接触轨式，按其悬挂方式又可分为柔性（弹性）接触网和刚性接触网。习惯上，由于接触轨式是沿线路敷设的与轨道平行的附加轨，故又称为第三轨；而用架空方式时，才称为接触网。

名词术语：

（1）牵引变电所：供给城市轨道交通一定区域内牵引电能的变电所。

（2）**接触网**：经过电动列车的受电器向电动列车供给电能的输电网（有接触轨和架空接触网两种方式）。

（3）馈电线：从牵引变电所向接触网输送牵引电能的导线。

(4)回流线:用以供牵引电流返回牵引变电所的导线。

(5)电分段:为便于检修和缩小事故范围,将接触网分成若干段,称为电分段。

(6)轨道:列车行走时,利用走行轨作为牵引电流回流的电路。在采用跨座式单轨电动车组时,需沿线路专门敷设单独的回流线。

在城市轨道交通牵引供电系统中采用直流供电制。我国早期建成的北京地铁供电电压采用750V,上海和广州地铁供电电压采用1500V。

2. 牵引变电所的设置要求

牵引变电所的数量、容量和设置的距离是根据牵引计算,并通过技术比较后确定的。它们一般设置在城市轨道交通沿线若干车站及车辆段附近。每个牵引变电所按其所需容量设置两组牵引整流机组并列运行,沿线任一牵引变电所因故障退出运行时,由两侧相邻的牵引变电所共同承担该区段的全部牵引负荷。

牵引变电所的容量和设置距离的确定一般需考虑以下设计原则和技术条件:

(1)正线任一牵引变电所出现故障时,其相邻牵引变电所应采用越区供电方式,负担起该区段的全部牵引负荷,此负荷应满足远期高峰小时负荷的要求。

(2)牵引变电所的数量及其在线路上的位置,应满足在事故情况下越区或单边供电时接触网的电压水平。直流牵引供电系统的电压及其波动范围应符合表1-1的规定。

直流牵引供电系统的电压及其波动范围(单位:V)　　　　表1-1

标 称 值	最 高 值	最 低 值
750	900	500
1500	1800	1000

(3)在任何运行方式下,接触网最高电压不得高于最高值,高峰时段内,全线任一点的电压不得低于最低值。

(二)运行方式

牵引变电所向接触网供电的方式有两种,即**单边供电和双边供电**。城市轨道交通接触网在每个牵引变电所附近由电分段进行电气隔离,分成两个供电分区,每个供电分区也称为一个供电臂。**如列车只从所在供电臂上的一个牵引变电所获得电能,则这种供电方式称为单边供电;如一个供电臂同时从相邻两个牵引变电所获得电能,则称为双边供电。**

一般来说,**车辆段内采用单边供电方式,正线采用双边供电方式**。在采用双边供电方式时,当某一牵引变电所因故障退出运行时,该段接触网就成为单边供电。正线上任何牵引变电所因故障退出运行时,可由相邻牵引变电所越区供电,此时亦称大双边供电。在越区供电方式下,供电末端的接触网电压较低,电能损耗较大,因此,要视情况适当减少同时处在该供电区段的列车数目。另外,直流馈线保护整定时还需考虑大双边供电方式下的灵敏度。因此,越区供电只是在不得已的情况下,短时采用的一种运行方式。

第三节　接触网系统概述

接触网是在电气化铁道中沿电气化铁路上空架设,直接供给电力机车电能的特殊输电线路。

接触网按其安装位置和接触导线的不同,可分为接触轨和架空接触网。架空接触网按接触悬挂的不同,**分为柔性接触网和刚性接触网**。接触轨、柔性接触网适用于地下线路、地面线路及高架线路,刚性接触网适用于地下线路。

城市轨道交通接触网的设计满足规范和标准的要求,并体现下述原则:

接触网主要机电性能应满足有关规范和运行要求,车辆在正线最高运行速度 80km/h、车场内最高行驶速度 30km/h 条件下受流质量良好,牵引网载流截面满足远期高峰时段最不利条件下的持续最大电流值,在当地气候和环境条件下能确保机车车辆正常运行。

地下区段接触网采用架空"Π"型刚性悬挂,其余区段接触网采用架空柔性悬挂。

电气分段和开关设置具有较高的供电灵活性和运营保障功能,车辆段内不同作业性质的区域各自独立供电。

选用耐腐蚀性好、寿命长、维修量少的设备及零部件,关键受力部件采用强度高、性能好的有色金属模锻件,小于 M14 的螺栓采用高强度不锈钢件。

额定电压 DC1500V,波动范围 1000～1800V,接触网总载流截面满足高峰小时牵引负荷的需要。

接触网系统的设备及零件应具有使用安全、技术可靠、经济合理、耐腐蚀性好、通用性强、使用寿命长、少维修或免维修的特点,便于安装、故障抢修和日常维护。在满足各项技术要求的前提下,优先选用国产设备。

贯通的架空地线与变电所接地网相连接构成接地保护回路,所有接触网不带电的金属底座与架空地线相连接。

贯彻"以人为本"的设计指导思想,充分考虑用户需求,充分考虑对接触网系统运行和人身安全的防护措施。

隧道内采用低烟无卤阻燃铜芯软电缆。

接触网带电部分和结构体、车体之间的最小净距符合《地铁设计规范》(GB 50157—2013)的要求,具体为:接触网带电部分和结构体、车体之间的最小净距:静态为 150mm,动态为 100mm,绝对最小动态 60mm。

除与机车车辆有相互作用的接触网设备外,其他设备在任何情况下不得侵入设备限界,以确保行车安全。

第二章　城市轨道交通接触网系统的结构和特点

> **岗位应知应会**
>
> 1. 熟悉柔性接触网系统的结构和特点。
> 2. 熟悉刚性接触网系统的结构和特点。
> 3. 了解接触轨式接触网系统的结构和特点。
>
> **重难点**
>
> 重点：柔性接触网、刚性接触网系统的结构和特点。
> 难点：柔性接触网、刚性接触网、接触轨接触网系统的结构。

第一节　柔性接触网系统的结构和特点

柔性接触网分为简单接触悬挂和链形接触悬挂两种基本类型，主要由支柱与基础（隧道为支撑部件）、支持装置和接触悬挂及附加导线等几部分组成。

一、支柱与基础（隧道为支撑部件）

支柱与基础（隧道为支撑部件）承受着接触悬挂和支持装置所传递的负荷（包括自身重量），并将接触线悬挂到一定的高度上。

在城市轨道交通中，一般使用金属支柱和等径预应力钢筋混凝土支柱，金属支柱又有普通桁架结构式钢柱、整体型材 H 型钢支柱和圆形钢支柱。其中 H 型钢支柱是一种较新型的支柱，国内在地铁中使用较多，另外在郑西高铁、郑开城际轻轨也有使用。其他形式的支柱与铁路系统的型号一致，故此不作重点介绍。金属支柱具有强度高、抗碰撞和安装运输方便等优点，H 型钢和圆形钢支柱还具有体积小、外观整齐美观和易于维护等优点。H 型钢支柱的外形如图 2-1 所示，其规

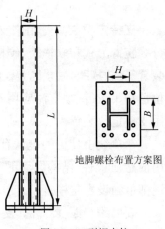

图 2-1　H 型钢支柱

格和型号如表 2-1 所示。

基础承受支柱所传递的力矩并传给土体,是起支持作用的。一般所谓的基础主要是指金属支柱的基础,至于钢筋混凝土柱,则是它的地下部分代替了基础的作用。

H 型钢支柱规格和型号 表 2-1

H 型钢支柱型号	柱高 L (m)	截面尺寸(mm)		厚度(mm)		质量(kg)
		宽度 B	高度 H	腹板 t_1	腹板 t_2	
HGZ250/5.75	5.75	250	250	9	14	416
HGZ300/7.5	7.5	300	300	10	15	709
HGZ350/7.5	7.5	350	350	12	19	1028
HGZ400/7.5	7.5	400	400	13	21	1290

地铁隧道内的支撑部件由埋入杆件和倒立柱等组成,如图 2-2 所示。

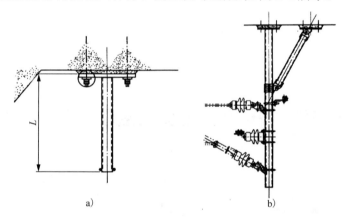

图 2-2 倒立柱

二、支持定位装置

支持定位装置是用来支持悬挂,并将悬挂的负荷传递给支柱的装置。 支持定位装置可分为腕臂形式和软横跨、硬横跨(梁)形式。腕臂形式的支持定位装置包括腕臂、拉杆及定位装置等;软横跨、硬横跨(梁)形式的支持定位装置主要包括横向承力索,上、下部定位绳及定位器和吊弦等,被广泛应用于城市轨道交通的车辆段和地面咽喉地区,是属于多线路上的专用支持定位装置。

在单线中使用的腕臂有斜腕臂、直腕臂和绝缘旋转腕臂等几种结构形式。目前,广泛使用的是质量轻、结构灵活的绝缘旋转腕臂。在车辆段,为了节省投资,尽可能不要在每条股道都单独设立支柱,可以使用双线路腕臂,如图 2-3 所示。

硬横跨(梁)装置,其支柱所受的横向力矩小,比较稳定,且便于机械化施工,多在 3～4 股道上采用,如图 2-4 所示。

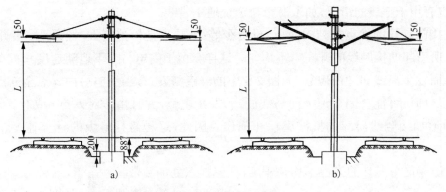

图 2-3 双线路腕臂（尺寸单位：mm）

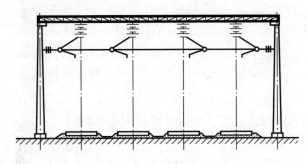

图 2-4 硬横跨装置

三、接触悬挂

接触悬挂是将电能传导给电动车组的供电设备，包括承力索、接触线、吊弦、补偿装置、悬挂零件及中心锚结和附架线索等元件。

接触悬挂的类型很多，但概括起来可分为**简单悬挂和链形悬挂**两类。因具体条件不同及运行速度的差异而使用不同类型的接触悬挂。现将城市轨道交通中常用的几种悬挂形式分述如下。

（一）简单接触悬挂

所谓简单接触悬挂，即是由一根或几根互相平行的直接固定到支持装置上的接触线所组成的悬挂，如图 2-5 所示。

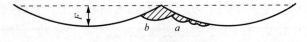

图 2-5 简单悬挂示意图

简单接触悬挂可分为带补偿和不带补偿两种，一般用于车速较低的线路上，如站线、库线和净空受限的人工建筑物内，以及城市电车和矿山运输线等，在城市轨道交通中主要用于车辆段,也有用于正线的情况,如上海市轨道交通1号线。

简单接触悬挂的优点是结构简单、投资少等;其缺点是松弛度大,且弹性(受电弓单位接触压力所引起的接触线的升高)不均匀。这样会由于受电弓上下追随速度和机车运行速度不同步而发生离线和冲击现象,如图2-5中的a点与b点,当受电弓由a点至b点(或由b点至a点)时,可能会因车速大而弓线脱离,发生电弧,并且由于对b点(或对a点)的局部冲击而增加接触线局部的机械磨耗和损伤。因此,这种悬挂最大的行车速度不宜超过40km/h。

为了改善简单悬挂的弹性不均匀程度,在悬挂点处加装带弹性吊索,这种带弹性吊索的简单悬挂称为弹性简单接触悬挂,如图2-6所示。这种悬挂的优点是,在悬挂点处加了一个8～16m长的弹性吊索,从而改善了悬挂点处的弹性。根据我国的试验,这种弹性简单接触悬挂可以在速度不超过90km/h的线路上采用。由于弹性简单接触悬挂具有结构简单、支柱高度低、支柱负荷小、建造费用低及施工维修方便等优点,城市轨道交通车辆段一般采用这种形式的悬挂,如广州地铁1号线车辆段接触网。

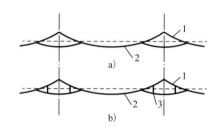

图2-6 带弹性吊索的简单接触悬挂

1-弹性吊索;2-接触线;3-短吊弦

普通的简单悬挂有一个缺点:与链形悬挂交叉处的线叉,其始触点处的高差大且随温度变化而变化。为了改善此缺点,一般采用带补偿的弹性简单悬挂,如图2-7所示。

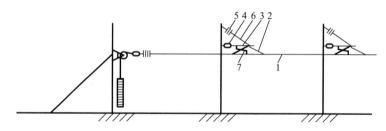

图2-7 带补偿的弹性简单悬挂

1-接触线;2-弹性吊弦;3-腕臂;4-棒式绝缘子;5-悬式绝缘子;6-拉线;7-定位器

(二)链形悬挂

接触线通过吊弦(或辅助索)而悬挂到承力索上的悬挂,称为链形悬挂。 链形悬挂可以在某一温度下使接触线处于无弛度状态,即在整个跨距内,可使接触线至轨面保持相等的高度。这种悬挂由于接触线是悬挂到承力索上的,因而消除了悬挂点处的硬点,使接触悬挂的弹性在整个跨距内都比较均匀。由于链形接触悬挂具有高度一致、弹性均匀、稳定性好等优点,且具有较好的取流性能,因此,在运量大、速度高的干线上多采用链形接触悬挂。

链形悬挂的类型很多,可根据悬挂链数、线索拉紧方法、悬挂点处的吊统形式和线索相对位置的特征等进行分类。

1. 根据悬挂的链数划分

根据悬挂的链数,链形悬挂可分为单链形接触悬挂、双链形接触悬挂和多链形悬挂。

(1)**单链形接触悬挂**:这种悬挂的特点是接触线借助于吊弦悬挂在承力索上。根据悬挂点处吊弦形式的不同,又分为简单链形悬挂和弹性链形悬挂两种,如图2-8所示。

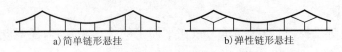

a)简单链形悬挂　　　　　　b)弹性链形悬挂

图2-8　单链形接触悬挂

(2)**双链形接触悬挂**:由2根辅助索组成的悬挂称为双链形悬挂,如图2-9所示。与单链形接触悬挂相比,增加了1根辅助导线,其弹性更加趋于均匀。

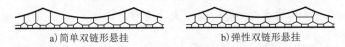

a)简单双链形悬挂　　　　　　b)弹性双链形悬挂

图2-9　双链形接触悬挂

(3)**多链形接触悬挂**:如图2-10所示,它包括承力索在内具有3条辅助索,也可称之为三链形接触悬挂。这种悬挂接触线的高度更趋于一致,弹性也更加均匀,它适用于高速运行区段。应该指出,三链形接触悬挂的结构已相当复杂,多于3条辅助索的多链形悬挂,虽然可以增加弹性的均匀度和提高稳定性,但安装和维修比较困难,因而实用意义是不大的。

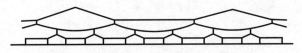

图2-10　三链形接触悬挂

2. 根据线索的紧固方法划分

根据线索的紧固方法,链形悬挂可分为未补偿链形接触悬挂、可调整链形接触悬挂、半补偿和全补偿链形接触悬挂。

(1)**未补偿链形接触悬挂**:这种悬挂所有的线索两端均为死固定(即硬锚)。在温度变化时,接触线和承力索的长度会产生变化,即张力和弛度产生变化,因而这种悬挂的运行状态是不好的。

(2)**根据季节调整的链形接触悬挂**:为了减小线索张力和弛度的变化范围,可在接触线的下锚处安装一个松紧调整螺丝,以便进行张力调整。通常在春秋两季各调一次。春季将接触线拉紧,使其张力在夏季时不要过小;秋季将接触线放松,使其张力在冬季低温下,不致超过最大许可值。

(3)**半补偿链形接触悬挂**:在单链形接触悬挂中,只在接触线下锚端加设张力自动调整装置,承力索不补偿,就叫半补偿链形接触悬挂。

(4)**全补偿链形接触悬挂**:这种悬挂的全部线索在下锚端均安装张力自动调整装置。在温度和负荷(冰、风)变化时,各线索的张力保持不变,因此,具有较好的运行条件。我国在主要的电气化铁路干线上,基本上采用这种悬挂形式。

3. 根据线索相对于线路中心的位置划分

根据线索相对于线路中心的位置,链形悬挂可分为直链形接触悬挂、半斜链形接触悬挂、斜链形接触悬挂。

(1)直链形接触悬挂:接触线和承力索在平面上的投影相重合,线索既可以沿线路中心布置,也可以布置成"之"字形,如图 2-11a)所示。

(2)半斜链形接触悬挂:承力索沿线路中心布置,接触线呈"之"字形布置,这种悬挂称为半斜链形悬挂,如图 2-11b)所示。这种形式吊弦的横向偏斜不大,对接触线的固定构件和机械计算方法均不必特别考虑。可以认为它是属于直链形接触悬挂的类型。但是,它与直链形悬挂相比,不仅有较好的稳定性,而且施工更为方便。

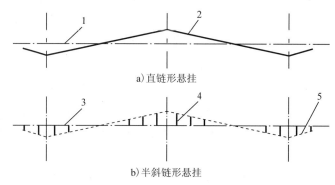

图 2-11 直线区段上的直链形接触悬挂

1- 线路中心;2- 悬挂;3- 承力索;4- 吊弦;5- 接触线

(3)斜链形接触悬挂:在直线区段上的斜链形悬挂如图 2-12 所示。接触线和承力索依次在悬挂点固定于线路两侧。在曲线区段上的斜链形悬挂如图 2-13 所示,其承力索对接触线有一个相当大的外侧位移,吊弦是倾斜的,在跨距中部把接触线向外侧拉。

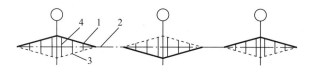
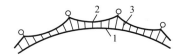

图 2-12 直线区段上斜链形接触悬挂　　图 2-13 曲线区段上斜链形悬挂

1- 接触线;2- 线路中心;3- 承力索;4- 吊弦　　1- 接触线;2- 承力索;3- 吊弦

四、城市轨道交通柔性接触网的要求与特点

城市轨道交通是一种大容量的载客交通工具,且大部分在地下隧道中,其行车密度大、载客量大,要求具有很高的可靠性和安全性。接触网是城市轨道交通的关键供电设备,是专

门给城市轨道交通电动车辆供电的,必须满足可靠性和安全性要求。由于地下隧道净空较小,因此还同时要求接触网的结构在满足使用要求的前提下尽量简单。

基于上述要求,城市轨道交通接触网除具有它的共同特点外,还具有结构紧凑、跨距小;工作电压相对低、电流大;接触网线索多、结构复杂;坡度变化大和曲线半径小等特点。

在城市轨道交通中,正线一般采用全补偿链形悬挂,且多采用单承力索、双接触线式全补偿链形接触悬挂,外加3～4根辅助馈电线组成,线材一般采用铜材,如广州城市轨道交通1号线。也有采用简单悬挂的,如上海市轨道交通1号线采用了带弹性支座式简单悬挂。车辆段一般采用简单悬挂。

第二节　刚性接触网系统的结构和特点

刚性悬挂是和弹性悬挂相对应的一种接触悬挂方式,所谓刚性悬挂就是要考虑整个悬挂导体的刚度。架空刚性悬挂是刚性悬挂的一种,一般采用具有相应刚度的导电轨或具有相应刚度的汇流排与接触线组成。

架空刚性接触网主要用于城市轨道,至今已有一百多年的历史了。1895年,架空刚性悬挂首次在美国巴尔的摩第一条电气化铁路中应用。1961年,作为架空刚性悬挂主要形式,T形刚性悬挂在日本营团城市轨道日比谷线投入使用;1983年,作为架空刚性悬挂另一主要形式,Π形刚性悬挂在法国巴黎RATPA线投入使用。

架空刚性接触网按汇流排的形状分,有两种典型代表,即以日本为代表的T形结构如图2-14所示;以法国、瑞士等国家为代表的Π形结构,如图2-15所示。

a) 整体夹持汇流排

b) 原T式汇流排

图2-14　T形结构刚性接触网

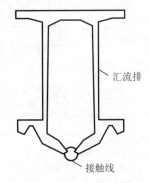

图2-15　Π形结构刚性接触网

目前,国外架空刚性接触悬挂已得到广泛应用,如法国、瑞士、西班牙、日本、韩国等国家,全世界T形结构刚性接触网约为300km,Π形结构刚性接触网约为150km。

国内第一条架空刚性接触悬挂于2003年6月28日在广州建成(即广州城市轨道交通2号线,三元里—琶洲,长约18.4km),采用了PAC110型单Π形汇流排结构。

一、刚性接触网的结构

（一）接触悬挂

架空刚性悬挂的Π形结构和T形结构,这两种结构均可分为单接触线式和双接触线式,本书以单接触线式Π形结构(图2-16)为主要对象进行介绍。

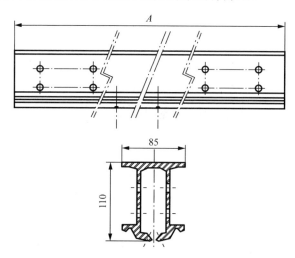

图2-16　Π形汇流排(尺寸单位:mm)

架空刚性悬挂主要由汇流排、接触导线、伸缩部件、中心锚结等组成。接触悬挂通过支持与组定位装置安装于隧道顶或隧道壁上,如图2-17、图2-18所示。也有安装于支柱上的情况,不过这种情况很少见。

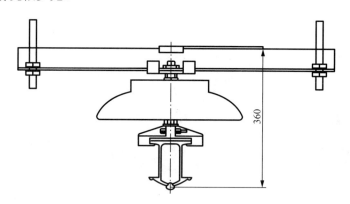

图2-17　Π形刚性悬挂安装图(隧道)(尺寸单位:mm)

1.汇流排和接触线

汇流排一般用铝合金材料制成,其形状一般做成T形和Π形,安装如图2-17和图2-18所示。Π形结构汇流排包括标准型汇流排、汇流排终端及刚柔过渡元件。标准型汇流排一般有PAC110和PAC80两种,是刚性接触悬挂的主要组成部分,其长度一般被制成10m或

12m；汇流排终端用于锚段关节、线岔及刚柔过渡处，如图2-19所示，其作用是保证关节、线岔和刚柔过渡的平滑、顺畅过渡，其长度一般为7.5m；刚柔过渡元件如图2-20所示，用于刚性悬挂与柔性悬挂过渡处，其作用是保证两种悬挂方式的平滑、顺畅过渡。

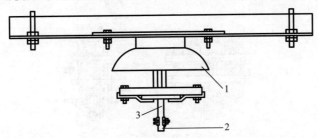

图2-18　T形架空刚性悬挂安装图（隧道）

1-绝缘子；2-接触线；3-汇流排

接触导线一般采用银铜导线，与柔性接触悬挂所采用的接触导线相同或相似，如图2-21所示，其截面积一般采用120mm^{2}或150mm^2。接触导线通过特殊的机械镶嵌于Π形汇流排上（图2-17），或通过专用线夹固定于T形汇流排上（图2-18），与汇流排一起组成接触悬挂。

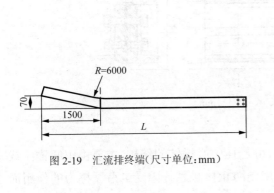

图2-19　汇流排终端（尺寸单位：mm）

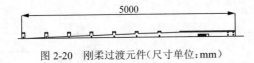

图2-20　刚柔过渡元件（尺寸单位：mm）

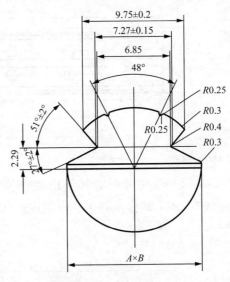

图2-21　接触线断面图（120mm^{2}银铜线）（尺寸单位：mm）

A-垂直高度（$=13.2^{+0.13}_{-0.26}$）；B-水平宽度（$=13.2^{+0.13}_{-0.26}$）

2. 伸缩部件

图2-22所示的是单线式Π形结构汇流排伸缩部件的结构，其功能是在一定范围内自由伸缩，同时又能满足电气性能的要求，即既能保证电气上的良好接触和导电的需要，又能保证机械上的良好伸缩性。一般一个锚段安装一个膨胀元件，其作用是补偿铝合金汇流排与银铜接触线因热胀系数不同而产生的热膨胀误差。根据计算，半个锚段汇流排与接触线的热胀差值大概是70mm。

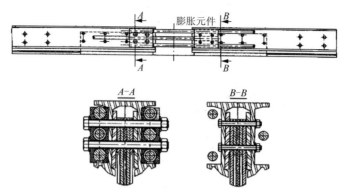

图 2-22 伸缩部件

3. 接头

图 2-23 所示是单接触线式 Π 形汇流排接头的结构,主要由汇流排接头连接板和螺栓组成,用于连接两根汇流排。其要求是既要保证被连接的两根汇流排机械上良好对接,又要有足够大的接触面积,确保导电性能良好。

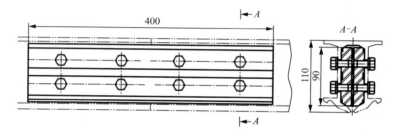

图 2-23 汇流排接头(尺寸单位:mm)

4. 中心锚结

图 2-24 是单接触线式 Π 形结构架空刚性接触悬挂中心锚结的结构,主要由中心锚结线夹、绝缘线索、调节螺栓及固定底座组成。其作用是防止接触悬挂因受电弓摩擦力的作用而窜动。

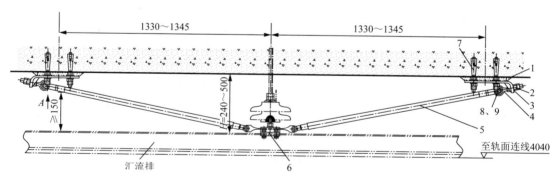

图 2-24 刚性悬挂中心锚结(尺寸单位:mm)

1- 平垫片;2-D 型汇流排中心锚结下锚底座;3- 中心锚结斜垫片;4- 调整螺杆;5- 中心锚结绝缘子;6- 汇流排中心锚结线夹;7-M16 后切底锚栓;8- 销钉;9- 开口销

(二)支持定位装置

架空刚性接触网的支持和定位装置主要有以下两种结构。

1. 腕臂结构

如图 2-25 所示,主要由可调节式绝缘腕臂、汇流排线夹、腕臂底座、倒立柱或支柱等组成,其特点是调节灵活、外形美观,但结构复杂,成本高。此种结构主要用于隧道净空较高或地面的线路。

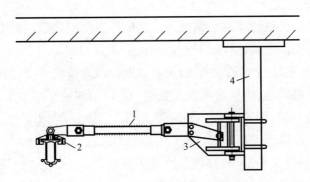

图 2-25　刚性悬挂腕臂式安装

1- 可调节式绝缘腕臂;2- 汇流排线夹;3- 腕臂底座;4- 倒立柱

2. 门形结构

门形结构如图 2-26 所示,由悬吊螺栓、横担槽钢、绝缘子及汇流排线夹等组成。其特点是结构简单、可靠,但调节较困难。此种结构大量用于隧道内。

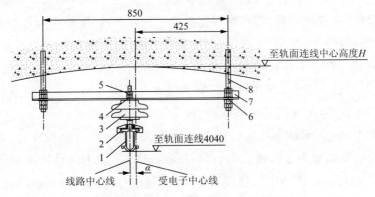

图 2-26　刚性悬挂门形架式安装(尺寸单位:mm)

1- 汇流排;2-B 型汇流排定位线夹;3- 刚性悬挂用针式绝缘子;4- 平垫片;5- 螺母 M16;6- 平垫片;7-A 型单支悬吊角钢;8-M20 化学锚栓

二、架空刚性接触网的特点

架空刚性接触网是与弹性(柔性)接触网相对应的一种接触网形式,与柔性接触网相比具有较大和明显的差别。

(一)架空刚性接触网与柔性接触网的比较

1. 使用性能

刚性悬挂和柔性悬挂都能满足最大离线时间、传输功率、电压电流、受电弓单弓受流电流以及最大行车速度的要求。

2. 安全性适应性

在受电弓运行的安全性以及对弓网故障的适应性方面刚性悬挂受电弓的安全性和适应性要明显好于柔性。刚性较柔性有如下特点:

(1)刚性汇流排和接触线间无轴向力,不存在断排或断线的可能,从而避免了柔性钻弓、烧融、不均匀磨耗、高温软化、线材缺陷以及受电弓故障造成的断线故障。由于这样的特点,刚性悬挂的故障是点故障,而柔性悬挂的故障范围为一个锚段,所以刚性悬挂事故范围小。当然柔性悬挂的断线故障率还是非常小的,也是能够满足运营要求的。

(2)刚性悬挂的锚段关节简单,锚段长度是柔性悬挂的1/7~1/6,因此固定金具窜动回转范围小,相应地提高了运行中的安全性和适应性。

3. 弓网摩擦副的更换周期

更换周期对受电弓以运营公里考核,对接触网则以运营弓架次总量或运营年限考核。正常的更换周期主要取决于摩擦副的磨耗量。磨耗量由机械磨耗和电气磨耗两部分组成。机械磨耗主要取决于摩擦副材质和平均接触力。电气磨耗取决于离线率和受流电流。更换周期还取决于受电弓滑板和接触线允许磨耗量的大小。

从理论上分析,在机械磨耗方面,摩擦副材质是相同的,在接触压力方面,刚柔接触压力幅度不同,但平均接触压力是相近的。在电气磨耗方面,离线率是相近的。不同的是柔性悬挂采用双根接触线,在均匀接触的时候,滑板和导线的压强相差近1倍,导线的离线电流相差近1倍,因此从理论上分析,刚性悬挂的磨耗较柔性要大。另一个不同点是,刚性的接触压力变化偏差较柔性小,因而,在磨耗的均匀性上刚性又优于柔性。

在允许磨耗量方面,柔性悬挂接触线磨耗面积≤15%时,安全系数为2.5;磨耗面积为15%~25%时,安全系数为2.2,最大允许磨耗量为25%。而刚性悬挂接触线没有张力,理论上接触线允许磨耗至汇流排夹口边缘,只要保证受电弓与汇流排不接触,平均来说,刚性悬挂接触线的最大允许磨耗是柔性悬挂的2倍。综合起来,从更换周期角度来看,刚柔是相近的。

实际运营情况,从巴黎RERC线使用情况看,受电弓维修周期没有明显变化。接触线方面,现已运行7年(4弓×1250A,800弓架次/天),从目前磨耗记录看,推算使用寿命约20年。

4. 运营维护

无论是日常维护,还是事故抢修、导线更换,刚性悬挂的工作量要少于柔性。

5. 技术性能及经济性

架空刚性悬挂与柔性悬挂的技术性能、经济性比较见表2-2、表2-3。

架空刚性悬挂与柔性悬挂的技术性能比较表　　表2-2

序号	项目	架空刚性悬挂	柔性悬挂
1	悬挂组成	结构紧凑（汇流排+接触线+地线）	较复杂（1根承力索+2根接触线+3或4根辅助馈线+1根地线）
2	允许车速（km/h）	一般为80～160；瑞士试验速度提高到140，弹性受电弓可达160	一般为80～160
3	可靠性	无断线隐患，可靠性高	有断线隐患，可靠性较差
4	导线磨耗	导线磨耗均匀，允许磨耗是柔性2倍	导线磨耗不均匀，允许磨耗小
5	受电弓受流情况	无特殊硬点，受流效果良好（受流特性主要取决于受电弓特性）	存在硬点，硬点处受流效果较差（受流特性取决于弓网匹配）
6	精度要求	安装精度要求高	相对可以低
7	设计、施工技术	有较丰富的设计和施工经验	有较丰富的设计和施工经验
8	施工机械	导线安装和更换需进口专用设备	有成熟的施工机械设备
9	国产化率	90%以上	90%以上
10	维修,养护	维护工作量少	维护工作量大

架空刚性悬挂与柔性悬挂的经济性比较表　　表2-3

序号	项目	架空刚性悬挂	柔性悬挂
1	隧道净空要求引起的土建费用	净空要求相对较小；无需下锚装置，可避免不必要的局部开挖，如暗挖车站可节省土建费用	净空要求相对较大；需下锚装置，有时需要局部开挖，如在暗挖车站
2	悬挂装置费用	悬挂点相对较多，费用相应增大	相对较少
3	维护费用	维护工作量少，周期长，费用低。日本、韩国经验，相对柔性可减少30%～50%	维护工作量大,周期短,费用较高

（二）刚性接触网的应用和要求

刚性接触网是一种几乎没有弹性的接触网形式,适应于隧道内安装,其设计速度一般不大于160km/h。

刚性悬挂分成若干锚段,每个锚段长度一般不超过250m,跨距一般为6～12m,跨距与行车速度有密切的关系如表2-4所示。整个悬挂布置成正弦波的形状,一个锚段形成半个正弦波,各悬挂点与受电弓中心的距离（相当于柔性接触悬挂的拉出值或之字值）一般不大于200m。

PAC110 型汇流排行车速度与跨距的关系　　　　　表 2-4

速度(km/h)	60	70	80	90	100	110	120
跨距(m)	12	11	10	9	8	7	6

第三节　接触轨式接触网系统的结构和特点

接触轨是沿线路敷设的与轨道平行的附加轨,又称为第三轨,其功用与架空接触网相同,通过它将电能输送给电动车组。不同点是接触轨是敷设在铁路旁的钢轨,电动车组由伸出的取流靴与之接触而接受电能。

接触轨(第三轨)受电方式最早在伦敦城市轨道交通上采用,由于接触轨构造简单,安装方便,可维修性好,并对隧道建筑结构等的净空要求较低,受流性能满足 DC750V 供电的需要,因而在标准电压 DC750V 供电系统中得到广泛的采用。其中接触轨为正极、走行轨为负极。接触轨系统允许电压波动范围为 DC500～900V。

接触轨(第三轨)受电方式在北美和前苏联城市轨道及轻轨系统中应用较广,随着工业技术的发展,接触轨在材料选用、悬挂结构方式等方面取得长足的发展,主要体现在接触轨选用复合材料制造加工,其导电性能、耐腐蚀性能大大提高。绝缘支持和防护技术则采用了先进的整体式结构,具有典型代表的是西班牙巴塞罗那城市轨道和新加坡城市轨道。

我国城市轨道交通建设起源于北京,20 世纪 60 年代初,北京在修建城市轨道时采用了接触轨(第三轨)的受电方式。接触轨安装于线路行车方向的左侧,集电靴采用上部接触方式受电。这一受电方式的优点是集电靴接触稳定,机车受电良好。

一、接触轨按磨擦方式分类

接触轨按与受流靴的磨擦方式可分为上磨式、下磨式及侧磨式三种。

1. 上磨式接触轨

上磨式是接触轨面朝上固定安装在专用绝缘子上,并且由固定在枕木上的弓形肩架予以支持,如图 2-27 所示。上磨式接触轨因接触靴在其上面滑动,所以固定方便,但不易加防护罩。

2. 下磨式接触轨

下磨式是接触轨面朝下安装,如图 2-28 所示。其优点是可以加防护罩,对工作人员较为安全。

3. 侧磨式接触轨

侧磨式,是近年来新开发的一种接触轨悬挂方式,目前应用较少。如图 2-29 所示。

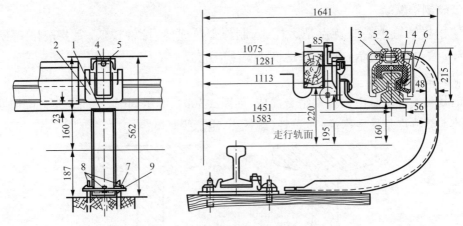

图 2-27 上磨式接触轨(尺寸单位:mm)

1- 接触轨;2- 绝缘肩架;3- 橡皮垫;4- 扣板;5- 收紧螺栓;6- 肩架;7- 垫片;8- 螺钉;9- 销枕片

图 2-28 下磨式接触轨安装效果图

图 2-29 侧磨式接触轨安装效果图

二、接触轨按材质分类

接触轨按材质可分为高导电率低碳钢导电轨和钢铝复合轨两种。

1. 低碳钢接触轨

低碳钢接触轨主要的特点是磨耗小、制作工艺成熟、价格较低,主要规格有 DU48 和 DU52 型,如图 2-30a)所示。在北京地铁系统中应用。

2. 钢铝复合接触轨

钢铝复合接触轨是由钢和铝组合而成,如图 2-30b)所示,其工作面是钢,而其他部分是铝。它的主要特点是导电率高、质量轻、磨耗小、电能损耗低。

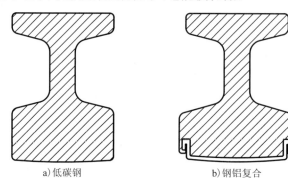

a) 低碳钢　　　　　　　b) 钢铝复合

图 2-30　接触轨

三、接触轨式(下磨式)接触网的主要结构

接触轨式接触网主要由接触轨、端部弯头、接触轨接头、防爬器和安装底座等构成。现分别介绍如下:

(一)接触轨

在我国城市轨道第三轨供电中,接触轨多采用 50kg/m(或 60kg/m)高导电率低碳钢轨,轨头宽度为 90mm。伊朗城市轨道采用的 DU48 型导电轨理论质量 47.7kg/m,横截面为 6077mm^2,15℃时的电导率不超过 0.125m/Ω·mm^2,轨头宽度 80mm。有利于与集电靴接触,使受流效果最佳。低碳钢导电轨主要的特点是磨耗小、制作工艺成熟、价格较低,主要规格有 DU48 和 DU52 型。这两种导电轨在我国均为成熟产品,为适应伊朗德黑兰城市轨道建设的需要,由鞍钢和有关单位研制了 DU48 型导电轨,该导电轨比 DU52 型导电轨质量轻,导电性高,适于下部接触式受电方式。

接触轨单位制造长度一般为 15m。接触轨弯曲半径:当线路的曲线半径大于 190m 时,钢铝复合轨可以在施工现场直接打弯;当线路的曲线半径小于或等于 190m 时,钢铝复合轨则要在工厂加工预弯。

钢铝复合轨的主要特点是电导率高、质量轻、磨耗小、电能损耗低,类型从 300A 至 6000A 均有。自从 1974 年铝—不锈钢复合导电轨在美国第一条快速线(BART)应用以来,复合导电轨在世界范围内逐步得到广泛应用。复合导电轨是钢导电轨升级换代的产品,具有广泛的应用前景。主要优点如下：

（1）在供电系统一定的情况下，它的电阻和阻抗小，因而可以延长供电距离，减少变电所数量。

（2）耐磨性好、电损失小、抗腐蚀和氧化性能好。

（3）电阻率低（约为钢导电轨的24%），导电性能大幅度提高，工作电流的范围大（300～6000A）。

（4）接触轨质量轻，悬挂点间距可适当加大，一般为4m，从而减少了支架数量及维修量。

（二）端部弯头

接触轨端部弯头主要是为了保证集电靴顺利平滑通过接触轨断轨处而设置的。在行车速度较高区段，端部弯头一般长度约5.2m，坡度为1∶50，如图2-31所示。

图2-31　接触轨端部弯头

（三）接头

接触轨接头一般分为正常接头和温度伸缩接头两种。

1. 正常接头

正常接头采用铝制鱼尾板进行各段导电轨的固定而不预留温度伸缩缝，但要求接头与支持点的距离不小于600mm，如图2-32所示。

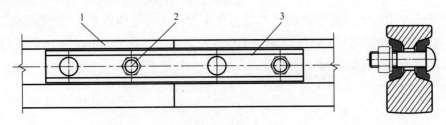

图2-32　接触轨接头

1-接触轨；2-连接螺栓；3-鱼尾板

2. 温度伸缩接头

温度伸缩接头主要是为了克服接触轨随环境温度变化而引起的伸缩,在隧道内,接触轨自由伸缩段长度约按100m左右考虑;地面及高架桥上接触轨自由伸缩段长度约按80m左右考虑,如图2-33所示。

图2-33 接触轨温度伸缩接头

在一般区段,在两膨胀伸缩接头的中部要设置一个防爬器,并在整体绝缘支架两侧安装;在高架桥的上坡起始端、坡顶、下坡终端等处安装防爬器,如图2-34所示。

设置防爬器主要是为了限制接触轨自由伸缩段的伸缩接头的伸缩量。

(四)安装底座

下磨式接触轨的安装底座一般采用绝缘式整体安装底座,且一般安装在轨道整体道床或者轨枕上,如图2-35所示。

图2-34 接触轨防爬装置

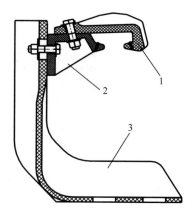

图2-35 接触轨绝缘式安装底座

1-卡爪;2-托架;3-支架本体

(五)防护罩

防护罩的作用在于尽可能地避免人员无意中触碰到带电的设备,一般采用玻璃纤维增强树脂(GRP)材质的防护罩,机械性能在工作支撑条件下可承受100kg垂直荷载,并应在高温下具有自熄、无毒、无烟和耐火的性能。

第三章　城市轨道交通接触网系统设备

> **岗位应知应会**
>
> 1. 熟悉柔性接触网系统设备的结构和特点。
> 2. 熟悉刚性接触网系统设备的结构和特点。
> 3. 了解接触轨式接触网系统设备的结构和特点。
>
> **重难点**
>
> 重点：柔性接触网、刚性接触网系统设备的结构和特点。
> 难点：柔性接触网、刚性接触网、接触轨式接触网系统设备的结构。

本章主要介绍接触网系统的重点设备，包括隔离开关、避雷器、分段绝缘器、膨胀元件、补偿装置、线岔、锚段关节等，并对接触网作业车和网轨检测车进行介绍，另外还介绍了柔性接触网、刚性接触网零部件以及接触网对外专业的接口。

第一节　隔离开关

接触网隔离开关是电气化铁道牵引供电的重要设备，它担负着接触网、变电所分段供电，隔离故障，变换供电方式等重要任务，保障列车通行，缩小事故范围。尤其对于轨道交通运营部门，为了在出现故障时能快速确定故障发生的可能地点，组织抢修，隔离开关的设置就显得异常重要。隔离开关是与高压断路器配合使用的设备。它没有熄弧机构，其主要功能是起隔离电压的作用，以保证电气设备检修时与电源系统隔离。在轨道交通直流牵引供电系统中，隔离开关作为其接触网的供电上网开关，由于接触网自身检修及配合其他部门作业时均须停电，因此，隔离开关的动作是比较频繁的。随着使用年限及动作次数的增加，隔离开关的动作机构磨耗会增加，连接件等都会出现相应的松动，零部件也可能损坏。这就要求接触网工作人员在每个隔离开关的检修周期内，按检修标准认真进行检修，及早发现问题。由于设备故障有突发性，为能做到及时处理故障，也就要求接触网检修人员掌握隔离开关的电路原理，熟悉其常见故障，掌握其故障的查找及处理方法。

一、隔离开关主要参数

隔离开关的主要技术参数见表3-1。

隔离开关主要技术参数表　　　　　　　　　　表3-1

序号	项目		主要技术参数
1	安装方式		隧道侧墙或车库内外支柱托架上安装
2	极数		单极
3	额定电压(V)		DC1500
4	最高工作电压(V)		DC1800
5	额定电流(A)	电动、手动开关	3000
		带接地刀闸手动开关	1500
6	2s热稳定电流(kA)		40k
7	动稳定电流(峰值,≥0.03s)(kA)		100
8	标称爬电距离(mm)		≥250
9	雷电全波冲击耐压(kV)		100
10	1min工频耐压(kV)		60（干）、30（湿）
11	开关主回路电阻值(μΩ)		≤40
12	开关触头(镀银)在最高环境温度下的温升(℃)		≤65
13	开断电流(电动)(A)		≤5
14	可靠分、合闸次数(不调整)(次)		≥3000
15	开关机械寿命		≥10000次分合
16	人工污秽耐受电压(0.35mg/cm² 盐密下)(kV)		≥5
17	支柱绝缘子：抗弯破坏负荷(N)　　抗扭破坏负荷(N·m)		≥4000　　≥1000
18	操作机构箱防护等级		IP65
19	接线端子最大水平静力拉力(N)		300

二、手动隔离开关

（一）产品型号

1. 直流隔离开关

型号：GZ-15/3000。

额定电压：DC1500V。

额定电流：3000A。

手动隔离开关安装如图3-1所示,结构如图3-2所示。

图 3-1 隔离开关(不带接地)的安装

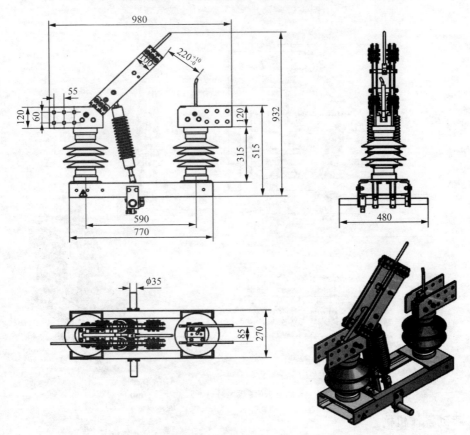

图 3-2 隔离开关(不带接地)结构(尺寸单位:mm)

2. 直流隔离开关(带接地刀闸)

型号:GZ-15/3000.(D)。

额定电压:DC1500V。

额定电流:3000A。

直流隔离开关安装如图 3-3 所示,结构如图 3-4 所示。

图 3-3 隔离开关(带接地刀闸)的安装

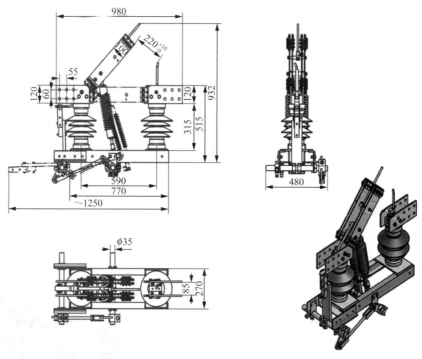

图 3-4 隔离开关(带接地)结构(尺寸单位:mm)

3. 手动操作机构

型号:CS8-5,如图 3-5 所示。

(二)操作方式

1. 手动隔离开关

隔离开关的操作机构采用手动操作机构(图 3-5),利用操作手柄进行分闸或合闸。位于运营线路上的折返线、存车线、列检库等位置。

2.带接地刀闸的手动隔离开关

带接地刀闸的手动隔离开关,增加接地刀闸应能在开关主闸刀开断的时候同图3-5所示的手动操作机构步操作,同步动作,使开关分断电路后不再连通电源正极的接触网导体随即接通电源负极(钢轨)。

图3-5 手动操作机构

三、电动隔离开关

(一)产品型号

1.直流隔离开关

型号:GZ-15/3000。

额定电压:DC1500V。

额定电流:3000A。

2.电动操作机构

型号:UM90。

控制及操作电压:DC220V。

(二)操作方式

电动隔离开关(图3-6)的操作机构采用电动操作机构,能电动和手动进行合、分闸,并能实现远动控制。当操作电压在额定电压的80%～110%范围内时,应保证隔离开关可靠分闸与合闸。其动作时间均不得大于6s。在远动操作过程中,只要发出一个操作命令,控制回路应能将分闸或合闸过程自动进行完毕,并自动将分闸或合闸回路断开。如果合闸、分闸过程中出现电机卡死等故障时,应能自动断开控制回路和电机回路。当地位电动操作过程中,打开操作机构箱门,利用按钮就地进行电动操作,保证开关自动分闸或合闸;当地位手动操作过程中,断开操作机构电源,利用手柄进行分闸或合闸,并可以通过操作人员观察,控制分闸或合闸的开关状态。

图 3-6 电动隔离开关

(三)电动操作机构

1. 设备介绍

电动操作机构组成如图 3-7 所示。

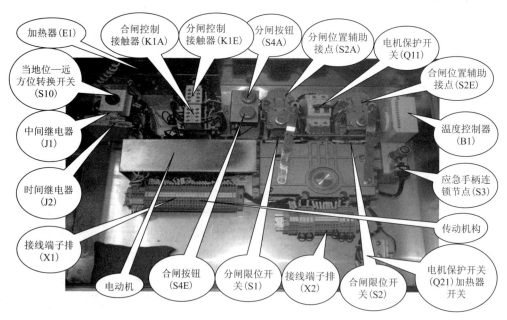

图 3-7 隔离开关操作机构

2. 电动隔离开关操作原理介绍

（1）远方位——电调远方操作或变电所内操作

①将 S10 远近动转换开关转至远方位置。

②远方控制室进行分、合闸电动操作。

（2）当地位——电动操作

①将电动机构内电机保护开关 Q11 推至合闸位。

②当地操作时将远、近动转换开关 S10 转至当地位。

③进行分、合闸按钮操作（S4A 分闸按钮、S4E 合闸按钮）。

（3）当地位——手动操作

①将电动机构内电机保护开关 Q11 推至分闸位。

②当地位操作时将远、近动转换开关 S10 转至当地位。

③将手动摇把插入手动操作孔内（S3 手动应急开关位置）。

④顺时针操作为合闸，逆时针为分闸。

3. DC220V 电气原理图电路分析

（1）当地位电动合闸电动操作机构原理图如图 3-8 所示。

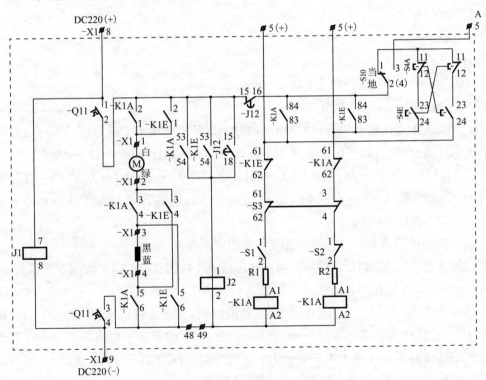

图 3-8　隔离开关电动操作机构原理图

①Q11 推至合闸位。

②S10 转至 1、2 触点（当地位）。

③S4E 合闸按钮合位(点动开关)。

④控制回路各元件得电动作:DC220(+)X1 端子 8→端子 1→Q11→端子 2→端子 5→J2→端子 6→端子 2→S10→端子 1→端子 11→S4A→端子 12→端子 23→S4E(瞬时闭合后打开)→端子 24→端子 61→K1A 常闭开关→端子 62→端子 1→S2→端子 2→A1→K1E 线圈→A2→端子 49(经过闭锁回路)→端子 48→端子 3→Q11→端子 4→DC220(-)X1 端子 9。

⑤K1E 线圈得电→K1E 常开开关闭合,常闭开关断开。

⑥K1E 开关 83(实际接线 13)—84(实际接线 14)关闭合,使 K1E 线圈自保持得电,合闸回路与分闸回路形成互锁。

⑦K1E 开关 1—2、3—4 闭合,电动机启动,各元件得电动作:DC220(+)端子 8→端子 1→Q11→端子 2→K1E→端子 1→电动机 M→端子 3→K1E→端子 4→蓝黑→端子 5→K1E→端子 6→端子 3(-)→Q11→端子 4→DC220(-)端子 9。

⑧K1E 开关 53—54 闭合,J2 时间继电器线圈得电→时间继电器投入运行。若合闸时间<6s,则时间继电器不动作。若合闸时间≥6s,则时间继电器 J2 动作,J2 常开开关 15—18 闭合,常闭开关 15—16 断开,终止合闸,J2 指示灯显示红色常亮,电调工作站显示"电机电源故障"现象。

(2)当地位电动分闸(图 3-8)

①Q11 推至合闸位。

②S10 转至 1、2 触点(当地位)。

③S4A 合闸按钮合位(点动开关)。

④控制回路各元件得电动作:DC220(+)X1 端子 8→端子 1→Q11→端子 2→端子 5→J2→端子 6→端子 2→S10→端子 1→端子 11→S4E→端子 12→端子 23→S4A(瞬时闭合后打开)→端子 24→端子 61→K1E 常闭开关→端子 62→端子 1→S1→端子 2→A1→K1A 线圈→A2→端子 49(经过闭锁回路)→端子 48→端子 3→Q11→端子 4→DC220(-)X1 端子 9。

⑤K1A 线圈得电→K1A 常开开关闭合,常闭开关断开。

⑥K1A 开关 83(实际接线 13)—84(实际接线 14)闭合,使 K1A 线圈自保持得电,合闸回路与分闸回路形成互锁。

⑦K1A 开关 1—2、3—4、5—6 闭合,电动机启动,各元件得电动作:DC220(+)端子 8→端子 1→Q11→端子 2→K1A→端子 1→电机 M→端子 3→K1A→端子 4→蓝黑→端子 5→K1E→端子 6→端子 3(-)→Q11→端子 4→DC220(-)端子 9。

⑧K1A 开关 53—54 闭合,J2 时间继电器线圈得电→时间继电器投入运行。若合闸时间<6s,则时间继电器不动作。若合闸时间≥6s,则时间继电器 J2 动作,J2 常开开关 15—18 闭合,常闭开关 15—16 断开,终止分闸,J2 指示灯显示红色常亮,电调工作站显示"电机电源故障"现象。

(3)远动电动合闸(图3-8)

①将S10远近动转换开关转至远方位置。目的是切除S4A/S4E点动开关电路,K1E线圈得电靠远方控制室控制,当K1E(合闸)得电,则电动机动作与上述当地位电动合闸动作类似,在此不再阐述。

②远方控制室进行合闸电动操作。

(4)远动电动分闸(图3-8)

①将S10远近动转换开关转至远方位置。目的是切除S4A/S4E点动开关电路,K1A线圈得电靠远方控制室控制,当K1A(分闸)得电,则电动机动作与上述当地位电动分闸动作类似,在此不再阐述。

②远方控制室进行分闸电动操作。

(5)其他辅助电路功能分析

①温度控制器、红外加热器。当操作箱内温度低时,B1温度控制器控制1、3触点闭合,2、4触点闭合,E1得电启动,开始加热。当操作箱内温度大于设定值时,B1温度控制器控制1、3触点断开,2、4触点断开,E1失电停止加热。

②机构故障信号。机构在正常情况下,Q11常闭节点断开,J2常开节点断开,整个机构故障信号回路失电。当机构出现故障时,J2常开节点延时闭合,Q11常闭节点断开,发送故障信号。

信号复归:

a. Q11跳闸。判断机构内部短路故障,整个二次回路失电,所有节点复位。检查机构内部短路故障。

b. 当时间继电器J2灯闪烁时,说明机构出现卡滞现象,需要手动复归。复归步骤:(端点1、2)Q11断开→J2继电线圈失电→[(端点25、28)J2常开节点断开→(端点11、12)Q11闭合]→发送机构故障信号。

(端点1、2)Q11闭合→(端点11、12)Q11断开→复归机构故障信号。

③J1中间继电器。DC220操作电源正常时,J1中间继电器线圈导致J1常闭节点断开。当DC220操作电源失压,J1中间继电器线圈因失压导致J1闭合,信号指示灯灭。

④当地位、远方位。当地位、远方位联动,两者互为反方向动作。

⑤S3应急手柄连锁。

⑥S2A、S2E分别为8开8闭分闸位置接点、合闸位置接点。

⑦端点71、端点72是为断路器和隔离开关闭锁提供一个接线端子。在正常情况下,如果不需要隔离开关和断路器闭锁,则71、72是连通的。

四、带电显示屏

带电显示屏用于在停车列检库内等设置有隔离开关,并在车库端墙处设置的带有股道编号的显示装置,可以显示各列车检修位置接触网的带电状况的安全显示装置。其原理是通过设置隔离开关的辅助触点,显示隔离开关的状态。

DDX—HLS型带电显示屏采用小型LED显示屏,户内安装形式。

LED显示屏上设有变换显示与隔离开关开闭状态联锁的红色"有电"绿色"无电"等文字。

LED显示屏应采用AC220V供电电压,单台功率不超过50W。

(一)主要技术参数

(1)显示距离:>200m。

(2)输入电压:AC220V。

(3)工作电流:信号灯AC120～130mA,数显灯<100mA。

(4)LED寿命:>5h。

(5)环境温度:-30～70℃。

(6)空气相对湿度:≤90%(25℃)。

(7)振动频率:10～50Hz,加速度幅值$5m/s^2$(0.5g)。

(8)周围无引起爆炸危险和腐蚀性气体。

(9)绝缘电阻:>25MΩ。

(二)外形结构及安装

(1)LED显示屏的外形及安装尺寸如图3-9所示,在显示屏上面有2个带孔的固定片,是显示屏在墙上固定用的挂钩。

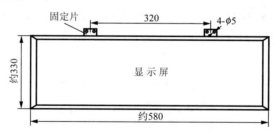

图3-9 显示屏尺寸(尺寸单位:mm)

(2)结构组成:

①带电显示屏由LED显示屏、电源模块、控制模块组成;LED显示屏显示颜色可为红色、绿色、黄色三种,每个显示屏内显示数字分00～99双位固定显示。图3-10中的USB1为"无电"状态数据输入端,USB2为"有电"状态数据输入端。

②控制线和电源线在显示屏侧方的航空插头内(图3-10),显示屏接线方式如图3-11所示。

(三)安装及使用说明

(1)LED显示屏安装在检修库房内,要求安装位置醒目。安装时先在选好的位置墙体上钻孔，具体尺寸见图 3-9，然后用塑料膨胀钉将显示屏固定牢固。

（2）每台带电显示屏上装有两个 USB 接口（图 3-10），用来调节显示屏两种状态的内容如图 3-12 所示。显示屏显示的内容可以根据用户的需求进行更改，可为任意字符，字的颜色、字体、大小均可进行更改，更改时先在电脑上安装驱动软件，安装完毕后分别进行数据的维护及更改，然后在计算机上进行模拟，最后用 U 盘将存储后的数据通过带电显示屏上的 USB 接口输入到带电显示屏。

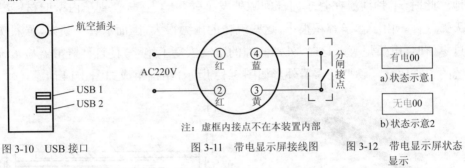

图 3-10 USB 接口　　图 3-11 带电显示屏接线图　　图 3-12 带电显示屏状态显示

（四）使用注意事项

（1）航空插头外部接线端子接线完毕要注意端子间绝缘处理，避免造成短路。

（2）严禁屏体剧烈震动，倒置。

（3）避免短时间内来回切换显示内容，或者长时间保持在切而不切的中间状态。

（4）通过 USB 端口修改完显示内容后，应及时拔掉 U 盘，避免每次切换状态都要检测读取 U 盘数据，延长加载时间。

（5）发现 LED 显示屏不能正常显示时应及时断电，返厂处理。

第二节　避　雷　器

避雷器是用于保护电气设备免受雷击时高瞬态过电压危害，并限制续流时间，也常限制续流赋值的一种电器。避雷器有时也称为过电压保护器、过电压限制器。

一、避雷器的分类

避雷器分为很多种，有金属氧化物避雷器、线路型金属氧化物避雷器、无间隙线路型金属氧化物避雷器、全绝缘复合外套金属氧化物避雷器、可卸式避雷器。

避雷器的主要类型有管型避雷器、阀型避雷器和氧化锌避雷器等。每种类型避雷器的主要工作原理是不同的，但是它们的工作实质是相同的，都是为了保护通信线缆和通信设备不受损害。

(一)管型避雷器

管型避雷器由产气管、内部间隙和外部间隙三部分组成。产气管用纤维材料、有机玻璃或塑料制成。内部间隙装在产气管的内部,一个电极为环形。外部间隙装在管型避雷器与带电的线路之间,正常情况下它将管型避雷器与带电线路绝缘起来。管型避雷器的工作原理:当线路上遭受雷击时,大气过电压使管型避雷器的外部间隙和内部间隙击穿,雷电流通入大地。此时,工频续流在管子内部间隙处发生强烈的电弧,使管子内壁的材料燃烧,产生大量灭弧气体。由于管子容积很小,这些气体的压力很大,因而从管子喷出,强烈吹弧,在电流经过零值时,电弧熄灭。这时,外部间隙的空气恢复了绝缘,使管型避雷器与系统隔离,恢复系统的正常运行。管型避雷器外形如图 3-13 所示,结构组成如图 3-14 所示。

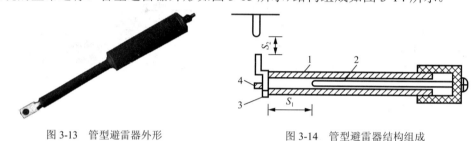

图 3-13 管型避雷器外形　　　　图 3-14 管型避雷器结构组成

1- 产气管;2- 棒形电极;3- 环形电极;4- 动作指示器;S_1- 内间隙;S_2- 外间隙

(二)阀型避雷器

阀型避雷器由火花间隙及阀片电阻组成,阀片电阻的制作材料是特种碳化硅。利用碳化硅制作的阀片电阻可以有效地防止雷电和高电压,对设备进行保护。当有雷电高电压时,火花间隙被击穿,阀片电阻的电阻值下降,将雷电流引入大地,这就保护了线缆或电气设备免受雷电流的危害。在正常情况下,火花间隙是不会被击穿的,阀片电阻的电阻值较高,不会影响通信线路的正常通信。阀型避雷器外形及结构组成如图 3-15 所示。

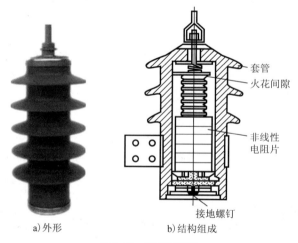

a)外形　　b)结构组成

图 3-15 阀型避雷器

(三)氧化锌避雷器

氧化锌避雷器是一种保护性能优越、质量轻、耐污秽、性能稳定的避雷设备。它主要利用氧化锌良好的非线性伏安特性,使在正常工作电压时流过避雷器的电流极小(微安或毫安级);当过电压作用时,电阻急剧下降,释放过电压的能量,达到保护电气设备免受雷电流危害的效果。这种避雷器和传统避雷器的差异是它没有放电间隙,利用氧化锌的非线性特性起到泄流和开断的作用。下面将进行详细介绍。

二、避雷器的工作原理

避雷器连接在线缆和大地之间,通常与被保护设备并联。避雷器可以有效地保护通信、供电设备,一旦出现不正常电压,避雷器将发生动作,起到保护作用。当通信、供电线缆或设备在正常工作电压下运行时,避雷器不会产生作用,对地面来说视为断路。一旦出现高电压,且危及被保护设备绝缘时,避雷器立即动作,将高电压冲击电流导向大地,从而限制电压幅值,保护通信、供电线缆和设备绝缘。当过电压消失后,避雷器迅速恢复原状,使通信、供电线路正常工作。

三、氧化锌避雷器设备介绍

城市轨道交通避雷设备普遍采用氧化锌避雷器。

(一)主要术语和定义

(1)非线性金属氧化物电阻片:避雷器的部件。由于其具有非线性伏安特性,在过电压时呈低电阻,从而限制避雷器端子间的过电压,在正常工频电压下呈现高电阻。

(2)避雷器额定电压 U_r:即是施加到避雷器端子间的最大允许直流电压。

(3)避雷器的持续运行电压:允许持久地施加在避雷器端子间的直流电压。

(4)爬电距离:避雷器进线端与出线端最短沿面距离。

(5)避雷器的标称放电电流 I_n:用来划分避雷器等级的、具有 8/20 波形的雷电冲击电流峰值。

(6)避雷器的残压 U_{res}:放电电流通过避雷器时其端子间的最大电压峰值,主要体现避雷器的保护水平,主要由以下三方面组成:

①陡波电流冲击下残压。
②雷电流冲击下残压。
③操作电流冲击下残压。

(7)长持续时间冲击电流:一种方波冲击电流,其迅速上升到最大值,在规定时间内大体保持恒定,然后迅速降至零值的冲击波。

（8）避雷器脱离器:避雷器故障时,使避雷器与系统断开的装置。用于防止系统持续故障,并给出可见标识。

（9）避雷器外观要求:复合外套表面单个缺陷面积（如缺胶、杂质、凸起等）不应超过 25mm^2,深度不大于 1mm,凸起表面与合缝应清理平整。凸起高度不得超过 0.8mm,粘接缝凸起高度不应超过 1.2mm。总缺陷面积不应超过复合外套总表面积的 0.2%。

（10）避雷器外套的最小公称爬电比距:是根据避雷器使用地区的污秽程度,选择避雷器的重要依据。分为四个等级,分别是Ⅰ级轻污秽地区、Ⅱ级中等污秽地区、Ⅲ级重污秽地区和Ⅳ级特重污秽地区。

（11）避雷器外套的绝缘耐受:应耐受直流 16kV 电压 1min。

（12）避雷器的机械性能:避雷器应在 160N 弯曲负荷作用下耐受 60~90s 而不损坏,试验前后直流参考电压变化不大于 5%,局部放电量不应大于 10pC。

（13）直流参考电压:是确定避雷器长期工作电压和保护水平及产品质量的主要指标。0.75 倍直流参考电压下漏电流值不超过 50μA。

（14）避雷器残压:由雷电残压、操作残压和陡波残压三部分组成。残压的大小决定避雷器的保护水平。

（15）内部局部放电:在 1.05 倍持续运行电压下的局部放电量应不大于 10pC,是考核避雷器结构及确保避雷器安全运行的重要指标。

（16）密封性能（湿气侵入试验）:考核避雷器的密封结构,防止潮气和水侵入避雷器内部,破坏避雷器的绝缘和保护水平。试验时应通过 42h 沸水煮试验。

（17）长持续时间电流冲击耐受:体现避雷器能量吸收能力,通过方波电流冲击试验验证。

（18）大电流冲击耐受:用于考核避雷器在直击雷时的稳定性,冲击电流波形为 4/10μs。

（19）动作负载:给避雷器连续施加冲击电流后,避雷器能恢复正常状态,目的是模拟实际电力系统动作负载试验。分为大电流冲击动作负载试验和操作冲击动作负载试验。试验前必须先进行 1000h 加速老化试验。

（20）暂态过电压耐受时间特性:避雷器在预热到 60℃±3℃ 并经受大电流冲击能量负载后,允许施加在避雷器上直流电压的持续时间及相应的直流电压值,而不发生损坏或热崩溃的数据,曲线为:$1.2U_r$—6s;$1.1U_r$—30s;$1.0U_r$—1200s。

（21）压力释放性能:额定电压 42kV 及以上避雷器和保护发电机用避雷器应具有压力释放装置,以保证产品故障不会导致外套粉碎性爆破,且产生的明火在规定时间内自动熄灭。

（22）气候老化试验:避雷器应在盐雾条件下持续至少 1000h 不损坏,主要考核污秽程度比较严重的气候条件下,复合外套避雷器性能的变化。

（二）电阻片性能介绍

金属氧化物电阻片主要性能如下:

（1）伏安特性优异。这也是氧化锌电阻片与碳化硅电阻片最大的区别，在正常运行电压下流过碳化硅电阻片电流将达到数十安培，而流过金属氧化物电阻片的电流只有几十微安，其实这也就是取消间隙，实现无间隙避雷器的原因所在。金属氧化物氧化锌电阻片的伏安特性可分为三个区域，如图 3-16 所示。

（2）通流容量大。

（3）响应速度快。

（4）使用寿命长。

电阻片的性能也就是避雷器的性能，所以电阻片性能的保证控制是非常关键的，不仅要严格地按照生产工艺流程生产，而且还必须具有齐全的检测设备，对每一只电阻片进行严格的检测，这样才能确保避雷器的质量。

（三）氧化锌避雷器介绍

1. 产品介绍

直流金属氧化物避雷器用于城市轨道交通系统中，保护直流输电设备免受过电压损坏，如图 3-17 所示。产品依据《轨道交通 地面装置 直流开关设备 第五部分：直流系统专用避雷器和低压限压器》（GB 25890.5—2010）生产，符合《高压直流换流站无间隙金属氧化物避雷器使用导则》（GB/T 22389—2008）《直流有串联间隙金属氧化物避雷器第 1 部分：3kV 及以下直流系统用有串联间隙金属氧化物避雷器》（JB/T 9672.1—2013）等标准的要求。它结合了国内外直流避雷器的运行状况和多年生产避雷器的丰富经验研发而成，技术性能合理，保护性能可靠，在国家绝缘子避雷器质量监督检测中心通过了全面的型式试验。本产品采用多重密封技术和整体模压硫化工艺，密封性能良好，有很好的能量吸收和耐老化能力。

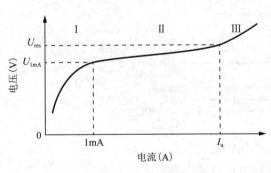

图 3-16　伏安特性曲线　　图 3-17　直流金属氧化物避雷器

为了监测避雷器的运行状态，确保避雷器损坏后不造成系统单相接地，专门开发出带脱离器及计数器的直流避雷器，目前广泛地应用在上海地铁、南京地铁、重庆地铁、深圳地铁等项目中，产品保护可靠，运行状态良好。

由于避雷器使用寿命的原因，导致避雷器爆炸或绝缘击穿后，往往造成系统单相接地故障，从外观不易发现，给查找故障点带来了很大的困难。脱离器作为避雷器的特殊附件，与避雷器串联使用,当避雷器损坏时,脱离器及时可靠的动作,将避雷器退出系统,不仅避免了系统单相接地,而且还有明显的脱离标志,故障点很容易发现,这样是避雷器达到"免维护"的使用要求,提高了电力系统运行的稳定性和安全性。

无残压计数器(图3-18)串联在避雷器下面,用来记录避雷器动作次数和监测避雷器的泄漏电流。该产品通过避雷器的放电电流,感应出电流信号,经处理器转换成驱动电子计数器的信号,记录避雷器的动作次数,无残压,对避雷器的保护水平无任何影响,电气原理见图3-19。该产品的上限动作电流可达20kA(峰值),下限动作电流为20A(峰值),显示动作次数为1000次。具有灵敏度高、计数准确、显示清晰、结构轻巧、密封可靠、安装方便等优点。产品带有太阳能电池板,不需外接电源,能够极大地延长计数器的使用寿命。

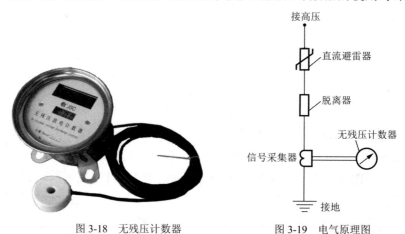

图3-18 无残压计数器　　图3-19 电气原理图

避雷器产品的型号依据《避雷器产品型号编制方法》(JB/T 8459—2011)标准来进行编制。金属氧化物避雷器产品型号说明如下:

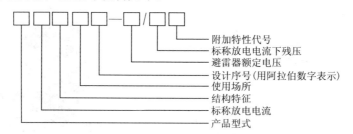

产品型式:Y——表示瓷套式金属氧化物避雷器;

　　　　　YH——表示复合外套金属氧化物避雷器。

结构特征:W——表示无间隙;

　　　　　C——表示串联间隙;

　　　　　B——表示并联间隙。

使用场所:S——表示配电用;

　　　　　Z——表示电站用;

　　　　　R——表示补偿电容器用;

D——表示电动机用;

T——表示电气化铁路用;

L——表示直流系统用。

附加特性:W——表示防污型;

G——表示高原型;

TH——表示湿热带地区用;

TLB——带热爆式脱离器。

2. 主要技术参数

避雷器的主要技术参数如表 3-2 所示。

直流金属氧化物避雷器主要技术参数　　　　　　表 3-2

序号	项目名称		单位	特性参数	
				最小值	最大值
1	直流系统额定电压		kV	0.75	1.5
2	避雷器额定电压 U_r（DC）		kV	1.0	2.0
3	避雷器持续运行电压 U_c（DC）		kV	1.0	2.0
4	避雷器直流 1mA 参考电压		kV	1.3	2.6
5	避雷器标称放电电流		kA（peak）	10	10
6	避雷器操作冲击电流残压	0.5kA	kV（peak），≤	1.9	3.8
		1.0kA		2.0	4.0
		2.0kA		2.1	4.2
7	避雷器雷电冲击电流残压	1kA	kV（peak），≤	2.0	4.0
		5kA		2.3	4.6
		10kA		2.4	4.8
		20kA		2.7	5.3
8	避雷器 2ms 方波电流冲击耐受		A（peak）	1200	1200
9	外绝缘直流耐受电压		kV（DC）	16	16
10	4/10μs 大电流冲击耐受水平		kA（peak）	100	100

第三节　分段绝缘器

分段绝缘器是接触网进行电分段时采用的一种绝缘设备。**正常情况,受电弓带电滑行通过**。当某一接触网分段发生故障或因施工停电时,打开分段绝缘器处的隔离开关,将该部分接触网断电,而其他部分能正常供电。

按照接触网悬挂方式的不同,分段绝缘器可分为**刚性悬挂和柔性悬挂**两种。刚性悬挂分段绝缘器主要由分段绝缘器本体和汇流排接头组成。柔性悬挂分段绝缘器主要由分段绝缘器本体、承力索绝缘子、连接线夹和悬挂件组成。

一、直流 1500V 刚性悬挂分段绝缘器（型号 JG3181/Rail）

直流 1500V 刚性悬挂分段绝缘器,型号 JG3181/Rail,外形如图 3-20 所示。

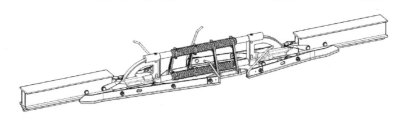

图 3-20　直流 1500V 刚性悬挂分段绝缘器

（一）适用范围及安装要求

（1）JG3181/Rail 分段绝缘器用于电压为 1500～3000V 的接触网系统。
（2）适用于无法采用锚段关节的区段。
（3）替代特殊分段。
（4）分段绝缘器安装位置的汇流排两端必须保持平直。
（5）必须采用专用工具对分段绝缘器进行精确调整。
（6）JG3181/Rail 分段绝缘器的空气绝缘间隙为 150mm。

（二）设备介绍

刚性分段绝缘器包装在透空式木制板条箱内,预装（或不预装）两段 50mm 汇流排。

分段绝缘器未安装前,必须保存安放在板条箱内,并应采取相应的防潮、防水和防鼠害措施。

设备交货时,分段绝缘器已预装完毕。主要零部件如图 3-21 所示。

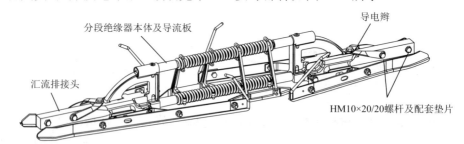

图 3-21　刚性分段绝缘器主要部件组成

装箱清单：
1 个分段绝缘器本体（含 4 支导流板）；

2个汇流排接头；

4根导电辫；

8套 HM10×20/20 螺杆和配套垫片。

（三）通过速度

JG3181/Rail 分段绝缘器最大通过速度 200km/h（双向通过，无安装方向要求）；列车通过时，受电弓与导流板持续接触，不存在断电间隙。

二、直流 1500V 柔性链形悬挂双承双导分段绝缘器（型号 EJG3181/202）

直流 1500V 柔性链形悬挂双承双导分段绝缘器，型号 EJG3181/202，外形如图 3-22 所示。

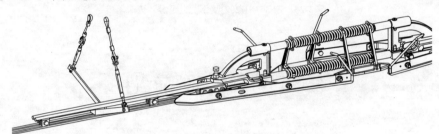

图 3-22　EJG3181/202 形分段绝缘器外形图

（一）适用范围及安装要求

（1）EJG3181/202 分段绝缘器用于电压为 1500～3000V 的接触网系统。

（2）适用于无法采用锚段关节的区段。

（3）替代特殊分段。

（4）EJG3181/202 分段绝缘器的空气绝缘间隙为 150mm。

（二）设备介绍

分段绝缘器未安装前，必须保存安放在板条箱内，并应采取相应的防潮、防水和防鼠害措施。

分段绝缘器组成如图 3-23 所示。

装箱清单：

1个分段绝缘器本体（含 4 支导流板）；

2个接触线连接线夹；

6个接触线定位线夹；

4个悬吊挂勾；

4根螺旋调节扣；

4个心形环，4个铜套管及一根不锈钢绳。

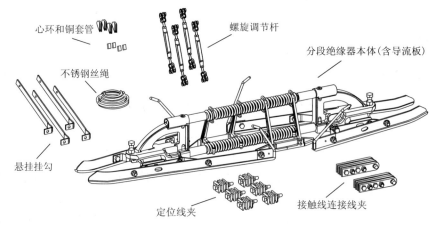

图 3-23　EJG3181/202 型分段绝缘器装箱清单

第四节　膨 胀 元 件

一、膨胀元件的工作原理

膨胀元件安装在接触线中轴上，对锚段内汇流排温度变化所产生纵向的膨胀或收缩予以补偿。受电弓在膨胀元件上可平稳滑过而不产生机械或电气上的中断。

膨胀元件搭接在汇流排锚段之间的间隙上。

采用铝合金构架；两根镀银的导电杆，为间隙两侧的汇流排提供连接和引导。固定式接头，在膨胀元件的一侧，将铝合金构架和两根镀银导电杆与汇流排的尾部连接。动式接头的移动块，对汇流排的另一侧作纵向位移的引导。电气的连续性由两根镀银的导电杆来保证。膨胀元件补偿长度为 1000mm。膨胀元件如图 3-24 所示。

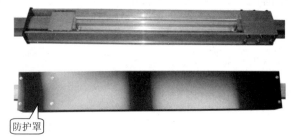

图 3-24　膨胀元件

膨胀元件应安装在轨道上尽可能直的中轴线、拉出值为零的位置上。

二、膨胀元件设备介绍

(一)膨胀元件布置

膨胀元件安装在 4m 跨度的支撑点上。相邻其余支撑点的跨度按图 3-25 设置。

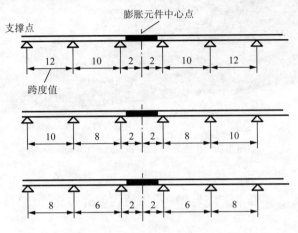

图 3-25 膨胀元件布置图(尺寸单位:m)

为确保受电弓顺滑过渡,建议膨胀接头两支撑点相邻外侧支点的拉出值设置为零值。

(二)安装前的准备——接触线滑道预装

膨胀元件滑道所用的接触线需由施工单位自行提供和安装,这可确保滑道接触线与工程采用的接触线为同一型号,避免因不同接触线截面尺寸差异而造成滑道线和主干线的高低不均。

(1)准备两根截面尺寸与线路相同的接触线。接触线经校直后切断,长度为 1540mm。

(2)将两根接触线两端按图 3-26 所示进行打磨,形成一个平滑的斜面,其尺寸为 $D/2 \times 50mm$(D 为接触线直径)。清除毛刺,确保受电弓平滑过渡。

(3)接触线滑道在装入膨胀接头两侧的滑道压盖前,先在接触线凹线槽上涂以导电油脂。

(4)松开膨胀元件两侧压盖的六角头螺钉(图 3-26),装上接触线滑道,确保侧压盖的端面恰当地插入接触线涂有油脂的凹槽上。将六角头螺钉逐渐拧紧,直至侧压盖端面把接触线滑道夹持住为止。确保接触线滑道的位置调整到位,然后将螺钉锁紧至 12N·m。

(5)使用平面工具检查接触线(膨胀元件侧冀两根,汇流排上一根)是否都在同一个平面上,高度允许偏差 ±0.5mm。若有异常,松开侧压盖上螺钉,检查装配有否不当,或侧压盖与线槽间是否夹有异物。

(三)膨胀元件安装

(1)确认膨胀元件有关支撑点的布局是否符合跨度总体布置的要求。

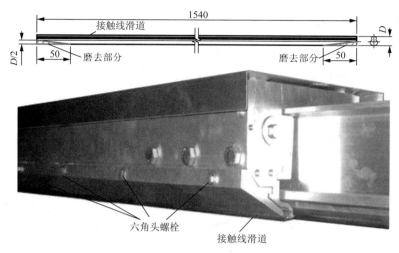

图 3-26　膨胀元件结构图(尺寸单位:mm)

(2)检查膨胀元件两支撑点的跨距应不大于4m,并且拉出值为零值。为确保顺滑过渡,建议膨胀接头两支撑点相邻外侧支点的拉出值也设置为 0 值(总共 4 个支撑点的拉出值为 0)。

(3)测定环境气温,参考曲线"不同气温下的安装间隙 G 值"选定 G 值,并在汇流排 4m 跨距的中央切出相应长度的安装间隙,如图 3-27 所示。

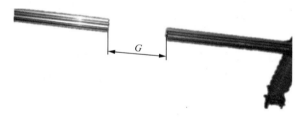

图 3-27　膨胀元件安装预留图

(4)清除汇流排切割后残留在边缘上的毛刺。

(5)在膨胀元件处,接触线应与汇流排的自由端面切齐并磨出一斜面,尺寸为:$D/2 \times 50$mm(D 为接触线直径),如图 3-28 所示。

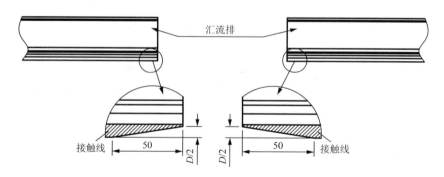

图 2-28　膨胀元件安装结构图(尺寸单位:mm)

（6）间隙两侧汇流排的自由端，在距离各自端面 15mm 和翼面 13mm 处钻通孔 $\phi 11$。装上 M10×60 六角头螺栓、防松垫圈及螺母把接触线夹牢，如图 3-29 所示。

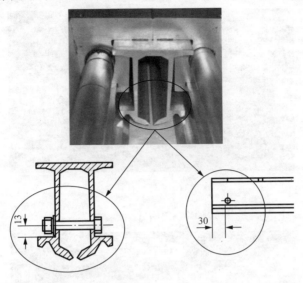

图 3-29　膨胀元件安装纵向图（尺寸单位：mm）

（7）将膨胀元件固定端及移动块一侧，上排的 3 个螺栓和螺母［图 3-30a）］，以及另一侧的电木板及其固定螺钉［图 3-30b）］卸下，膨胀元件随而沿轴向分成两半［图 3-30c）］。将两半膨胀元件本体合龙夹接在汇流排于间隙 G 的端部，适当滑动移动块到合适部位，然后将卸下的螺栓、螺母及垫圈装回原位。

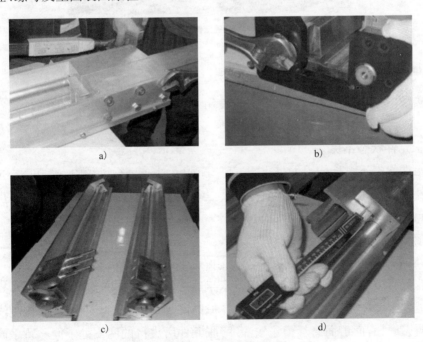

图 3-30　膨胀元件拆解

(8)复核膨胀接头底部两侧滑道的接触线和主干线接触线在同一平面上。高度允许偏差 ±0.5mm,如不合格要进行调整,如图 3-31 所示。

图 3-31　膨胀元件调整图

(9)膨胀接头安装完成后效果如图 3-32 所示。

图 3-32　膨胀元件安装效果图

(四)膨胀元件的使用情况及常见问题

刚性接触网在接触网锚段衔接处大量使用了膨胀元件。在接触网设备的日常检修及维护中发现膨胀元件主要有以下三方面的问题。

1. 膨胀元件状态不良

膨胀元件状态不良造成弓网打火、拉弧。膨胀元件在运行过程中,受自身冷热补偿造成的伸缩以及列车受电弓经过时在机械和电气上相互作用的影响,其本体状态在也会发生变化。膨胀元件状态不良主要体现在两方面:

(1)膨胀元件处夹持的接触线存在硬点。

(2)膨胀元件处接触线表面不平顺,汇流排有毛刺。

2. 膨胀元件安装处前后定位点槽钢不水平造成偏磨

检修过程中发现膨胀元件处接触线存在偏磨,偏磨具体分为两种情况:接触线与受电弓接触的正面无磨耗,而侧面磨耗痕迹较深;膨胀元件所夹持的两支处于同一轨平面且相互平行的接触线,同一小段内,只有其中一支有接触磨耗,而另一支无接触磨耗痕迹。

3. 膨胀元件伸缩受阻或卡滞

膨胀元件两铝合金滑板伸缩不畅，膨胀元件就失去了补偿汇流排热胀冷缩量的功能，而一旦汇流排伸缩量得不到补偿，伸缩力就会在汇流排上堆积。汇流排上堆积的伸缩力过大会引起汇流排负驰度、汇流排水平面内弯曲变形等。负驰度是造成受电弓振动的主要因素，而汇流排变形严重将导致定位点偏移，甚至损坏绝缘子。

第五节 补 偿 装 置

一、补偿装置的工作原理

（一）接触网补偿装置的定义

接触网补偿装置，又称张力自动补偿器，它设在锚段的两端，能自动补偿接触线或承力索的张力，它是指自动调整接触线和承力索张力的补偿器及其断线制动装置的总称，通常由滑轮组和坠砣组成。

（二）补偿装置的作用

温度变化时，线索受温度影响而伸长或缩短，由于补偿器坠砣的重力作用，可使线索沿线路方向移动而自动调整线索张力，使张力恒定不变，并借以保持线索驰度满足技术要求。坠砣串同时受到自身重力和接触线（或承力索）的张力的作用，当温度不变时处于平衡状态，坠砣不升不降；当温度升高时，接触线（或承力索）长度增加，在坠砣自身重力的作用下，坠砣会随着温度升高而下降；反之，当温度下降时，接触线（或承力索）就会缩短，坠砣上升，从而能使线索内保持恒定的张力。为减少温度变化对线索长度及驰度的影响，一般在一个锚段两端，在接触线及承力索内串接张力自动补偿装置后，再进行下锚。

（三）补偿装置的分类

接触网补偿装置的种类有：滑轮式、棘轮式、鼓轮式、液压式、气体式、机电张力式补偿装置、杠杆式及弹簧式等，郑州市轨道交通接触网所用的补偿装置为棘轮式补偿装置及弹簧补偿装置。

（四）补偿装置技术要求

一是要灵活；二是要具有快速制动作用。

二、补偿装置设备介绍

(一)棘轮补偿装置

郑州市轨道交通使用的补偿装置为棘轮补偿装置,适用于接触线和承力索的共同补偿,或各自单独补偿。接触网的恒定张力是通过预先确定重量的钢质或混凝土坠砣的数量来实现的。棘轮的作用是调节坠砣组重量与连接的接触线(或承力索)张力之间的机械变比。坠砣组被限制在坠砣限制导管上只能做上下垂直移动,传动比为1∶3。

1. 棘轮补偿装置组成

在同一根锚柱上安装的棘轮补偿装置,如图3-33所示。

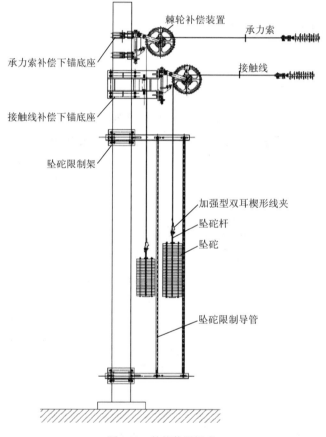

图3-33 补偿装置组成

2. 棘轮补偿装置大轮补偿绳缠绕步骤

(1)穿补偿绳。补偿绳一端从大轮孔向楔形外壳穿入,套两个线头夹子。

套上楔子,绳头穿过两个线头夹子并使线头夹子尽量靠近楔子,压扁线头夹子夹紧补偿绳,露出绳头60~80mm,保证自由状态下楔子不从绳上脱落,如图3-34所示。

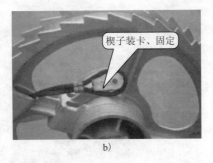

图 3-34 补偿绳安装步骤一

（2）采用木榔头或垫木板敲击方式将楔子装卡在轮体楔套中,敲击力不易过大,如图 3-35 所示。

图 3-35 补偿绳安装步骤二

（3）补偿绳自由端装上楔型线夹,转动大轮轮体缠绕补偿绳。循序排列,防止绳股之间交错、重叠,保证每圈补偿绳均缠绕在相应的线槽中。缠绕到最后用细铁丝将补偿绳及连接的双耳楔型线夹和棘轮本体扎牢以免在后续安装过程中发生散乱（安装时去掉铁丝）,如图 3-36 所示。

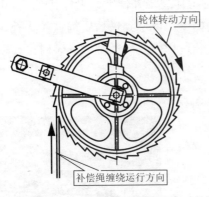

图 3-36 补偿绳安装步骤三

3. 棘轮补偿装置小轮补偿绳缠绕步骤

（1）穿补偿绳。将补偿绳的两端分别从小轮本体上的楔形套自小端向大端穿过,每端各套上一个线头夹子。套上楔子,绳头穿过线头夹子并使线头夹子尽量靠近楔子,压扁线头夹子夹紧补偿绳,露出绳头 60～80mm,保证自由状态下楔子不从绳上脱落,如图 3-37 所示。

图 3-37 补偿绳小轮安装步骤一

(2) 采用木榔头或垫木板敲击方式将楔子装卡在轮体楔套中,敲击力不宜过大,如图 3-38 所示。

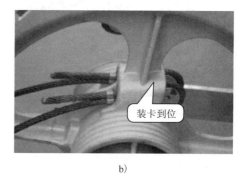

a)　　　　　　　　　　　　b)

图 3-38 补偿绳小轮安装步骤二

(3) 补偿绳自由端装上楔型线夹,转动大轮轮体缠绕补偿绳。循序排列,防止绳股之间交错、重叠,保证每圈补偿绳均缠绕在相应的线槽中。缠绕到最后用细铁丝将补偿绳及连接的双耳楔型线夹和棘轮本体扎牢以免在后续安装过程中发生散乱(安装时去掉铁丝),如图 3-39 所示。

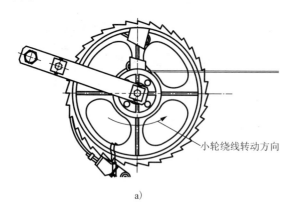

a)　　　　　　　　　　　　b)

图 3-39 补偿绳小轮安装步骤三

(二)补偿装置的 a、b 值

1. 补偿器的 a、b 值

所谓补偿装置 a 值,是指坠砣侧补偿绳回头末端至定滑轮或断线制动装置的距离。所谓补偿装置 b 值,是指坠砣串最下面一块坠砣的底面至地面(或使坠砣停止下降的位置)的距离。

补偿器靠坠砣串的重力使线索的张力保持平衡。当温度变化时,线索的伸缩使坠砣串上升和下降,当坠砣串升降超出允许范围时,都会使补偿器失去作用。因此用补偿器的 a、b 值来限定坠砣串的升降范围。

2. a、b 值的计算及坠砣安装曲线

(1)一般情况时

温度不同,补偿器 a、b 值不同,其计算公式为:

$$a = a_{min} + nL\alpha(t_x - t_{min}) \tag{3-1}$$

$$b = b_{min} + nL\alpha(t_{max} - t_x) \tag{3-2}$$

式中:a_{min}——设计中规定的最小 a 值,mm;

b_{min}——设计中规定的最小 b 值,mm;

t_{min}——设计中采用的最低温度,℃;

t_{max}——设计中采用的最高温度,℃;

t_x——安装或调整时的温度,℃;

n——补偿滑轮的传动系数;

L——锚段内中心锚结至补偿器间距离,mm;

α——线索的线胀系数,1/℃。

(2)新线架设时

应考虑接触网线索存在初伸长问题,即线索承受张力后,会蠕变延伸。此时,补偿器 a、b 值需考虑线索延伸,其计算公式为:

$$a = a_{min} + n\theta L + nL\alpha(t_x - t_{min}) \tag{3-3}$$

$$b = b_{min} + n\theta L + nL\alpha(t_{max} - t_x) \tag{3-4}$$

式中:θ——新线延伸率,承力索为 3.0×10^{-4},接触线取 6.0×10^{-4};

其余参数含义同上。

(3)补偿器的安装曲线是指利用任意温度下 a、b 值的计算公式,以不同的温度和中心锚结至补偿器之间距离,计算出多组 a、b 值,并依此而绘制的曲线。

(三)弹簧补偿装置

弹簧补偿装置(图 3-40)主要用于软横跨上下部固定绳的张力补偿,隧道内有时也用弹簧补偿器。特点是在弹簧补偿器内部装有一个具有一定初始压缩力的弹簧,当软横跨上下部固定绳伸长时,弹簧被释放,工作杆收回拉紧软横跨上下部固定绳;当上下部固定绳收缩

时,弹簧被压缩,工作杆伸出,使软横跨上下部固定绳的张力保持在一定范围内。

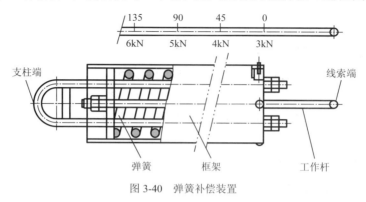

图 3-40 弹簧补偿装置

第六节 线岔、锚段关节

一、线岔、锚段关节的工作原理

(一)线岔的工作原理

列车在运行中,当运行到两条铁路的交叉处,由一股道过渡到另一股道上运行时,要经过道岔设施达到转换。**在电气化线路区段的战场内两个股道交叉处,为了使列车正常受电,从一股道顺利过渡到另一股道,在两条线路交叉的上空相应有两支汇交的接触线,在两支汇交接触线的相交处用限制管连接并固定的装置称为线岔。**线岔的作用是在转辙的地方,当一组接触悬挂的接触线被受电弓抬高时,另一组悬挂的接触线也能被抬高,从而使它与另一接触线产生高差。高差随着受电弓靠近始触点而缩小,到达始触点时,高差基本消除而使受电弓顺利交接,以使接触线不发生刮弓现象。从而使列车受电弓由一条股道上空的接触线平滑、安全地过渡到另一条股道上空的接触线上,从而使列车完成线路转换运行的目的。

图 3-41 线岔始触区

为使受电弓安全地过渡到另一条股道上,要求在线岔始触点处两接触线等高。线岔始触点时机车受电弓从一股道通过线岔时,受电弓开始接触另一股道接触线的点,要求此点处两接触线相距 500mm,接触线在线岔两端线岔始触点之间的区域称为线岔始触区,如图 3-41 所示。

(二)锚段关节的工作原理

为满足供电、机械方面的分段要求,将接触网分成若干一定长度且相互独立的分段,这个分段就称为锚段。

两个相邻锚段衔接部分称为锚段关节。锚段关节的作用是使受电弓从一个锚段安全平稳地过渡到另一个锚段。

根据锚段所起的作用,可分为非绝缘锚段关节和绝缘锚段关节。

二、线岔、锚段关节设备介绍

(一)线岔设备介绍

1. 常用线岔的种类

接触网线岔是由一根限制管、两个定位线夹和固定限制管的螺栓组成,其结构是用一根限制管将相交的两支接触线上下相互贴近,限制管的两端用定位线夹和螺栓固定在下面那根工作支接触线上。如果是非正线相交,一般是交叉点距中心锚结或者硬锚近者在下面;若是和正线相交,正线在下面。如果在平均温度安装时,限制管中心重合于接触线交叉点;安装温度高于平均温度,应略偏于下锚方向;低于平均温度,应略偏于中心锚结方向。

(1)DD 型:使用在正线和侧线都是单接触线的情况下,如图 3-42 所示。

(2)SS 型:使用在正线和侧线都是双接触线的情况下,如图 3-43 所示。

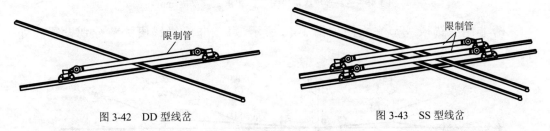

图 3-42　DD 型线岔　　　　　　　图 3-43　SS 型线岔

(3)DS 型:使用在正线和侧线都由单接触线和双接触线组成的情况下,如图 3-44 所示。

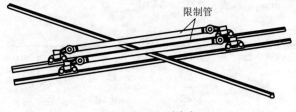

图 3-44　DS 型线岔

2. 线岔的技术要求

(1)在线岔的交叉点处,行车密度较高的股道的接触网在下方,对行车密度无明显差异的股道,可将接触线交点距终端锚固点较近者在下方,侧线上下活动间隙为 1~3mm。线岔的型号要符合要求,安装要正确,螺栓、垫片应齐全、坚固,接触线能自由伸缩无卡滞。

(2)线岔的交点在线岔的两头,当两支接触线均为工作支时,其始触点处(一般在两接触线相距 500mm 处）距轨面的高度应相等，高差不超过 10mm；两支接触线中有一支为非工作时，则非工作支接触线抬高 50～100mm（两接触线相距 500mm 处）。

（3）线岔处常见故障原因分析：

①线岔始触点处两工作支导线不等高，造成受电弓钻弓事故。

②线岔一端的非工作支导线抬高不够，造成受电弓钻弓事故。

③线岔始触点有硬点，该处接触线磨耗严重，易发生断线事故。

（二）锚段关节设备介绍

1. 城市轨道交通常用锚段关节的种类

（1）非绝缘锚段关节

非绝缘锚段关节在电气上可靠连通，在两锚段间使用电连接线。

①柔性三跨非绝缘锚段关节。三跨非绝缘锚段关节立面如图 3-45 所示。

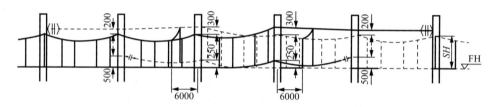

图 3-45　三跨非绝缘锚段关节立面图（尺寸单位：mm）

三跨非绝缘锚段关节平面图如图 3-46 所示，每一非绝缘锚段关节分别设置两处电连接。

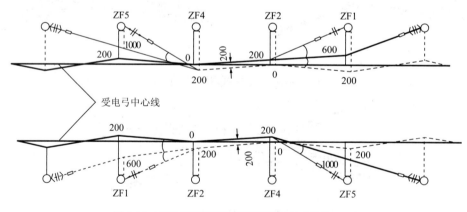

图 3-46　三跨非绝缘锚段关节平面图（尺寸单位：mm）

相互连接的两根锚段分别在锚段关节处最外侧两根锚柱处下锚，受电弓在中间支柱间实现从一个锚段向另一个锚段转换，故锚段关节中间的两根支柱称为转换柱。为保证两锚段在电气上的可靠连通，在两锚段间使用电连接。

②刚性悬挂非绝缘锚段关节。由相邻锚段的 4 个定位点组成，相邻锚段接触线线间距一般为 200mm，并装设锚段关节电连接，保证电气上可靠连通。

（2）绝缘锚段关节

①柔性三跨非绝缘锚段关节。三跨绝缘锚段关节立面图如图3-47所示。

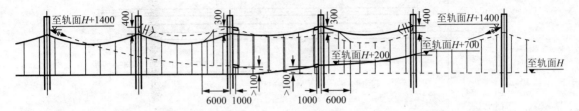

图3-47　三跨绝缘锚段关节立面图（尺寸单位：mm）

在锚段关节内有两组接触悬挂，两接触线和承力索相互重叠，其中与受电弓接触供电的接触线称为工作支，而被抬高脱离受电弓去下锚的接触线称为非工作支。

②刚性悬挂非绝缘锚段关节。刚性悬挂非绝缘锚段关节示意图如图3-48所示。

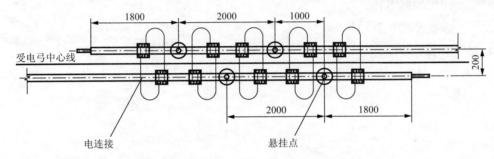

图3-48　刚性悬挂非绝缘锚段关节示意图（尺寸单位：mm）

三跨绝缘锚段关节平面图如图3-49所示。

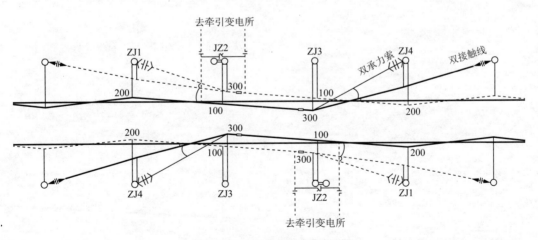

图3-49　三跨绝缘锚段关节平面图

③刚性悬挂绝缘锚段关节。刚性悬挂绝缘锚段关节示意图如图3-50所示。

刚性悬挂绝缘锚段关节由相邻锚段的4个定位点组成，相邻锚段接触线线间距一般为300mm。

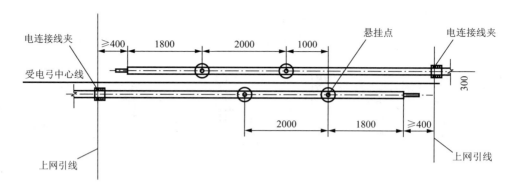

图 3-50 刚性悬挂绝缘锚段关节示意图(尺寸单位:mm)

设置锚段的作用:

a. 缩小事故范围。

b. 缩小停电检修范围。

c. 便于加设补偿装置。

d. 便于实现电分段。

第四章　城市轨道交通接触网车辆

> **岗位应知应会**
>
> 1. 了解接触网作业车的使用方法。
> 2. 了解网轨检测车的功能。
>
> **重难点**
>
> 重点：接车作业车的使用方法、网轨检测车的功能。
> 难点：网轨检测车功能运用。

本章主要介绍接触网作业车及网轨检测车的相关内容。本章的重点是对整个车辆的了解及使用方法的掌握。

第一节　接触网作业车

接触网作业车是进行接触网检修作业时常用的一种工具，在抢修和执行较高位置的检修时发挥着重要作用。同时，执行检修作业时可提供多人同时作业，提高检修效率。

一、接触网作业车使用注意事项

（1）进入工程车库，必须穿戴安全帽等防护用品。

（2）登车作业前应按照相关流程进行请点登记，征得调度同意后方可登车。

（3）禁止私自启动车上的其他无关设备，不得随意触碰车上设备。

（4）需要擦拭及调试车顶相机和雷达时，须提前向作业车司机报告，征得同意后方可登顶，同时做好安全防护措施。

（5）作业平台不得超载，承载量不得超过额定承载量的 80%。

（6）接触网作业车移动或作业平台升降、转向时，严禁人员上、下。人员上、下作业平台应征得作业平台操作人或监护人同意。

（7）平台旋转作业前，应确定好旋转方向，防止旋转错误碰撞设备造成设备损坏。

(8)作业后须比照材料出清单清点工器具物品,不得将物品遗留在作业车上。
(9)作业后须将作业平台复位,做好销点工作后方可离开。

二、接触网作用车使用范围及方法

(一)接触网作业车使用范围

(1)定位点检修时开行接触网作业车可提高检修的工作效率。作业组成员可多人在平台上作业,可多人同时进行螺栓紧固、划线、清扫绝缘子工作,提高效率。

(2)运用库内房建结构上的吊柱检修宜使用作业车。由于吊柱较高,使用伸缩梯攀爬开展检修存在很大安全隐患,且效率低下,因此吊柱检修多开行接触网作业车。

(3)接触网出现重大故障时使用接触网作业车。

(4)高架段接触网检修时,尤其是接触网支柱位于桥梁边缘时使用接触网作业车。

(二)接触网作业车使用方法

1. 作业车开启

联系司机打开司机室内的"作业取力"开关(图4-1)。打开"作业取力"后方可接通升降平台的液压系统。

2. 打开检修平台的销钉等机械锁

打开平台控制柜(图4-2)、平台下控制柜面板(图4-3)、平台上控制柜面板(图4-4)。

(1)操作前应认真查看面板按键,慎重选择"平台下"、"平台上"挡位。"平台下"和"平台上"存在闭锁关系,当选择"平台下"挡位时,平台上的控制柜是无法进行操作的。

(2)将旋转按钮打至"上升"挡,平台缓慢升起,越过司机室车顶后方可进行左、右旋转作业。

(3)打至"全区域"后,启动"左转"或者"右转",平台会根据控制自由旋转。

图4-1 平台控制柜面板

图4-2 平台控制柜

（4）打至"左侧区域"或者"右侧区域"后，平台只可旋转90°，到达位置后将自动停止旋转。

（5）平台在旋转过程中。若遇到紧急情况，可按下"紧急停止"按钮，平台将立即停止，待复位按钮后，平台方可进行其他操作。

（6）作业结束后，须将平台恢复原位，锁闭所有销钉等机械锁后方准离开现场。

图4-3　平台下控制柜面板

图4-4　平台上控制柜面板

第二节　网轨检测车

一、网轨检测车的工作原理

接触网动态检测设备分别采用非接触式和接触式对接触线拉出值、接触线高度、平行线间距、线岔非工作支抬高等接触网几何参数以及接触网弓网冲击、弓网接触压力、速度、里程等动力学参数进行实时、快速检测,实现对检修作业区段的即时检测。

图 4-5 为几何参数检测原理图。根据接触导线的最大可能高度和设计的 2 个 CCD 交汇视角辐射宽度来确定安装距离 d_0 和初始倾角(设相机光轴和车顶的夹角为 α_0 和 β_0),相机光轴所在的平面和车顶平面成 60°夹角,CCD 的中心点位于点 A,CCD2 的中心点位于点 B,$d_0=|AB|$,d_0 为基线长度,即 2 个 CCD 中心的安装距离,PA 与 X 轴的夹角为 α_0,PB 与 X 轴的夹角为 β_0,P_2C 与 O_1A 的夹角为 Φ,P_1D 与 O_1B 的夹角为 φ,2 个 CCD 镜头焦距均为 f。只要确定焦距 f,并根据基线长度 d_0,交汇角 α_0、β_0,并将 2 个 CCD 输出的视频信号确定像高 h_1、h_2,就可得出接触线上的坐标。再根据 2 个 CCD 在车顶的具体位置,就可以算出接触线的拉出值和高度。

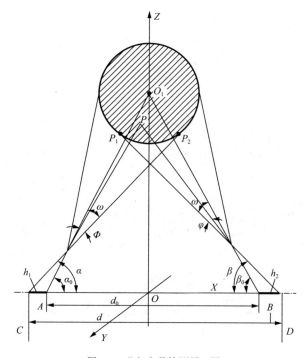

图 4-5 几何参数检测原理图

二、网轨检测车设备及功能介绍

(一)网轨检测车设备

系统主要由三个部分构成,如下所述:
(1)车底部分:速度传感器、振动补偿装置。
(2)车内部分:标准检测机柜及相关输出端口。

（3）车顶部分：电压互感器、电压传感器、温湿度传感器、压力硬点、高压箱、几何组件、摄像机等。

（二）网轨检测车功能介绍

1. 显示器

显示曲线、数据等参数。

2. 控制面板

控制系统各部件的电源供给，从左到右分别为摄像、高压、动力参数、几何参数、总电源、升弓、降弓、紧急降弓电源供给控制。

其中"摄像"是弓网监测相机的电源开关、"高压"是车顶高压箱内设备和拉出值传感器组的电源开关、"动力参数"是车底速度传感器的电源开关、"几何参数"是车顶导高和机柜内数据箱的电源开关、"总电源"是整个系统的电源开关；"升弓""降弓"和"紧急降弓"是备用受电弓控制开关。

3. 键鼠托盘

与工业控制计算机配套的标准输入输出设备，用来操作 Windows XP 系统。

4. 工柜机

安装有 Windows XP 系统和检测软件，进行后期的数据分析和处理。

5. 总数据处理箱

总数据处理箱面板分为三个部分，如图 4-6 所示。

图 4-6　总数据处理箱面板

面板左边三路状态指示灯，分别对定位、几何、实时监控进行状态指示，每路都有三种状态：

（1）白色灯灭、彩色灯灭，相关设备未通电。

（2）白色灯亮、绿色灯亮，相关设备已通电且状态正常。

（3）白色灯亮、红色灯亮，相关设备已通电且状态异常。

中间红色部分显示当前速度和里程。

右边是仿真/运行切换按钮和仿真状态下速度调节旋钮，默认为运行状态测量车辆的实时速度，按钮按下切换到仿真状态，此时会产生一个虚拟的速度和里程值，速度值使用旋钮调节，左旋减小、右旋增大。

6. 分数据箱

分数据箱共有 10 路状态指示灯，分别指示某一参数当前的状态。第一行白色灯为电源指示、第二行绿色灯和第三行红色灯为状态指示，也有三种状态：白色灯表示供电正常、绿色灯表示状态正常、红色灯表示状态异常。

7. 接触网检测采集系统

接触网检测采集系统能提供采集的初始设定,记录本次检测的起始和结束位置,并提供软件仿真和实时检测开关。

8. 接触网数据管理系统

接触网数据管理系统是接触网检测中三大组成系统之一,为接触网检测提供系统配置信息,数据库信息,检测参数标定等信息。接触网数据管理系统界面如图 4-7 所示。

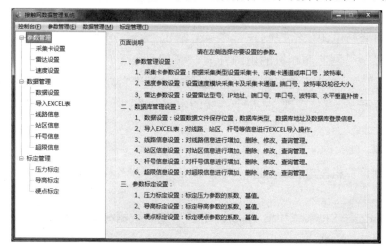

图 4-7　接触网数据管理系统

9. 接触网数据处理系统

接触网数据处理系统是接触网检测中三大组成系统之一,为接触网检测提供将实时数据和回放数据进行多种模式分析,将实时数据和回放数据进行导出,将实时数据和回放数据进行打印、实时和回放录像等功能。接触网数据处理系统界面如图 4-8 所示。

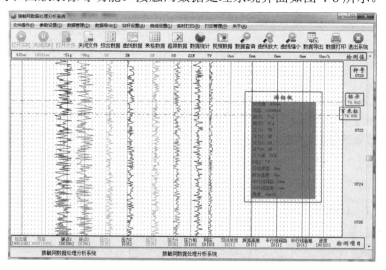

图 4-8　接触网数据处理系统

第五章　城市轨道交通接触网零部件及接口

岗位应知应会

1. 了解柔性零部件的功能和作用。
2. 熟悉刚性零部件的功能和作用。
3. 了解接触网相关专业的接口。

重难点

重点：柔性、刚性零部件的功能和作用。
难点：柔性零部件的功能和作用。

第一节　柔性零部件介绍

柔性接触网较复杂，零部件较多，因此掌握起来也比较难，应从零部件分类作用分析，分类记忆。本节将零部件分为 14 个部分，从零部件的作用解析，便于记忆。

一、绝缘子

绝缘子介绍如表 5-1 所示。

绝　缘　子　　　　　　　　　　　表 5-1

名　称	图　片	功能及用途	型号规格
软横跨隔流复合绝缘子		门型架处同一供电分区不同股道间，安在上、下部固定绳承力索上，起横向隔流作用	FDZM-0.5
软横跨用硅胶复合绝缘子		门型架处不同供电分区股道间，门型架支柱与股道间，安装在上、下部固定绳、承力索上，起横向隔流、隔压作用	FDZM-1.5/68
铁道复合绝缘子	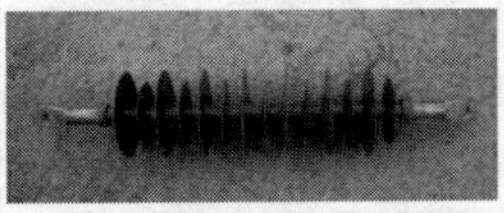	接触线下锚处使用，起隔流、隔压作用	FQX-25/120-750HH

续上表

名 称	图 片	功能及用途	型号规格
JA型棒式绝缘子		用于平腕臂、斜腕臂与底座间的连接,起绝缘作用	JA-1.5A-ZZ1
JB型棒式绝缘子		用于异性斜撑与腕臂底座间的连接,起绝缘作用	JA-1.5B-ZZ1
辅助馈线绝缘子		用于辅助馈线的支撑,起绝缘、支撑作用	KJ-1.5-ZZ1
SA型隧道棒式绝缘子		刚柔过渡处、洗车库等有吊柱的地方固定平腕臂用	SA-1.5A

二、线材

线材介绍如表5-2所示。

线 材 表5-2

名 称	功能及用途	型号规格
150mm² 软电缆	用于支柱接地、回流电缆、均流电缆、隔离开关上网等处	WDZA-FS/FY/FZ-TZEYR DC1500 1×150
120mm² 软铜绞线	用于隔离开关底座接地、支柱连接架空地线、辅助馈线上网、电连接线等	TJR-120
吊索/25mm² 青铜软绞线	用于简单悬挂定位处,调整定位处导线高度	THJR-25
吊线	青铜硬绞线,用于门型悬挂、库内等垂直方向的绳索,传递接触网的垂直荷载	THJ-35
架空地线	保护、防雷	JT-120
接触线	直接供给电力机车电能	CTA120
吊弦线	16mm² 青铜软绞线,用于链形悬挂,将接触线悬挂在承力索上,使接触线高度保持一致并将接触线的垂直荷载传递给承力索	16mm²(12×7)
接触线中心锚结绳	青铜硬绞线,中心锚结处固定接触线	THJ-50(1×19)
承力索中心锚结绳	青铜硬绞线,中心锚结处固定承力索	THJ-95(1×19)
φ3.5不锈钢软态钢丝	用于软定位固定软定位器,接触网终端标的固定	CJSHWRφ3.5
单股软铜线	用于绑扎同材质的同绞线(如:承力索)	φ1.5mm

三、支柱

支柱介绍如表 5-3 所示。

支　柱　　　　　　　　　　表 5-3

名　称	图　片	功能及用途	型号规格
门型支架支柱	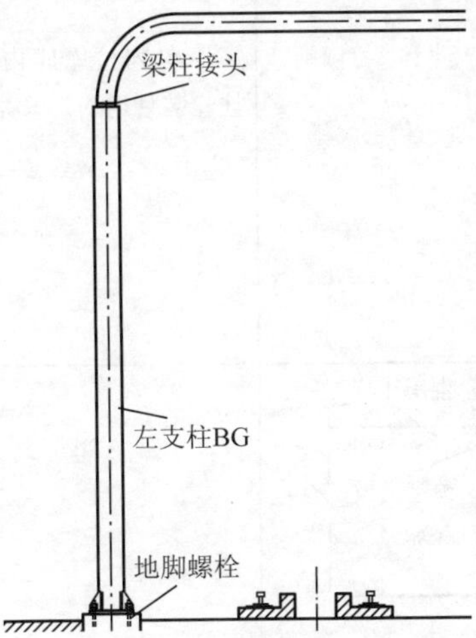	门型架两边的支柱	BG
门型支架支柱	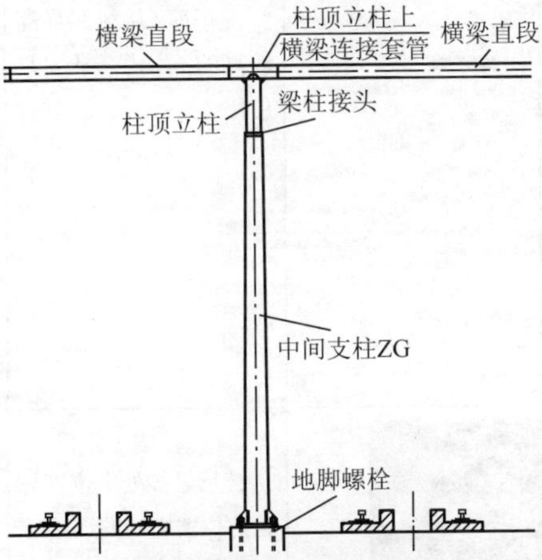	门型架中间的支柱	ZG
锥形钢管柱		接触网支柱	ZG130/7.0　ZG130/7.5 ZG100/7.0　ZG100/7.5 ZG60/7.0　ZG60/7.5

续上表

名 称	图 片	功能及用途	型号规格
φ133 吊柱	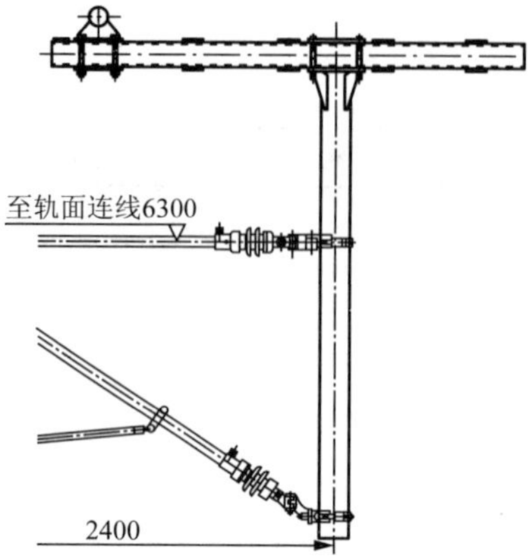	停车列检库库内悬挂安装使用	CJL449-2004（全长2500mm）
φ140 吊柱	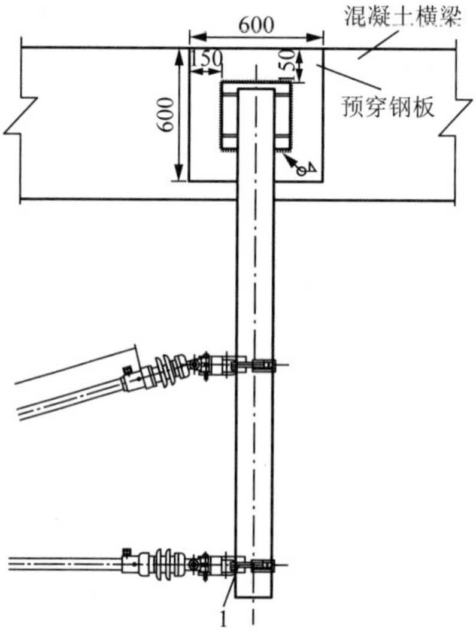	洗车库（接触网导高较高的）库内悬挂安装使用	CJL406-2012
48型长定位立柱		链形悬挂处定位管与软定位器之间的连接	CJL82（48）-98
腕臂吊柱	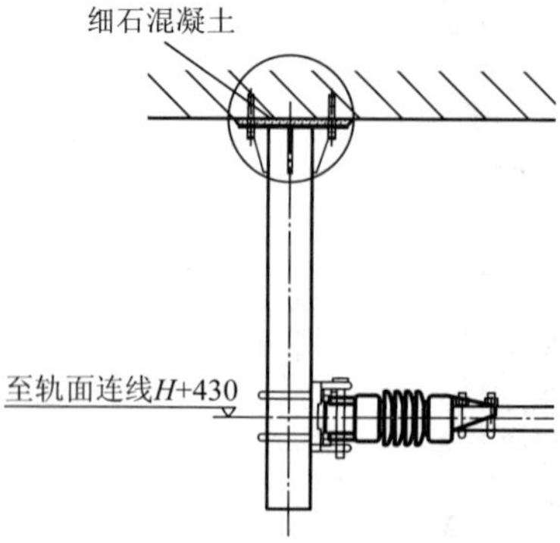	刚柔过渡处连接腕臂于隧道用	GXJL29（102）-2004

续上表

名 称	图 片	功能及用途	型号规格
地线终锚下锚吊柱	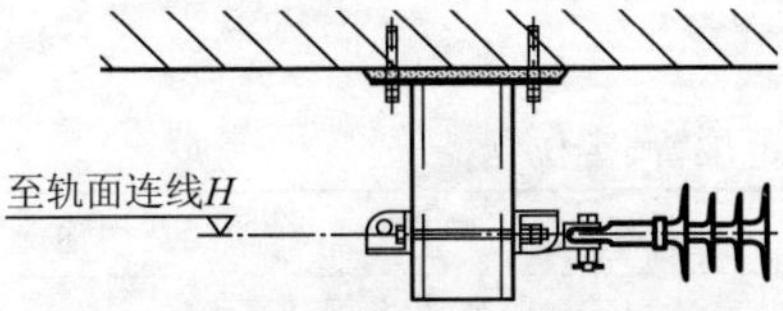	刚柔过渡处、隧道内接触线、架空地线下锚用	GXDZ/DM-αL
60型长定位立柱		刚柔过渡处、隧道内、支柱处平腕臂与软定位器之间的连接	CJL82（60）-98
2D型长定位立柱	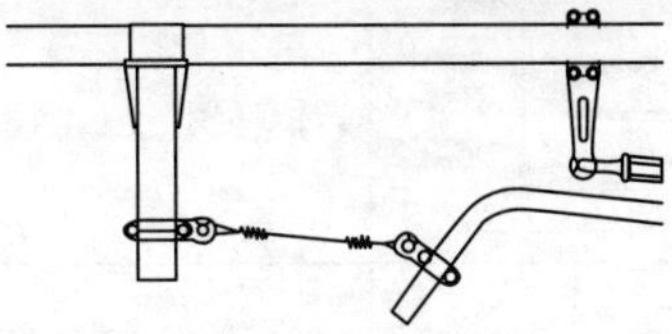	支柱处平腕臂与软定位器之间的连接	JL82（2D）-02
支柱钢管	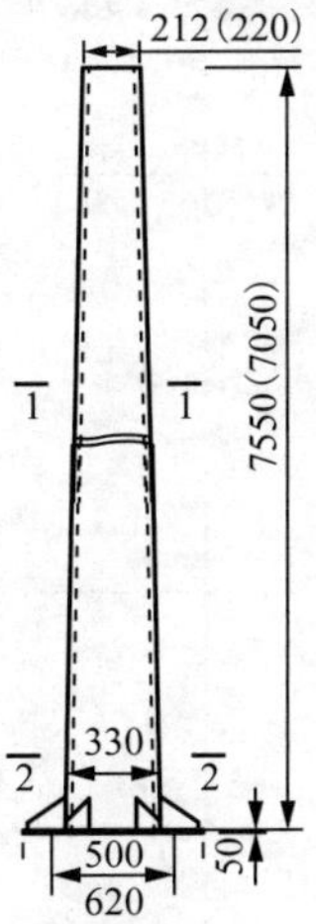	支柱的钢管部分	（φ212～330）×10（代表厚度）、（φ212～330）×12、（φ212～330）×14
过渡套管	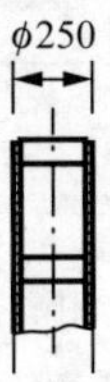	ZG门型架中间柱过渡使用	φ226×12
过渡套管	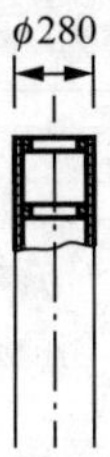	BG门型架中间柱过渡使用,在上边	φ260×15
过渡套管		BG门型架中间柱过渡使用,在下边	φ262×16

注：表图中数值单位为 mm。

第五章 城市轨道交通接触网零部件及接口

四、定位管、定位器

定位管、定位器介绍如表 5-4 所示。

定位管、定位器　　　　　　　表 5-4

名　称	图　片	功能及用途	型号规格
34 型定位管		与支持器连接，形成定位装置	CJL 62（34）-98
48 型定位管	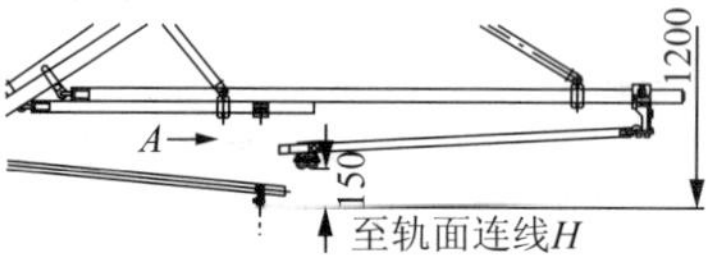	链形悬挂连接斜腕臂与定位环用	CJL62（48）-98
垂直式定位器	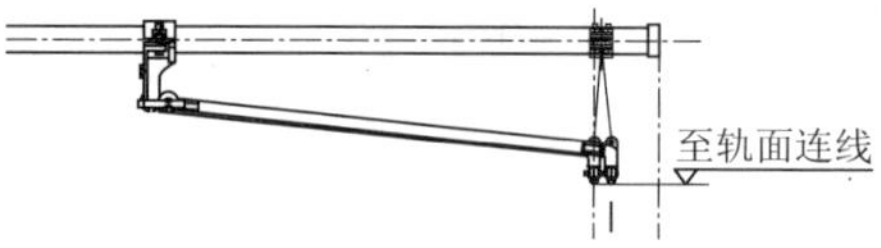	与长定位双环连接的定位装置	DTL0162（ZG2）
水平式定位器	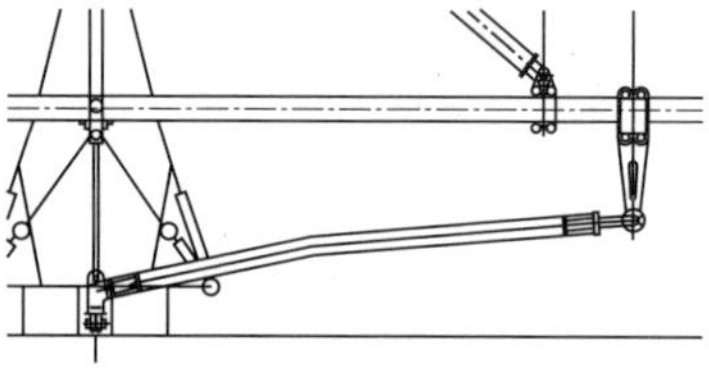	与长定位环连接的定位装置	DTL0162（G2）
软定位器	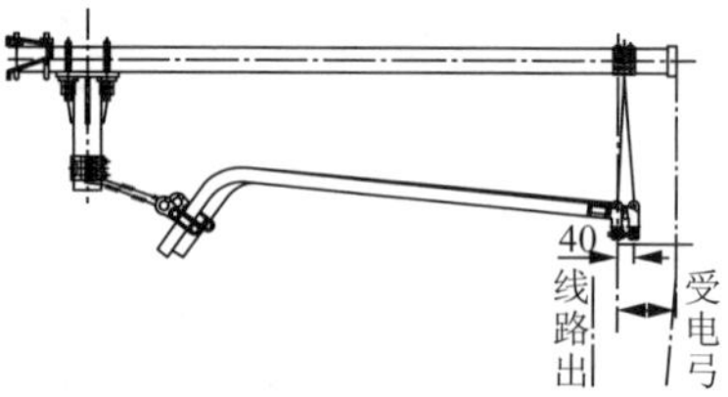	用在小曲率半径处的定位装置	DTL0163
长支持器	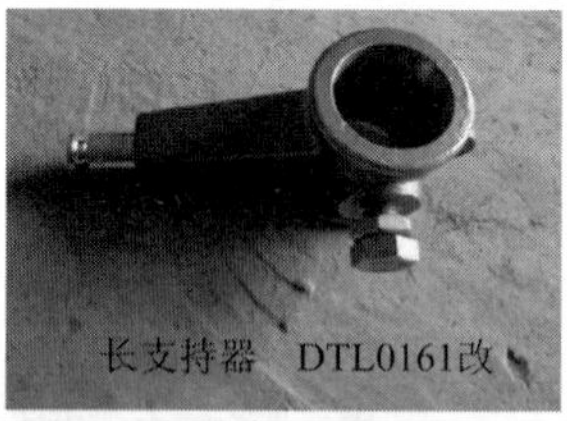 长支持器 DTL0161改	连接定位管和定位线夹用的定位装置	DTL0161
支持器	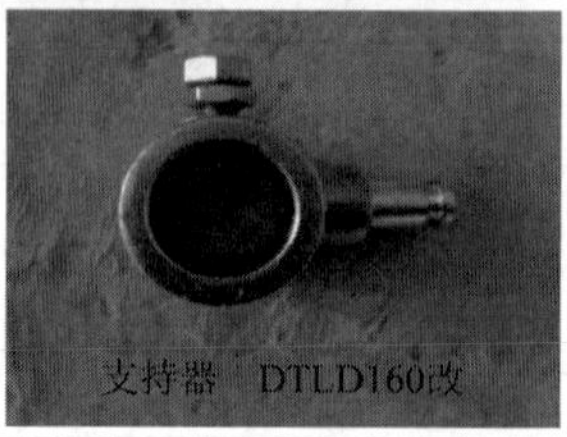 支持器 DTLD160改	连接定位管和定位线夹用的定位装置	DTL0160 改

五、定位环

定位环介绍如表 5-5 所示。

定位环　　　　　　　　　　　　　　　表 5-5

名　称	图　片	功能及用途	型号规格
G34 型定位环	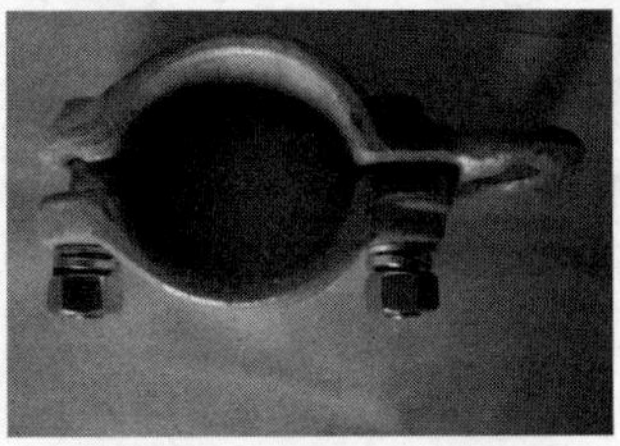	用于软定位与不锈钢软态钢丝的连接	JL12（G34）-04
G48 型定位环	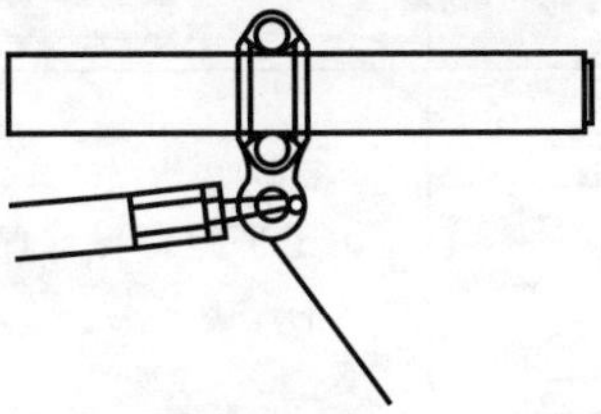	用于定位管与定位管之间的连接	JL12（G48）-04
S48 型定位双环	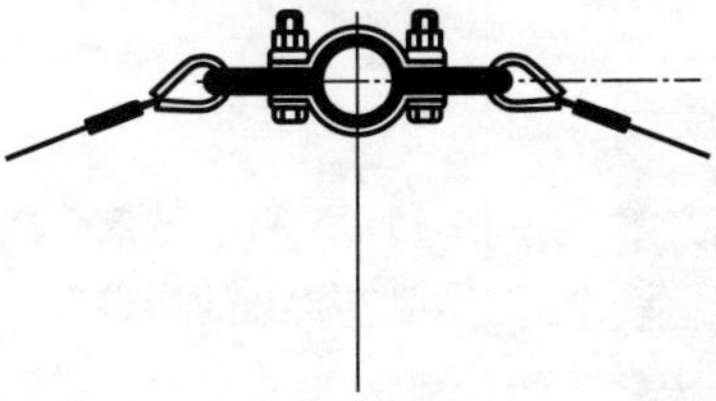	用于吊索与定位管的连接	CJL12（φ48）-98
ZG48 型长定位环	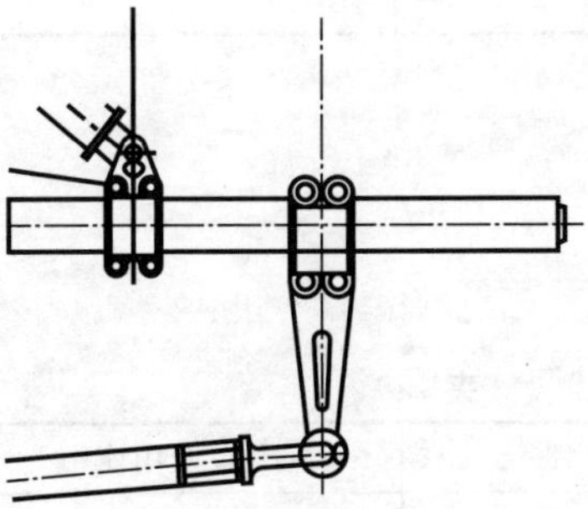	用于定位管与水平定位器之间的连接	JL13（ZG48）-04
G60 型定位环	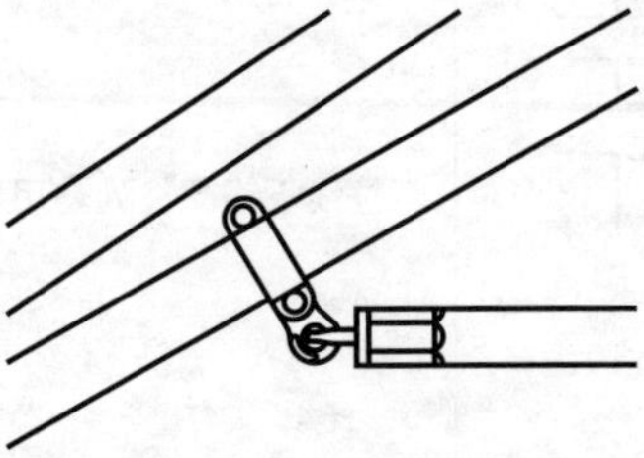	用于斜腕臂与定位管之间的连接	JL12（G60）-04

续上表

名　称	图　片	功能及用途	型号规格
ZG60型长定位环		用于平腕臂与水平式定位器的连接	JL13（ZG60）-04
φ60型定位双环	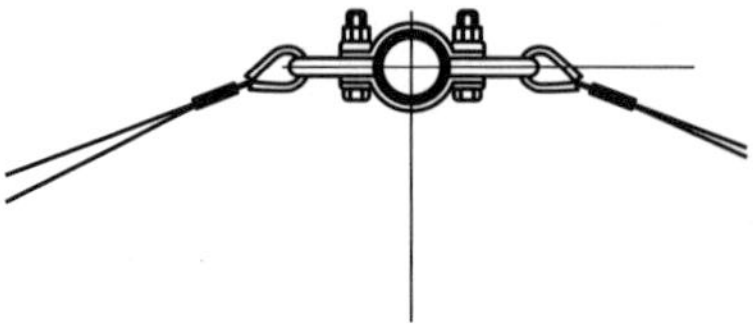	用于腕臂与吊索或腕臂与两个定位管的连接	CJL12（φ60）-98
长定位双环	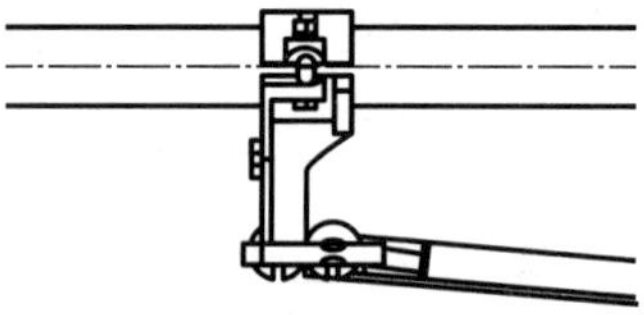	用于平腕臂与垂直式定位器的连接	CJL13（CS55）-05
定位双环	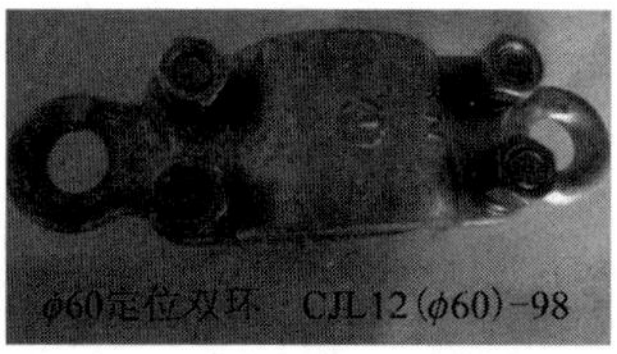	用于腕臂与吊索或腕臂与两个定位管的连接	CJL12（φ60）-98

六、线夹

线夹介绍如表5-6所示。

线　夹　　　　　表5-6

名　称	图　片	功能及用途	型号规格
LX-3楔形拉线线夹	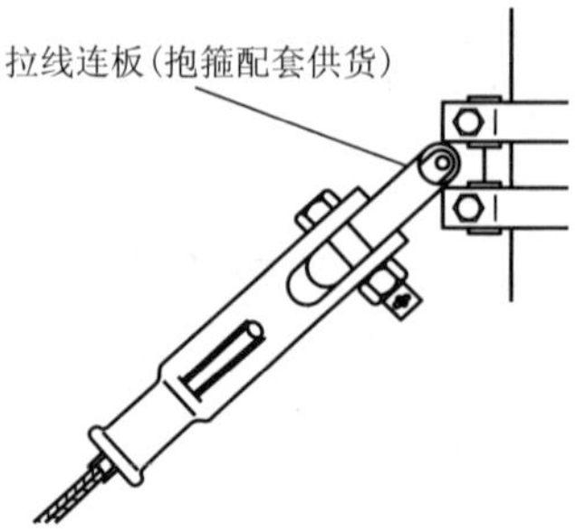	拉线下锚支柱处使用	LX-3

续上表

名　称	图　片	功能及用途	型号规格
T120型终端线夹		架空地线下锚使用	CJL27（T120）-98
T150型终端线夹	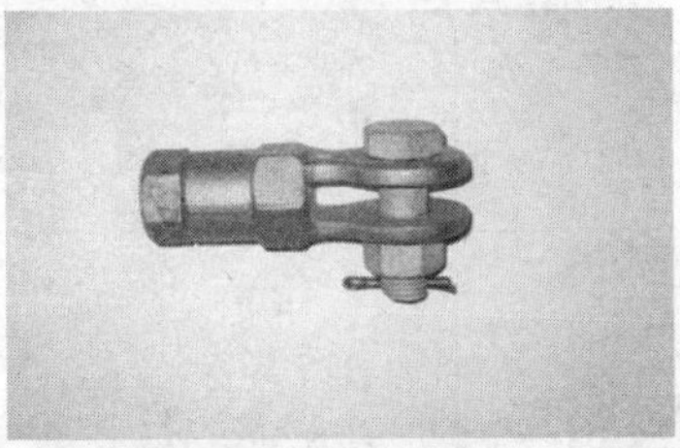	承力索下锚使用	CJL27（T150）-98
齿型双耳楔形线夹	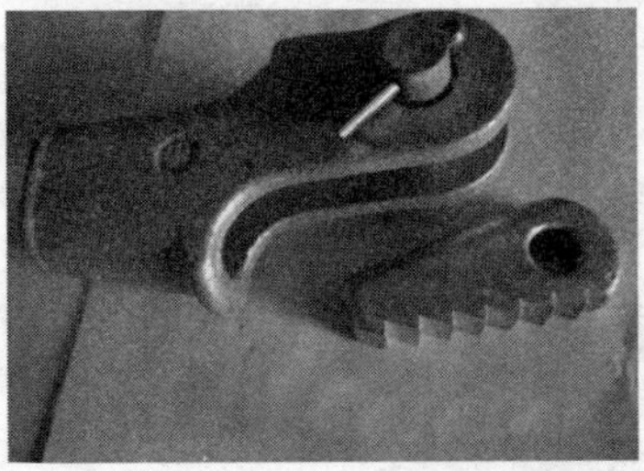	接触线下锚使用	CJL27（Z）-98
辅助馈线支承线夹	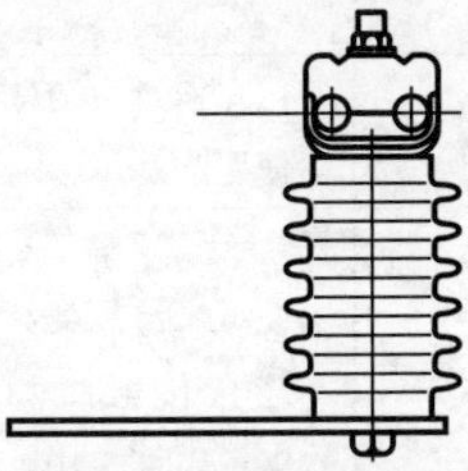	连接在馈线绝缘子上，支撑辅助馈线	CJL 50-98 改
横承力索线夹	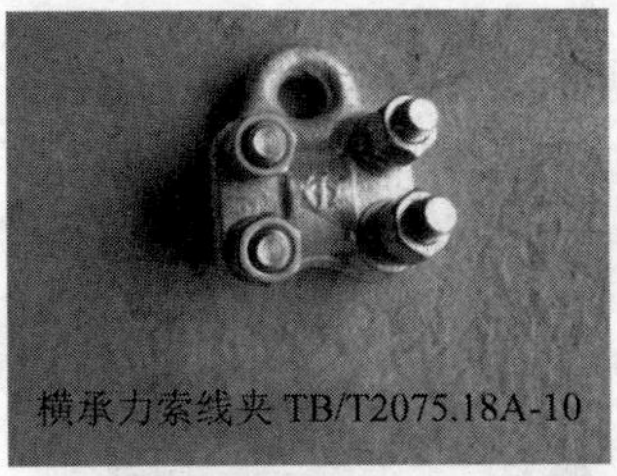 横承力索线夹 TB/T2075.18A-10	横向承力索、上下部定位绳处连接吊线心形环	TB/T 2075.18A-10
双接触线吊弦线夹	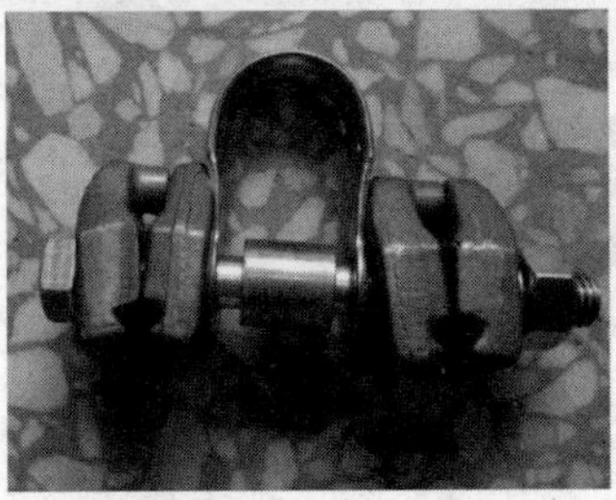	双接触线与吊弦连接的线夹	CJL02（S）-98

续上表

名　称	图　片	功能及用途	型号规格
钳压管		压接吊弦	CJL94-98
架空地线接续线夹	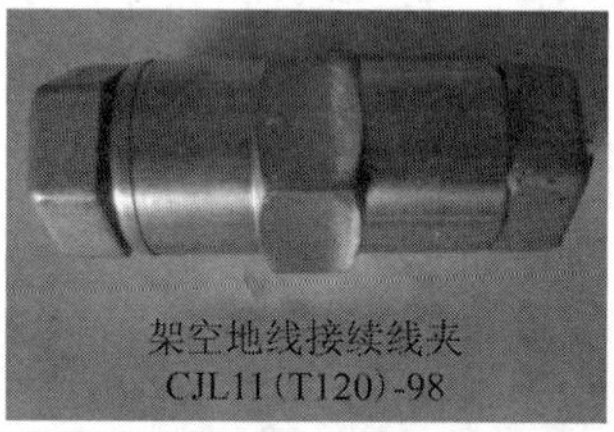	支座架空地线接头	CJL11（T120）-98
吊索线夹	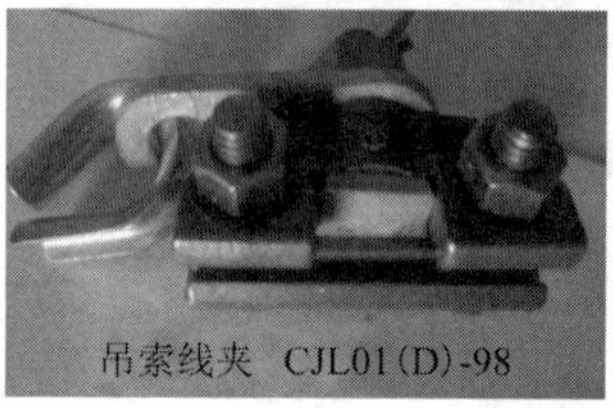	吊索与接触线的连接使用	CJL01（D）-98
50型双耳楔形线夹		门型架上下部定位索终端使用	CJL27（50）-98
接触线电连接线夹		连接接触线和150mm^{2}软电缆电连接用	CJL204（B）-2002
接触线电连接线夹	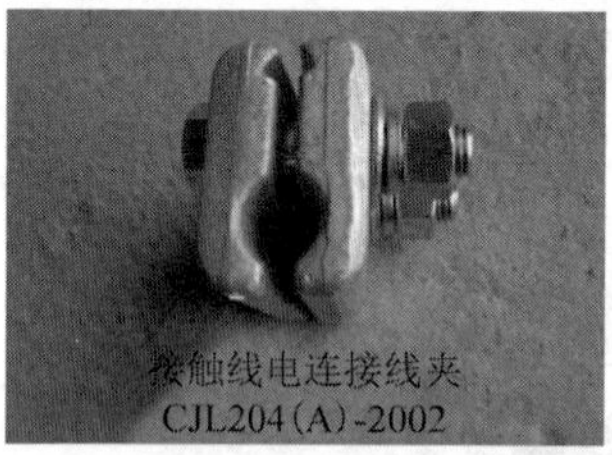	连接接触线和120mm^{2}软绞线电连接用	CJL204（A）-2002
接触线中心锚结线夹	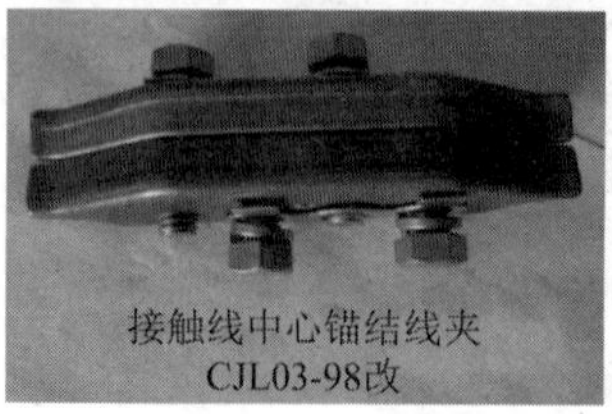	连接中心锚结绳与接触线	CJL03-98改

续上表

名　称	图　片	功能及用途	型号规格
双承力索锚固线夹		连接接触线中心锚结绳与承力索	CJL39（150/50）-98（改）
双承力索锚固线夹		连接承力索中心锚结绳与承力索	CJL39（150/95）-98（改）
双线等距线夹		用与固定两辅助馈线，起到等距的作用	GDC18-98
双线支撑线夹		用于链形悬挂平腕臂上，固定双承力索	CJL18（L）-98
直式接触线电连接线夹		用于TJR120电连接线与接触线的固定	CJL04（Z）-98

/ 75

续上表

名称	图片	功能及用途	型号规格
承力索接头线夹	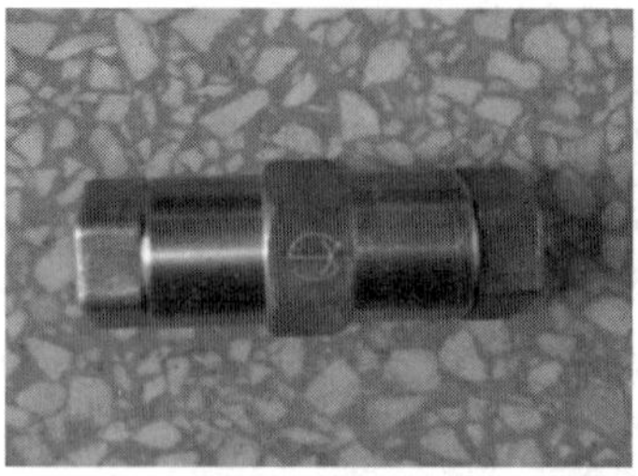	用于制作承力索接头	CJL11（T150）-98
架空地线接头线夹	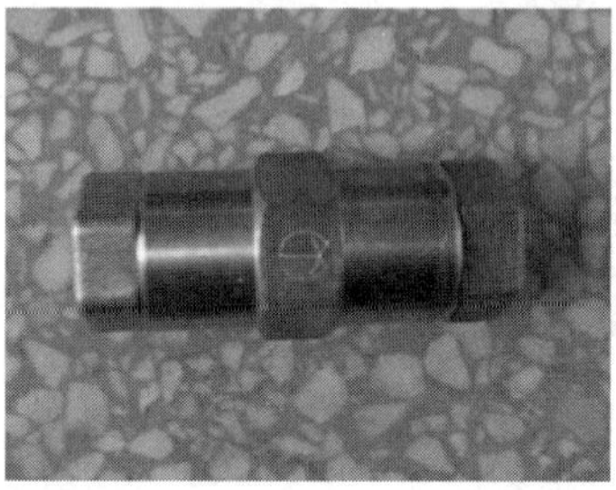	用于制作架空地线接头	CJL11（T120）-98
接触线接头线夹		用于制作接触线接头	
定位环线夹		用于双周三检库简单悬挂吊线心形环和滑轮之间的连接，门型架上部定位索与吊线、滑轮的连接，下部定位索与吊线、定位器的连接	CJL21-98
定位索线夹		用于下部定位索与定位器、拉线的连接	CJL15-05

七、腕臂、管帽

腕臂、管帽介绍如表 5-7 所示。

腕臂、管帽　　　　　　　　　　　　　　　　表 5-7

名　称	图　片	功能及用途	型号规格
420 型定位管支撑（长度 420～1130mm）	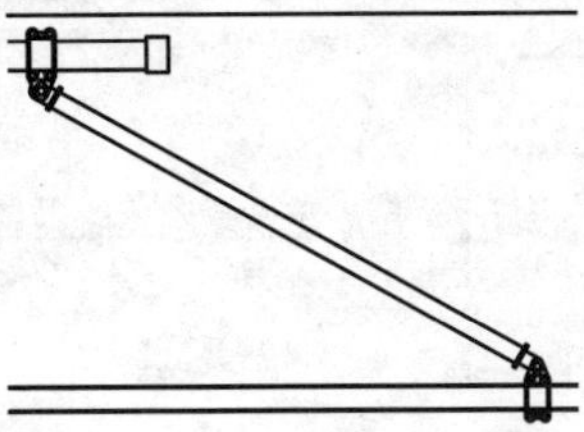	连接平腕臂，固定定位管	CJL87（420）-98，420 代表长度
P1850 型腕臂（长度 1850～3950mm）	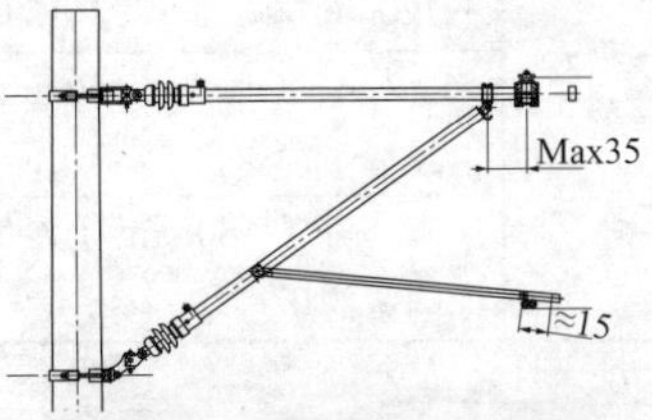	平腕臂，起到支持定位的作用	CJL61（P1850）-98，1850 代表长度
X1800 型腕臂（长度 1800～2550mm）		斜腕臂，起到支持定位的作用	CJL61（X1800）-98
2 型管帽	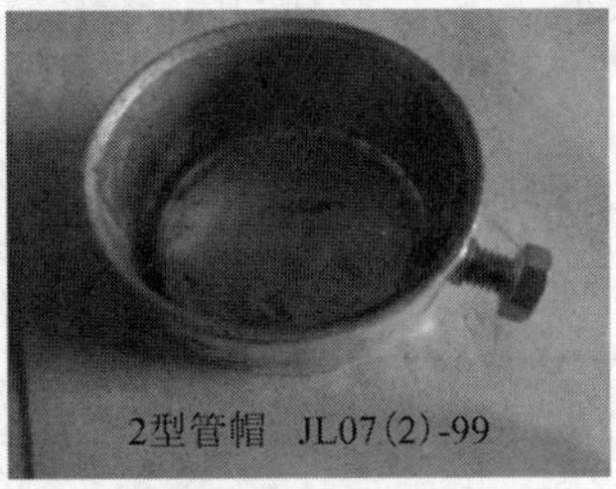	用于腕臂末端封堵管口	JL07（2）-99
48 型管帽		用于定位管末端封堵管口	JL07（48）-99

八、套管双耳、接线端子

套管双耳、接线端子介绍如表 5-8 所示。

套管双耳、接线端子　　　　　　　　　　　　表 5-8

名　称	图　片	功能及用途	型号规格
ZG48 型套管双耳	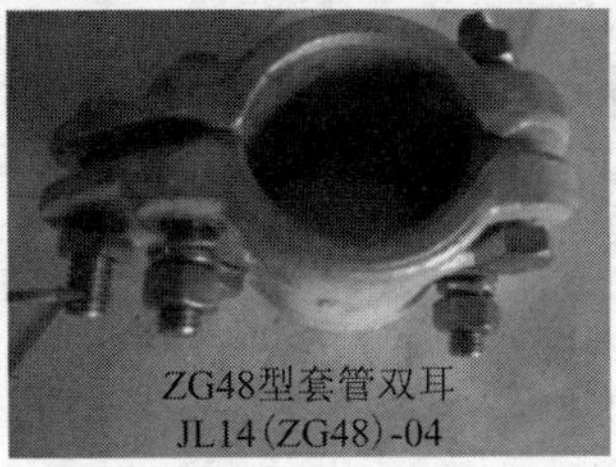	用于定位管与定位管支撑的连接	JL14（ZG48）-04
ZG48 型套管双耳	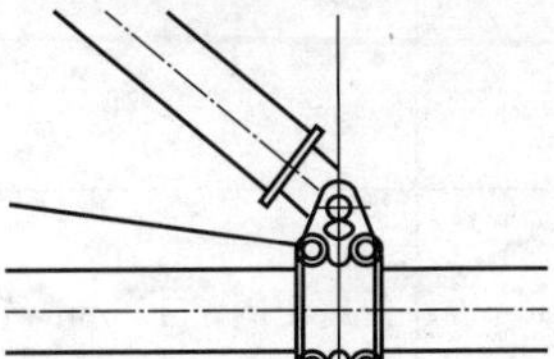	用于定位管与定位管支撑的连接	JL14（ZG48）-06 改

续上表

名　　称	图　片	功能及用途	型号规格
ZG60型套管双耳	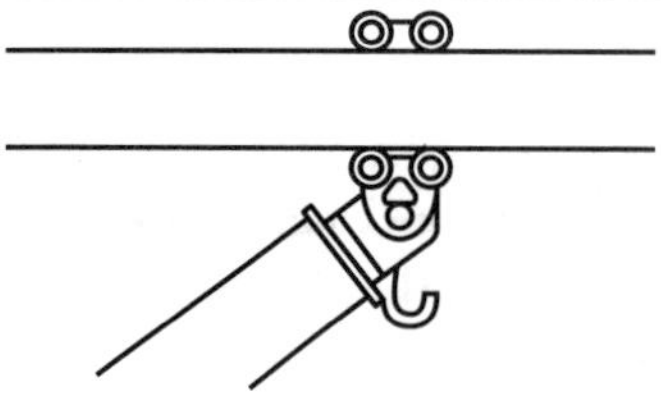	用于平腕臂与斜腕臂的连接	JL14（ZG60）-06改
铜接线端子	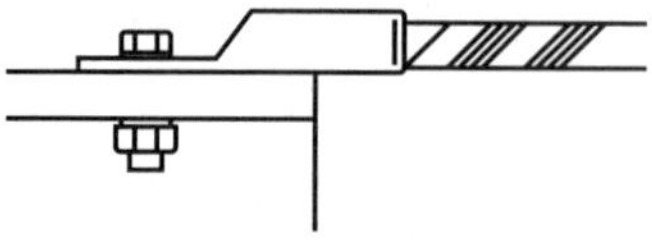	120mm² 软绞线端子的压接	DTG-150
铜接线端子		支柱架空地线用150mm² 软电缆端子的压接	DTG-185
铜接线端子		隔离开关150mm² 上网软电缆端子的压接	DTGS-185

九、紧固件及锚栓

紧固件及锚栓介绍如表 5-9 所示。

紧固件及锚栓　　　　　　　表 5-9

名　　称	图　片	功能及用途	型号规格
调整螺杆 $L=230$mm	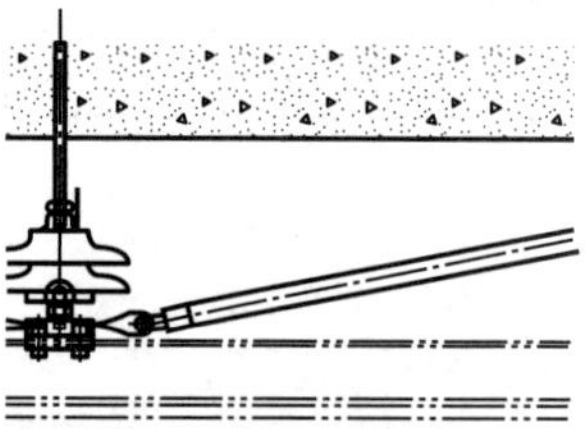	刚性中心锚结调整螺杆用	GXJL28-2003 改
调整螺栓	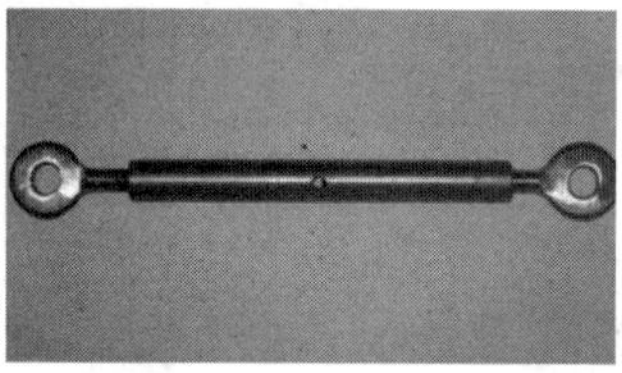	上下部固定绳等调节使用	CJL89-2006
电缆固定卡	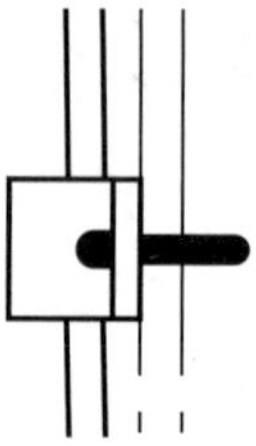	用于固定150mm² 软电缆	GXJL24-99
绞线固定卡	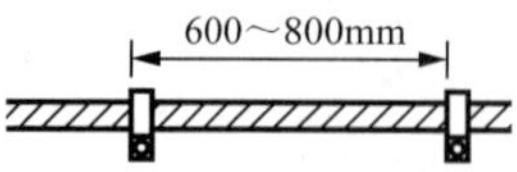	用于固定120mm² 软绞线	GXJL18-99

续上表

名　称	图　片	功能及用途	型号规格
销钉 16mm×60mm	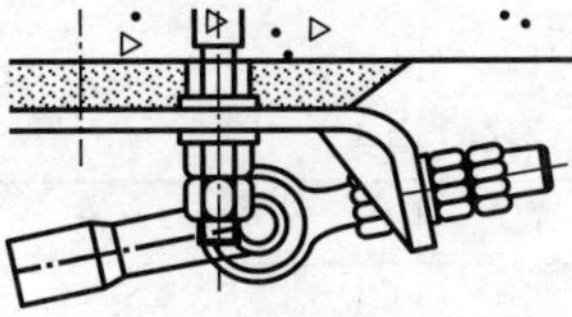	刚性中心锚结处使用	JL08-98
销钉 20mm×60mm	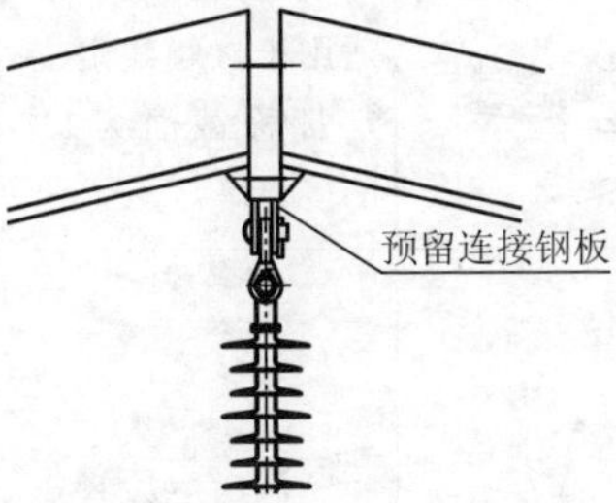	双周三月检库、受电弓检测棚等垂直简单悬挂处使用	CJL-28-05-98
开口销 5mm×30mm	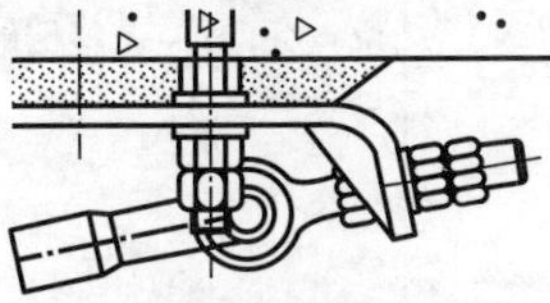	刚性中心锚结处使用	GB/T 91—2000
开口销 5mm×35mm		双周三月检库、受电弓检测棚等垂直简单悬挂处使用	GB/T 91—2000
钳压管		简单悬挂压接吊索用。本零件固定于标准截面的铜绞线上。$d=7.0mm$，长度 $L=40mm$，厚度 $t=1.7mm$	CJL91（25-2）-98
钳压管		双周三月检库、受电弓检测棚等垂直简单悬挂处使用压接吊线使用。本零件固定于标准截面的铜绞线上。$d=8.0mm$，长度 $L=80mm$，厚度 $t=2.0mm$	CJL91（35-1）-98
锚支定位卡子		本零件适用于非工作支接触线或承力索定位处。铜接触线使用本零件定位时，需在铜接触线处敷以 CJL97（14.1×130）-98（14.1×130型半圆管衬垫）	CJL 40-98

十、线岔、吊弦、滑轮、肩架

线岔、吊弦、滑轮、肩架介绍如表 5-10 所示。

线岔、吊弦、滑轮、肩架　　　　　　　表 5-10

名　称	图　片	功能及用途	型号规格
线岔（长 1700mm），俗称限制管	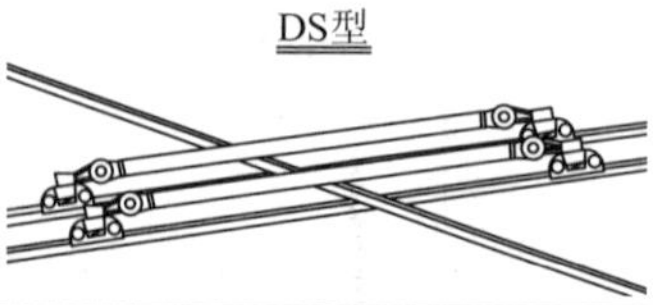 DS型	线岔处使用。本零件适用于接触线定位处固定标称截面为 120mm² 的接触线	CJL49-98
双线可调式整体吊弦	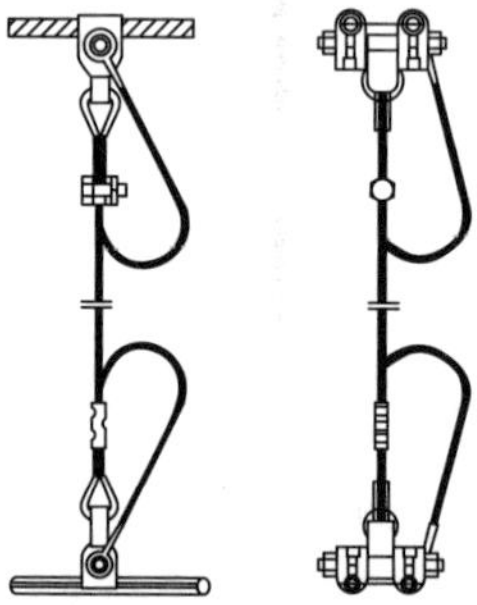	一般用于线岔处或定位点处，方便调整接触线导高	001-CW-12-3105（2200）
双线整体吊弦	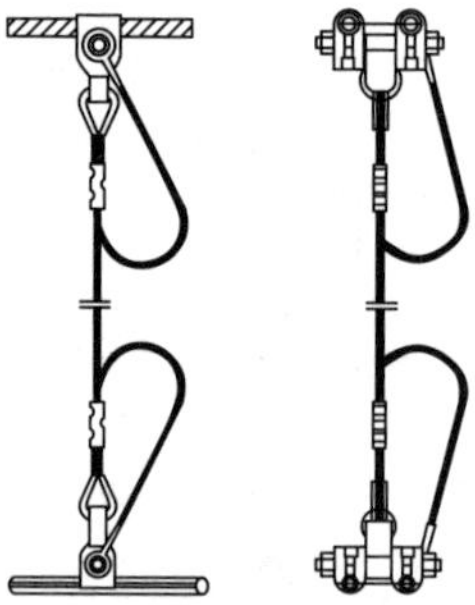	连接承力索与吊弦以形成链形悬挂	001-CW-12-3102
双悬吊滑轮	 DTL0171(S)	用于门型架处、受电弓检测棚处，双接触线、双承力索的滑动固定	DTL0171（S）
铜悬吊滑轮	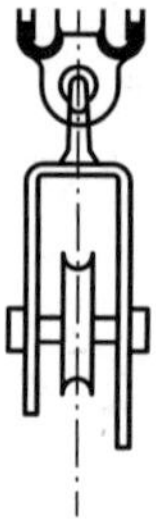	双周三月检库悬吊吊索用。门型架处用于悬挂 TJ-150 承力索	CJL77（C）-2010

续上表

名 称	图 片	功能及用途	型号规格
架空地线肩架	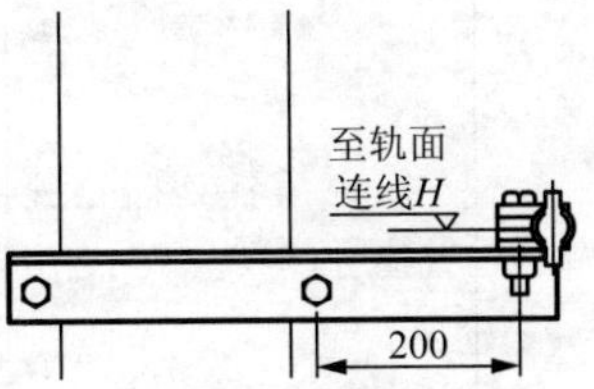	用于库外圆形钢支柱处固定架空地线线夹	CJL92（øL）-2001（BG）
架空地线肩架	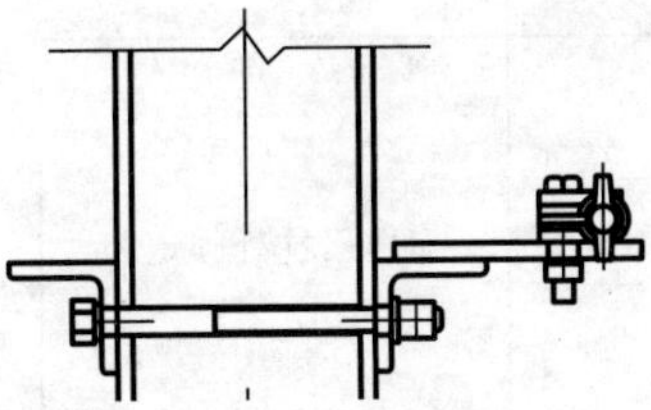	用于库外H型钢支柱处固定架空地线线夹	DTL0145
辅助馈线肩架	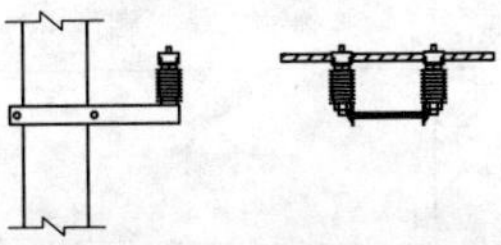	用于库外圆型钢支柱处固定两个馈线支撑线夹线夹	001-16-023（A）改
辅助馈线肩架	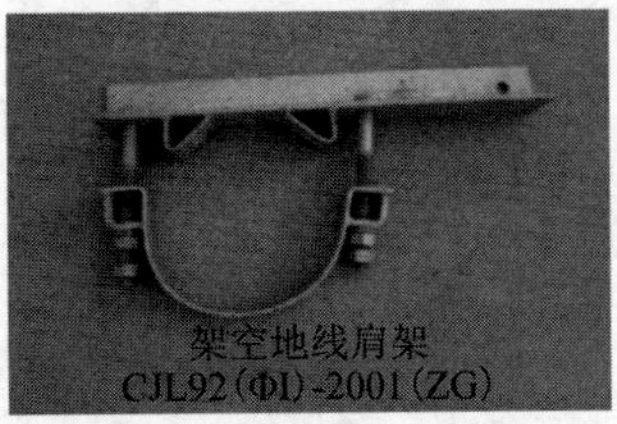	用于库外圆型钢支柱处固定单个馈线支撑线夹线夹	CJL85-98改（ZG）

十一、斜撑、底座

斜撑、底座介绍如表 5-11 所示。

斜撑、底座　　　　　　　　表 5-11

名 称	图 片	功能及用途	型号规格
异径斜撑	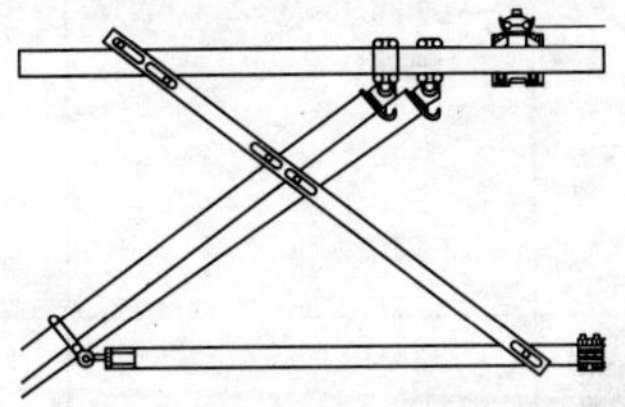	链形悬挂固定平腕臂斜腕臂定位管用	CJL402（2900）-2010，2900 代表长度
	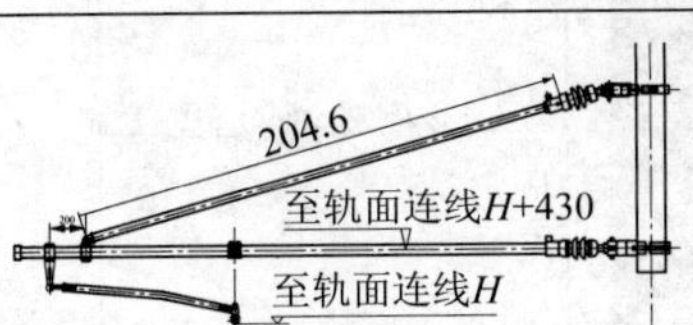	简单悬挂固定平腕臂用	

续上表

名　　称	图　　片	功能及用途	型号规格
DD型腕臂上底座	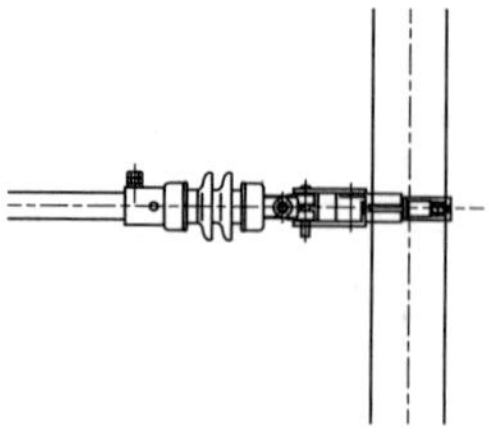	库内吊柱处固定腕臂使用	CJL70（DD133）-2004
DD型腕臂下底座	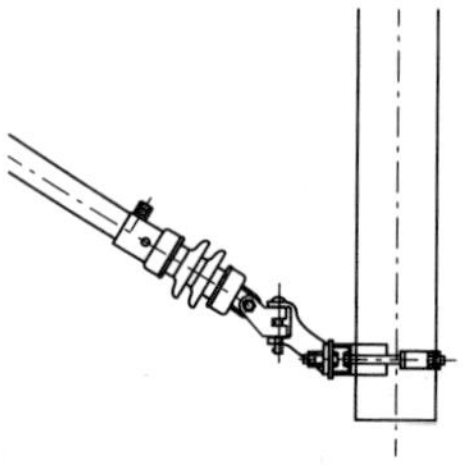	库内吊柱处固定腕臂使用	CJL28（DD133）-2004
DS型腕臂上底座	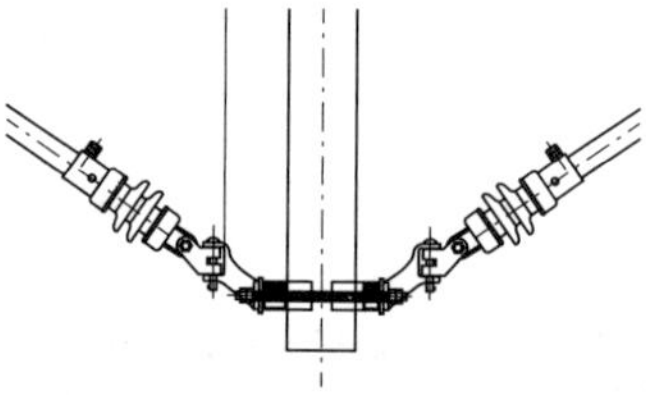	库内吊柱处固定双线路腕臂使用	CJL70（DS133）-2004
T形腕臂上底座	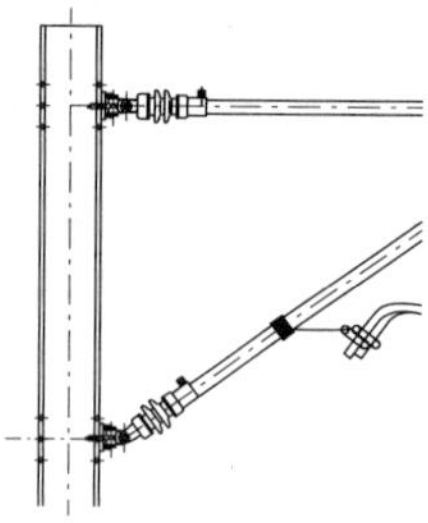	用于H型钢支柱处固定腕臂	JL28（SX）-99
T形腕臂上底座	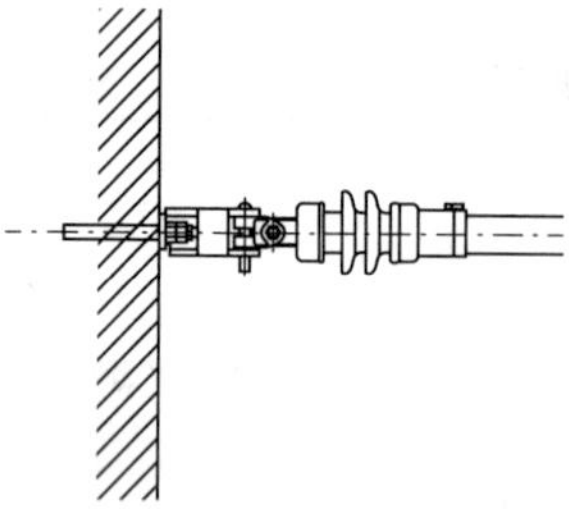	U形槽处，隧道壁上固定腕臂	CJL70（T）-06
T形腕臂下底座		U形槽处，隧道壁上固定斜腕臂	CJL28（T）-06

续上表

名　称	图　片	功能及用途	型号规格
定位索底座	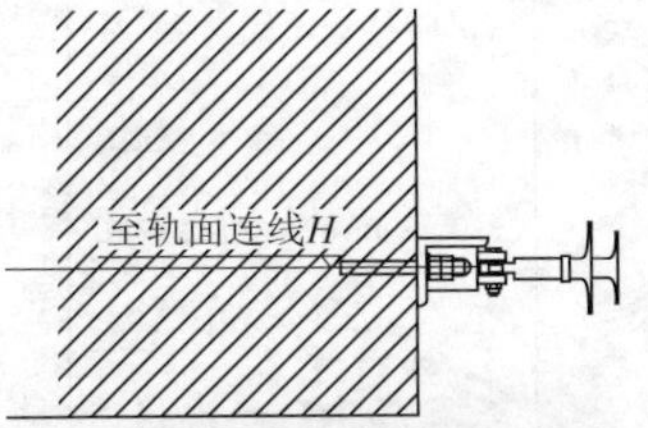	隧道口承力索,运用库接触下下锚使用	CJL93-2001
上承锚底座	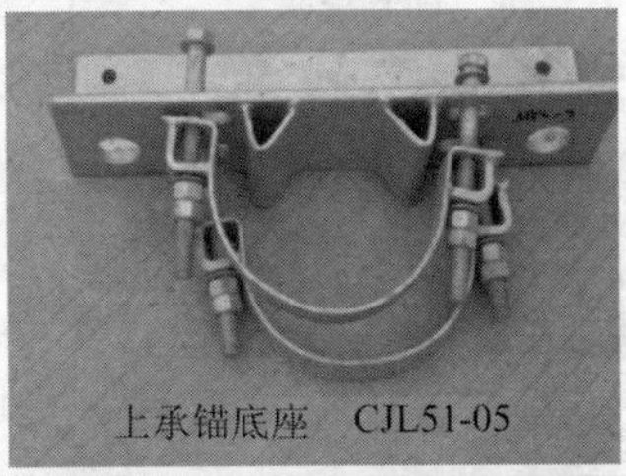 上承锚底座 CJL51-05	用于圆钢柱接触线下锚处固定棘轮	CJL51-05
下承锚底座	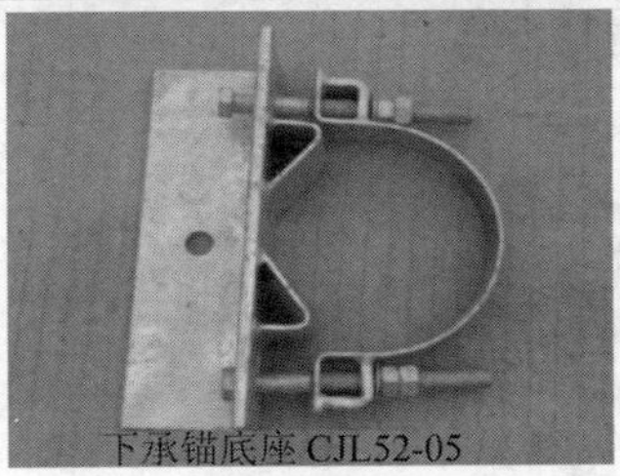 下承锚底座 CJL52-05	圆钢柱接触线下锚处固定棘轮	CJL52-05
横梁固定底座	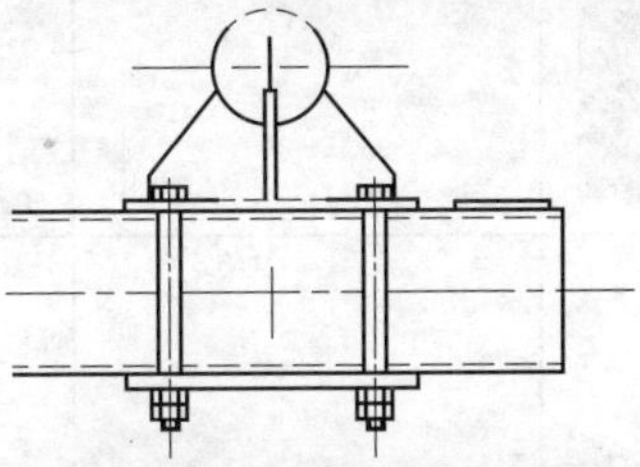	库内固定横梁	CJL93（H）-2004
拉线底座	 拉线底座 SZ1/JL1104	刚柔过渡处,柔性下锚拉线处使用	SZ1/JL 1104
接触线用下锚棘轮底座	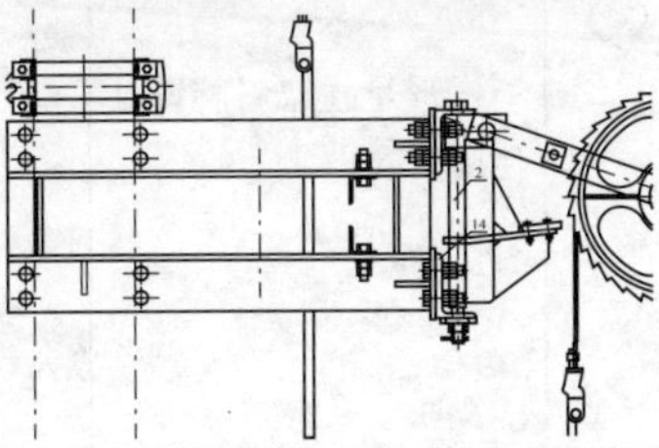	接触线下锚固定棘轮	JL1102（YJC）-2012

续上表

名　　称	图　片	功能及用途	型号规格
承力索用下锚棘轮底座	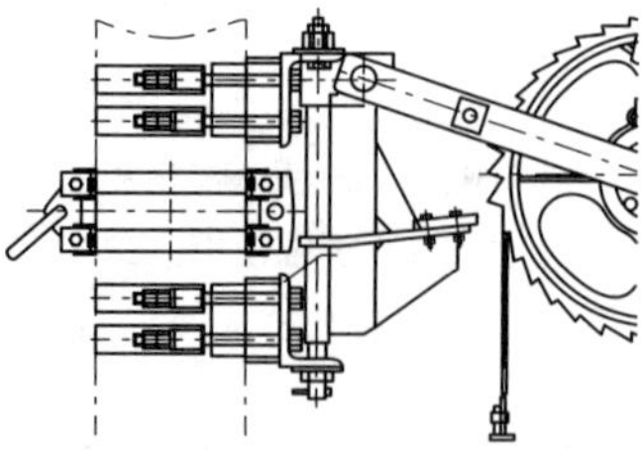	承力索下锚固定棘轮	JL1102（YJM)-2012
腕臂上底座		圆形支柱使用	CJL70（φL)-2010
腕臂下底座		圆形支柱链形悬挂斜腕臂处使用	CJL28（φL)-2010
双腕臂上底座	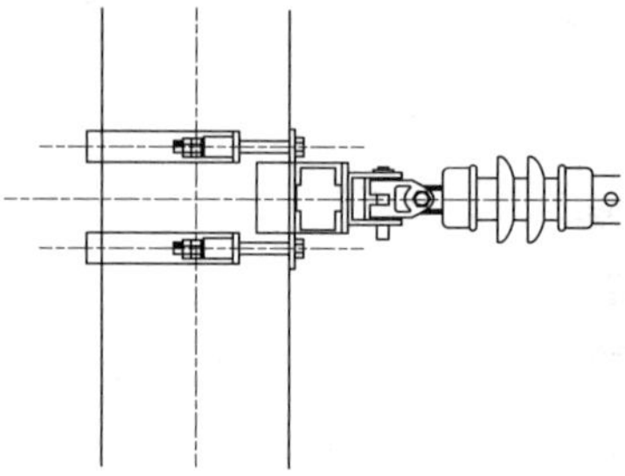	圆钢柱固定双腕臂使用	CJL72（φL)-2010
双腕臂下底座	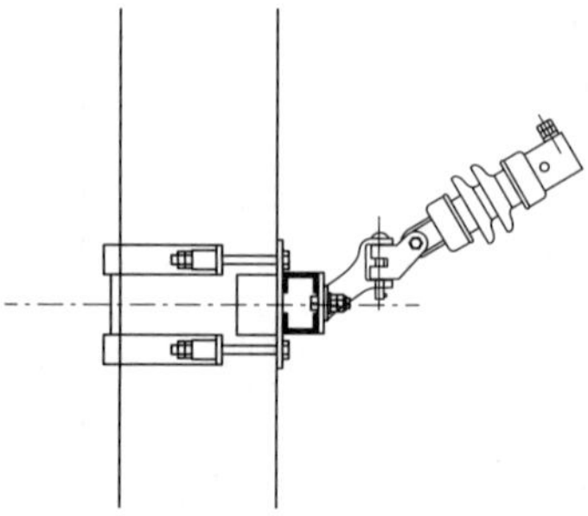	链形悬挂双斜腕臂处使用	CJL68（φL)-2010

续上表

名　称	图片	功能及用途	型号规格
架空地线吊柱下锚安装底座	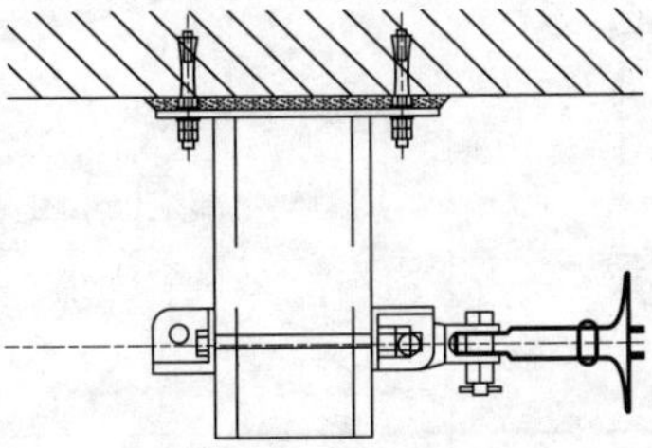	刚柔过渡处柔性接触线下锚使用,隧道内架空地线细毛使用	ZZ/GXJL21-2012
拉线底座（380mm×380mm）	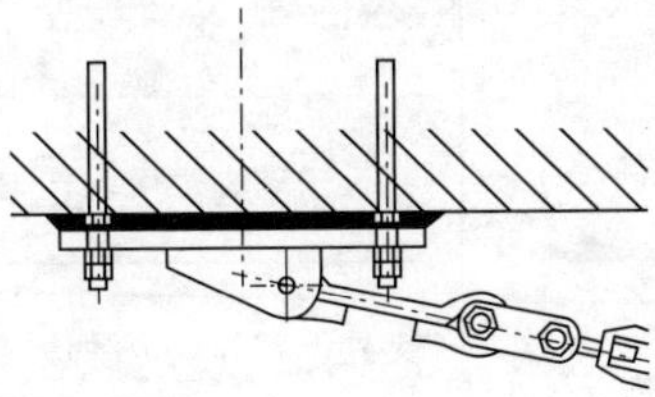	刚柔过渡处,柔性接触线下锚拉线使用	SZ1/JL1104

十二、抱箍、卡箍

抱箍、卡箍介绍如表 5-12 所示。

抱箍、卡箍　　　　　表 5-12

名　称	图片	功能及用途	型号规格
245 型定位索抱箍	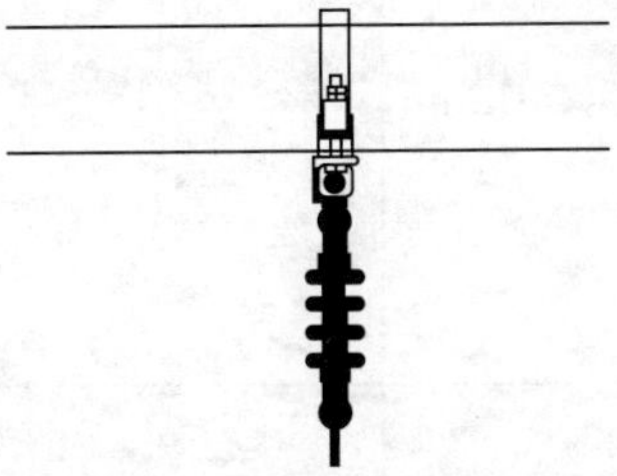	门型架横梁中间使用	CJL78（245）-2012
273 型定位索抱箍	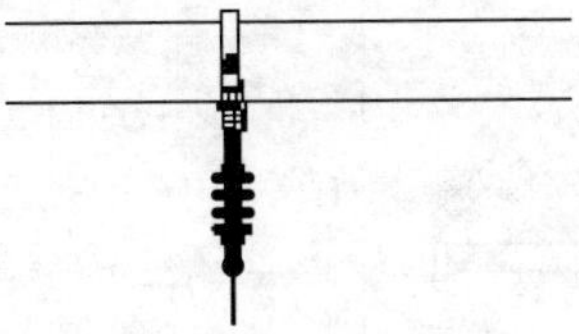	门型架横梁两边使用	CJL78（273）-2012
280 型定位索抱箍	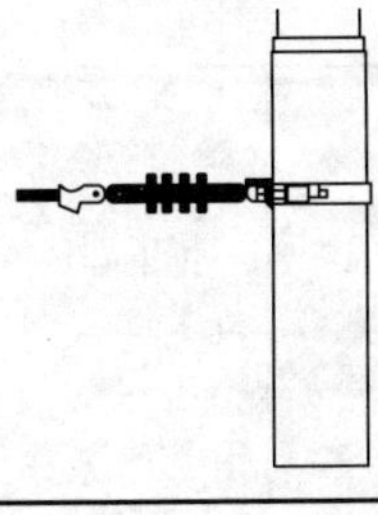	门型架上部定位索用	CJL78（280）-2012

续上表

名　　称	图　片	功能及用途	型号规格
290型定位索抱箍	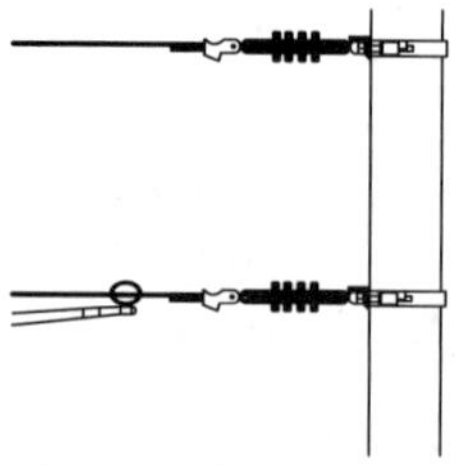	门型架下部定位索用	CJL78（290）-2012
φ230电缆抱箍	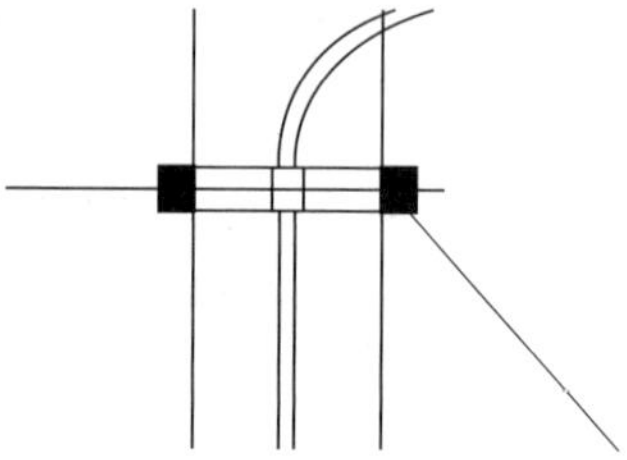	支柱上部固定电缆使用	SZ1/JL906（φ230）
φ270电缆抱箍		支柱中部固定电缆使用	SZ1/JL906（φ270）
φ330电缆抱箍		支柱下部固定电缆使用	SZ1/JL906（φ330）
承锚抱箍	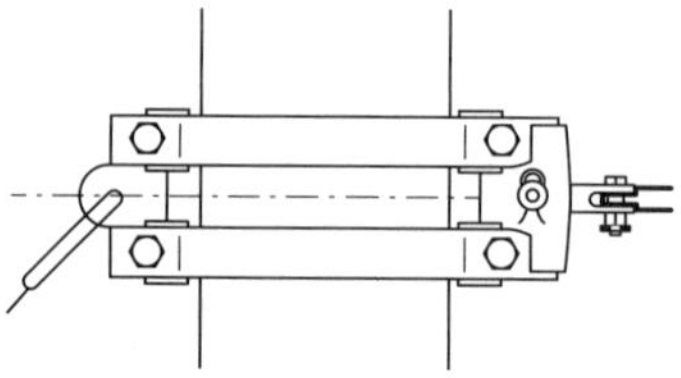	接触线无补偿下锚使用	CJL90-05
对向承锚抱箍	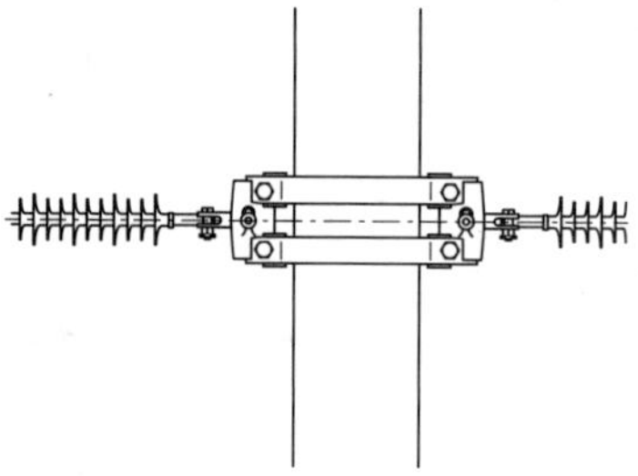	同支柱对向接触线无补偿下锚使用	CCJL95-2004
B型电连接线固定卡箍	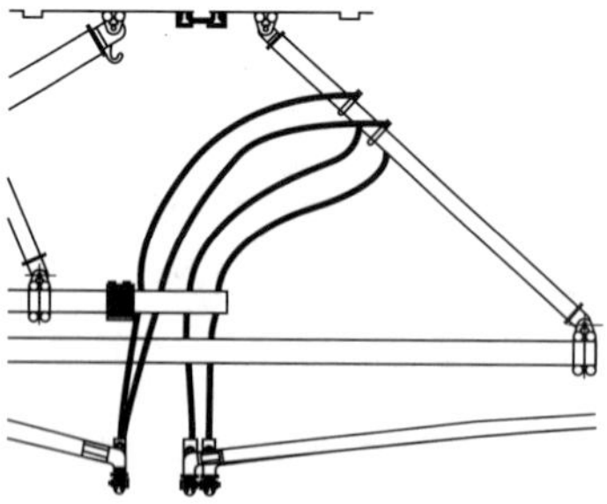	将电连接线固定在定位管支撑上	CJL285（B）-2004
C型电连接线固定卡箍	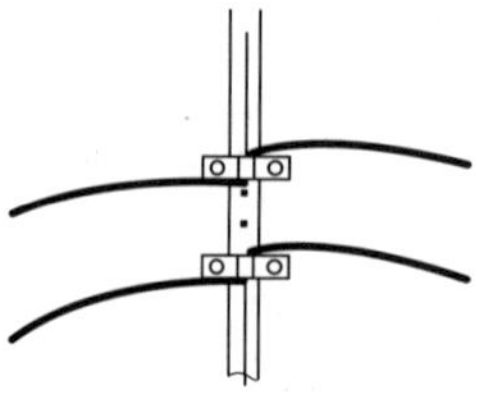	将电连接线固定在异型斜撑上	CJL285（C）-2004

续上表

名　称	图　片	功能及用途	型号规格
D型电连接线固定卡箍	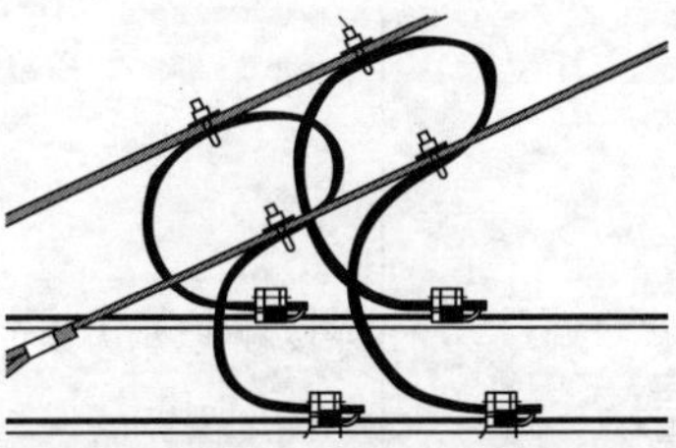	将电连接线固定在吊索上	CJL285（D）-2004
U形卡箍（A）	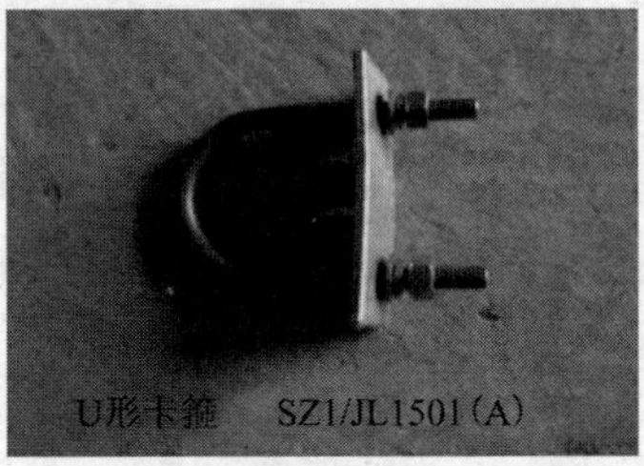	将电连接线固定在异型斜撑上	SZ1/JL1501（A）
U形卡箍（B）	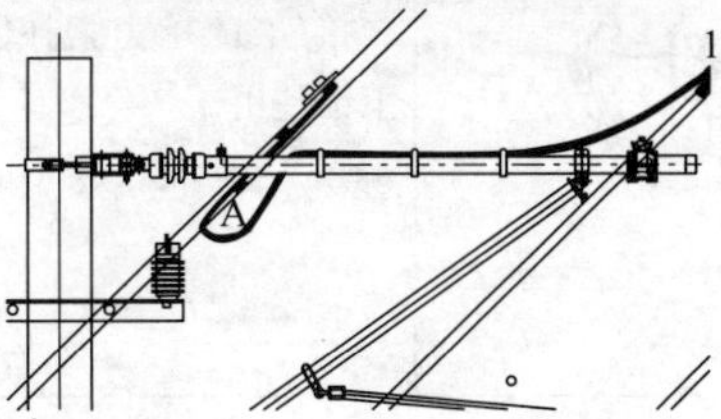	将电连接线固定在腕臂上	SZ1/JL1502（B）

十三、下锚用零部件

下锚用零部件介绍如表5-13所示。

下锚用零部件　　　　　　表5-13

名　称	图　片	功能及用途	型号规格
坠砣限制架	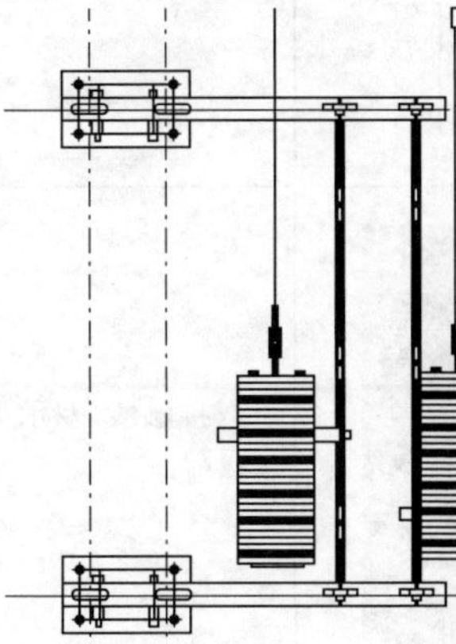	接触线、承力索在同一支柱同时补偿下锚使用	JL57-2012（Y）

续上表

名　　称	图　　片	功能及用途	型号规格
T1型坠砣限制架	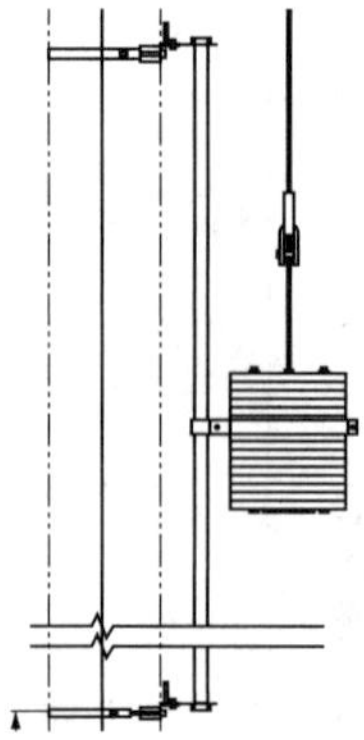	接触线、承力索单独补偿下锚使用	CJL57（T1）-2001
400系棘轮补偿装置（地铁）	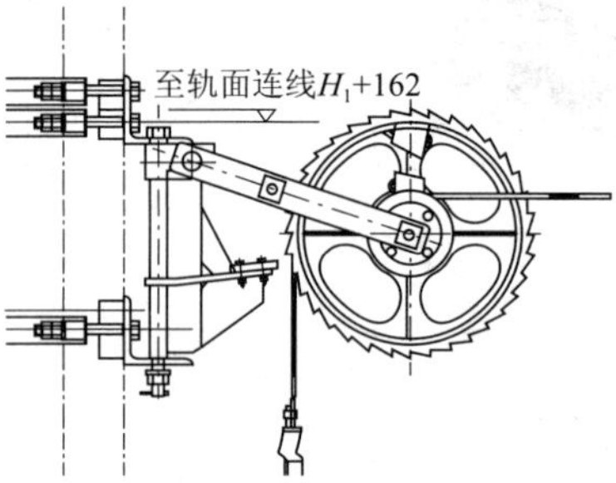 至轨面连线 H_1+162	接触线、承力索补偿下锚使用	BJ400-09（T）
T1型铁坠砣	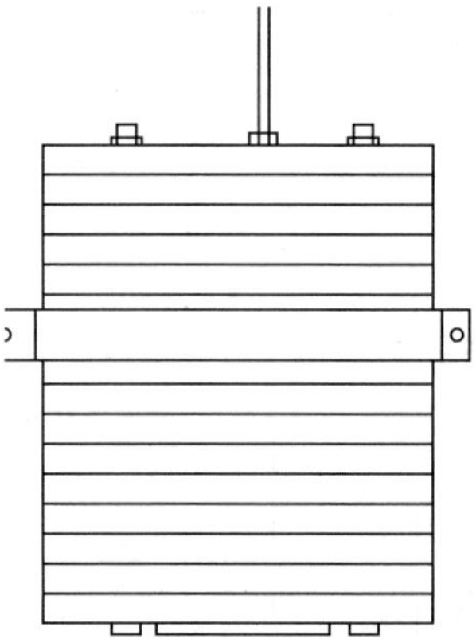	补偿下锚用	CJL76（T1）-98
T型三角调节板	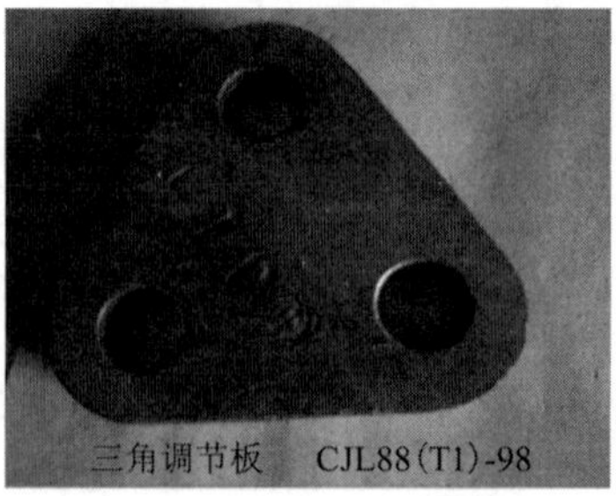 三角调节板　CJL88（T1）-98	双接触线、双承力索下锚使用	CJL88（T）-98

续上表

名称	图片	功能及用途	型号规格
T2型三角调节板	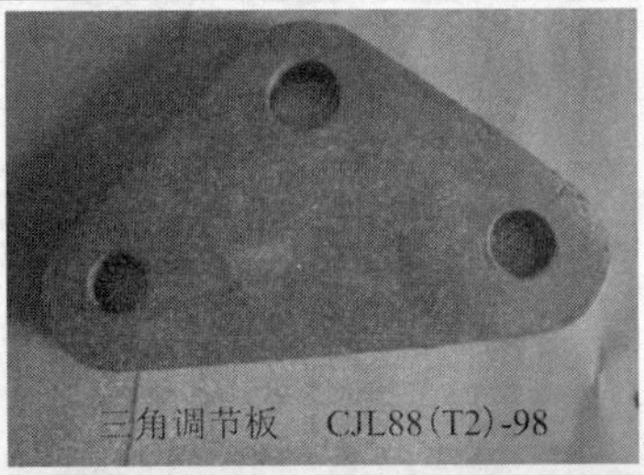 三角调节板 CJL88(T2)-98	双接触线、双承力索在同一支柱同时补偿下锚使用,拉线处使用	CJL88(T2)-98
T型角型垫块	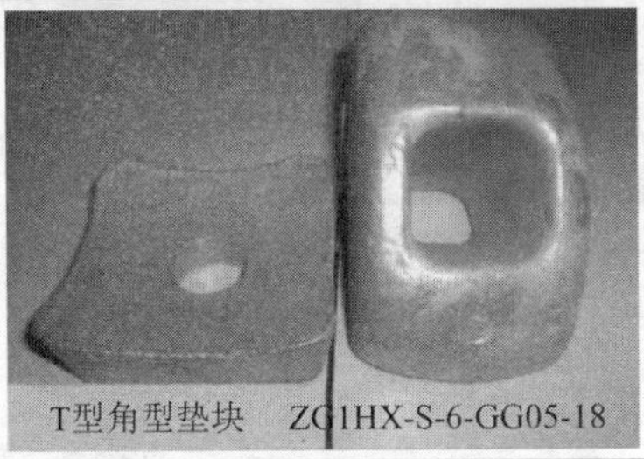 T型角型垫块 ZG1HX-S-6-GG05-18	柔性下锚使用	ZG1HX-S-06-GG05-18JCW-07

十四、其他零部件

其他零部件介绍如表 5-14 所示。

其他零部件　　　　表 5-14

名称	图片	功能及用途	型号规格
D型单耳连接器	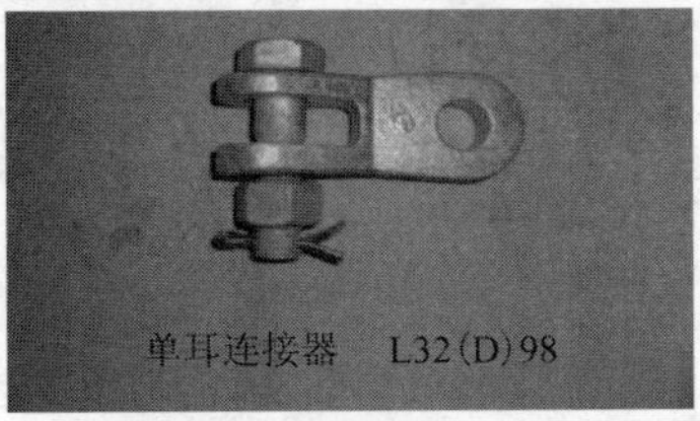 单耳连接器 L32(D)98	垂直悬吊安装时或接触下无补偿下锚时使用	CJL32(D)-98
耳环杆 3000mm× 300mm	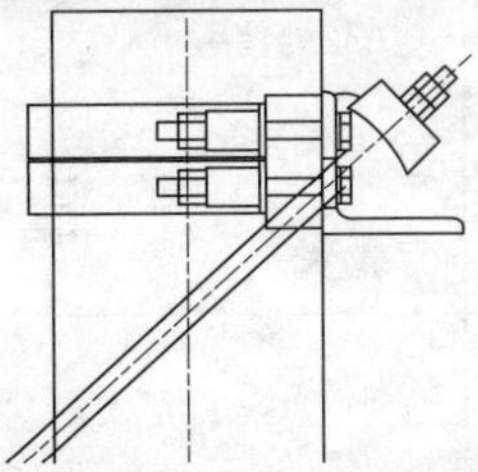	拉线处使用	ZG1HX-S-06-GG05-18JCW-07
拉线双联板	 拉线双联板 ZG1HX-S-06-GG05-1	拉线地板处使用	ZG1HX-S-06-GG05-18JCW-07

续上表

名　　称	图　片	功能及用途	型　号　规　格
上承锚板	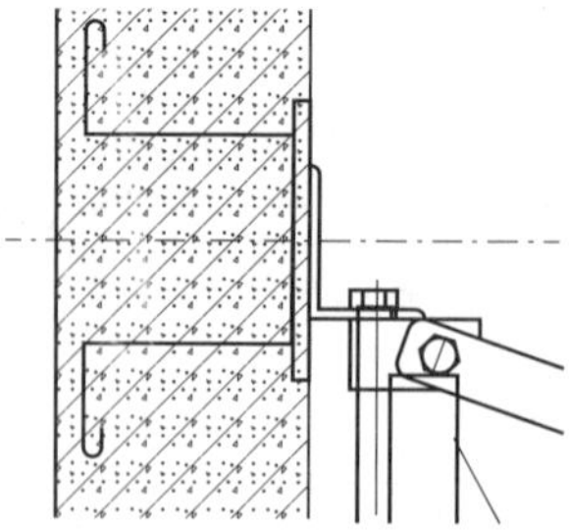	库内接触线在墙壁上补偿下锚使用	CJL51-01-98
下承锚板	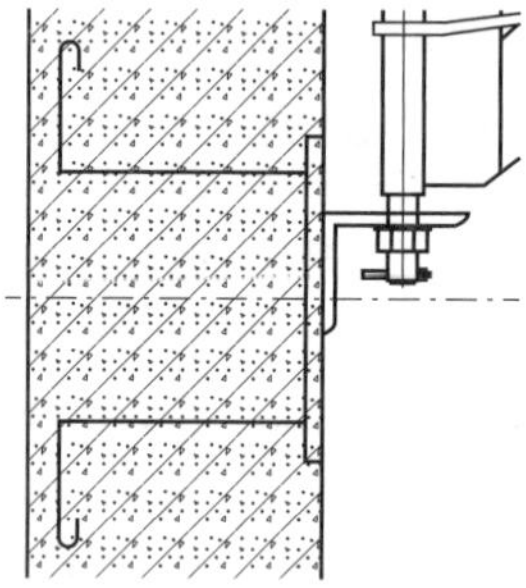	库内接触线在墙壁上补偿下锚使用	CJL52-01-98
16型心形环	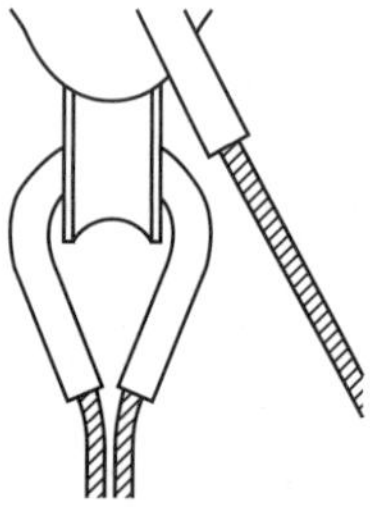	吊弦处使用	CJL01（D）-01（16）-98
16型钳压管	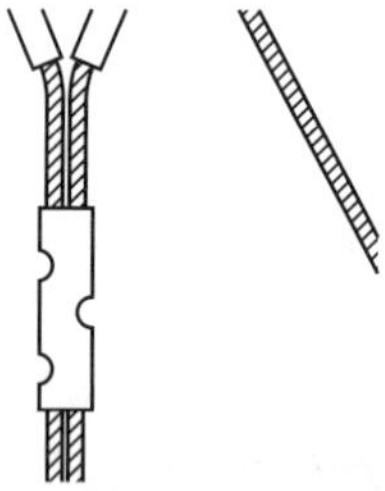	吊弦处使用	CJL91（16）-98
35型心型环		吊索、吊线处使用	CJL01-01-98

续上表

名　称	图　片	功能及用途	型号规格
S48型定位双环	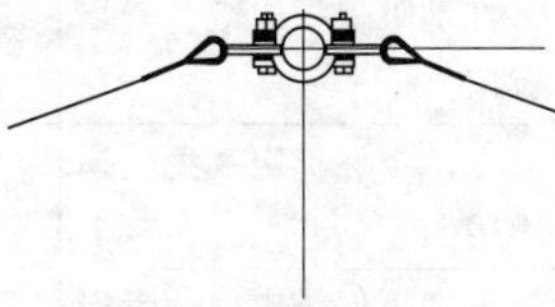	将吊索固定在定位管上使用	CJL12(ϕ48)-98
D型双耳连接器	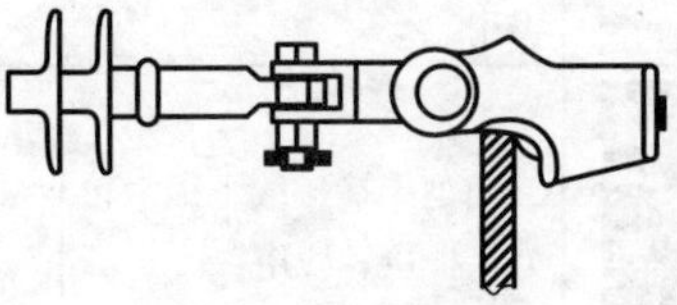	接触线下锚处使用	CJL(32)-98
固定槽钢	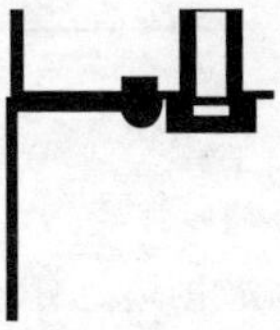	库内接触线在墙壁上补偿下锚限制管底部固定使用	
D1型双联版	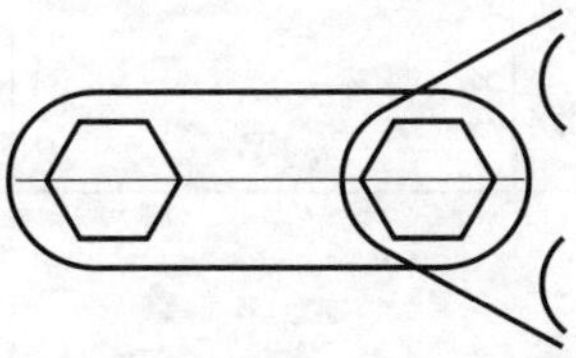	柔性接触网双承力索下锚处连接三连板和复合绝缘子使用	CJL(D)-98
D2型双联版	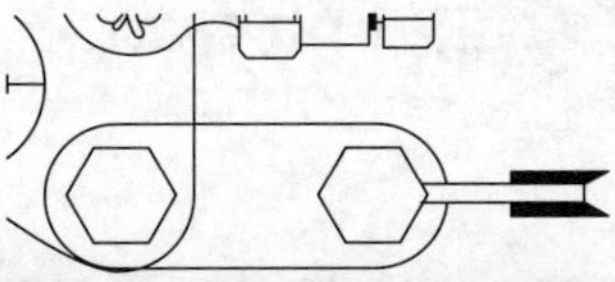	柔性接触网双承力索下锚处连接三连板和调整螺栓、终端线夹使用	CJL(D)-98
1.5型固定卡子	 固定卡子 JL329(1.5)-89	将斜撑固定在定位管上	JL329(1.5)-89
吊弦固定螺栓	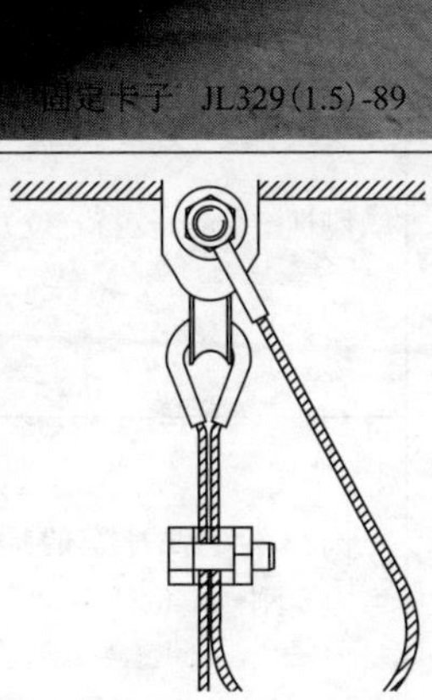	整体可调吊弦用	CJL98-98

第五章　城市轨道交通接触网零部件及接口

续上表

名　　称	图　片	功能及用途	型号规格
电缆保护管（φ100）	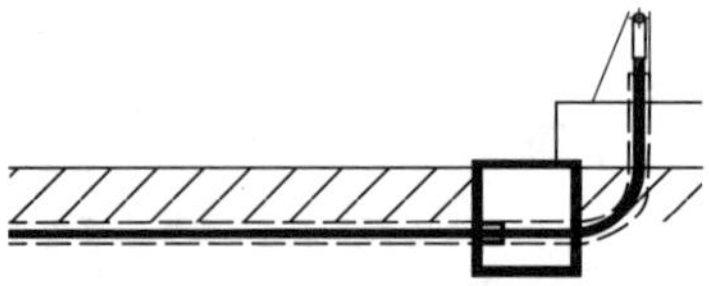	在地下保护电缆免受损害用	玻璃钢夹砂管
电缆保护管（φ60）		在地下保护电缆免受损害用	夹布胶管
电缆保护管（φ70）		在地下保护电缆免受损害用	PVC 管
接触线护线条	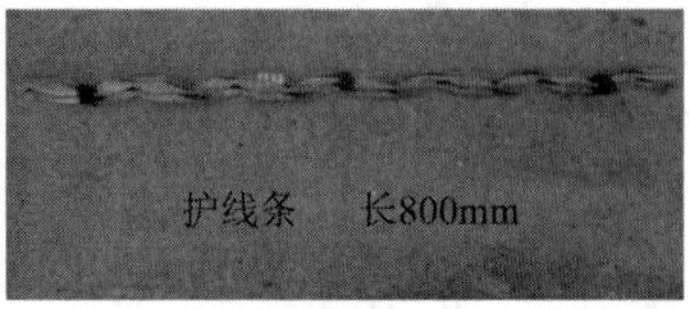 护线条　长800mm	门型架接触线下锚滑轮处保护接触线用	CTA120
2.0×30 固定钢带	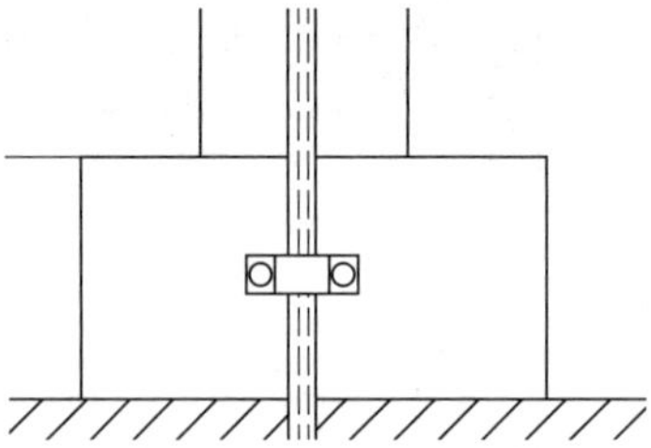	固定电缆保护管使用	

第二节　刚性零部件的介绍

刚性接触网具有结构简单的优点，因此零部件也较少，但是每个零部件都比较重要，掌握好每一个零部件的作用至关重要。

刚性零部件介绍如表 5-15 所示

刚性零部件　　　　　　　　　　表 5-15

名　　称	图　片	功能及用途	型号规格
刚性悬挂用针式绝缘子		刚性定位点（支持定位）	GQZN-1.5/50D/15Q-Z1
M20 化学锚栓（配4个螺母）	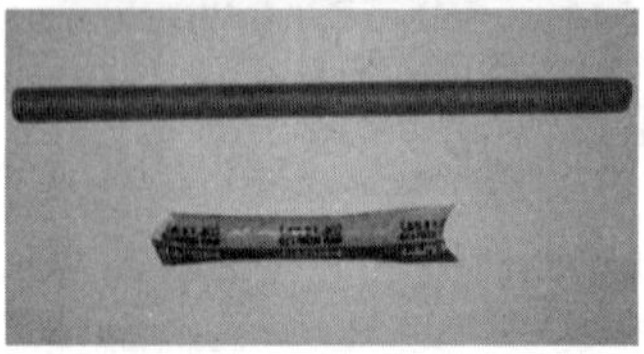	圆形隧道低净空的地方固定刚性定位使用	M20×390；M20×490；M20×590

续上表

名　称	图　片	功能及用途	型号规格
T型头螺栓（配6个螺母）	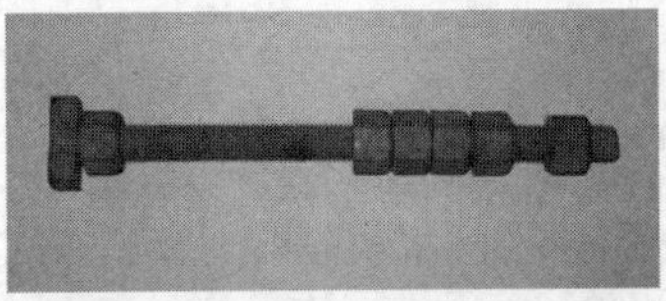	接触悬挂中将角钢悬吊在角钢底座上使用	GXJL10-99改 （M20×200） （M20×270） （M20×330） （M20×510）
A型垂直悬吊安装底座	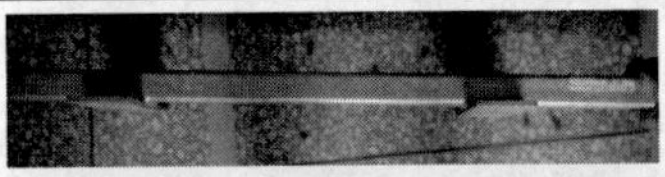 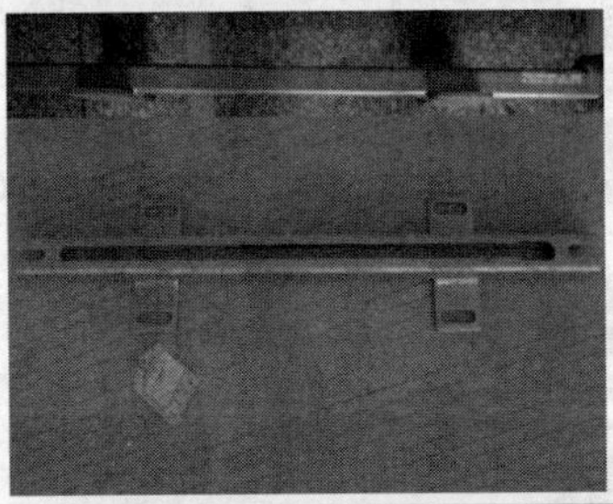	矩形隧道、站台固定刚性定位使用	GXJL11（A）-99
B型垂直悬吊安装底座	 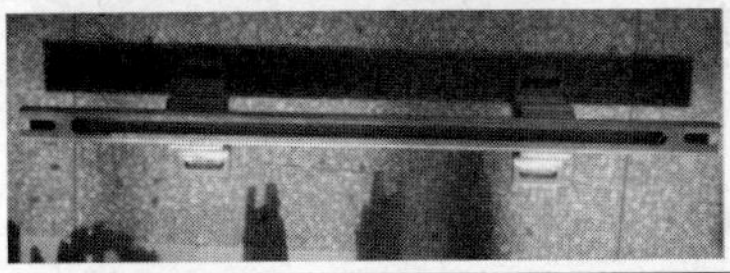	圆形隧道直线段固定刚性定位使用	GXJL11（B）-99
C型垂直悬吊安装底座	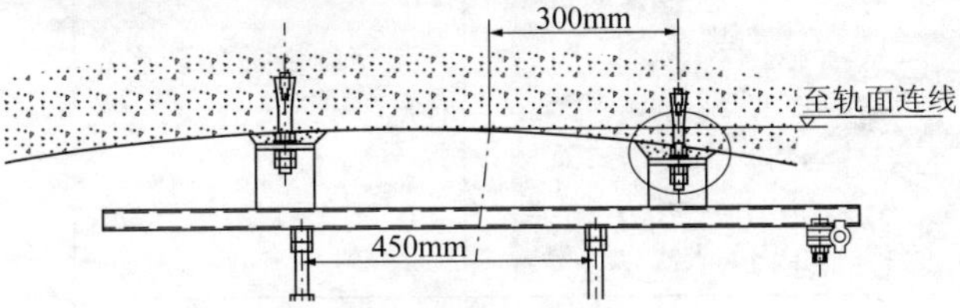 圆形隧道处刚性曲线段高净空使用		GXJL11（C）-99改
Z型单支吊悬角钢	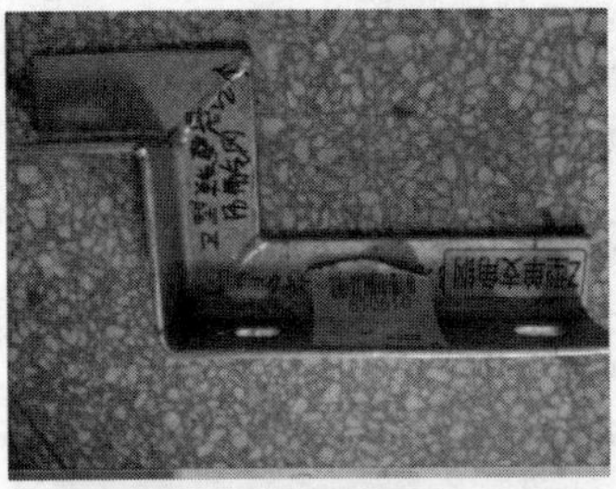	刚柔过渡处，刚性接触网定位使用	SZ1/GXJL12（Z）-09
A型单支悬吊角钢	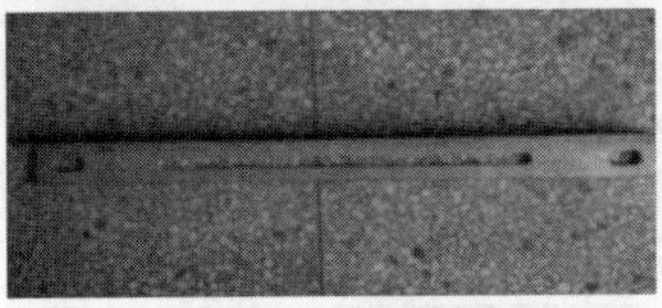	圆形隧道、矩形隧道锚段关节处使用	SZ1/GXJL12（A）-09

续上表

名　称	图　片	功能及用途	型号规格
B型单支悬吊槽钢		刚性矩形隧道定位悬挂使用	SZ1/GXJL12（B）-09
A型铝铜过渡电连接线夹		刚性电连接使用	GXJL32（120A）-2006
C型铝铜过渡电连接线夹	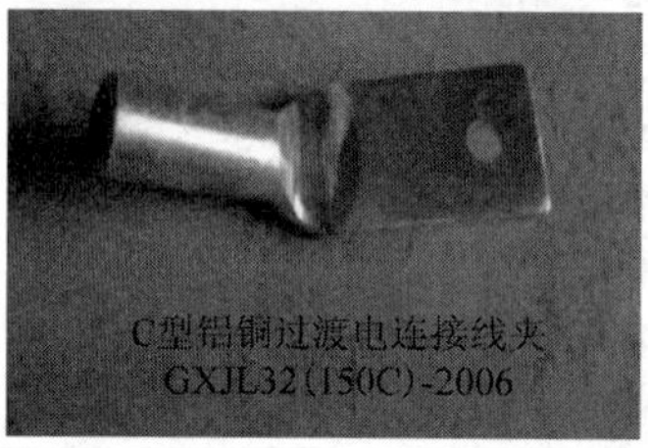	上网电缆与汇流排连接处使用	GXJL32（150C）-2006
地线线夹托板		架空地线的安装固定使用	GXJL14-99
B型汇流排定位线夹	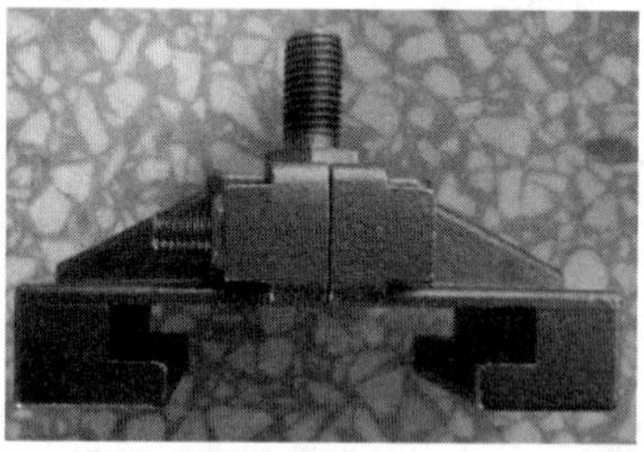	刚性接触网接触悬挂处接触网定位使用	GXJL02（B）-2010
弹性汇流排定位线夹		为了增加刚性接触网的弹性、减小摩擦使用	GXJL02（T）-2010

续上表

名 称	图 片	功能及用途	型号规格
D型汇流排中心锚结下锚底座	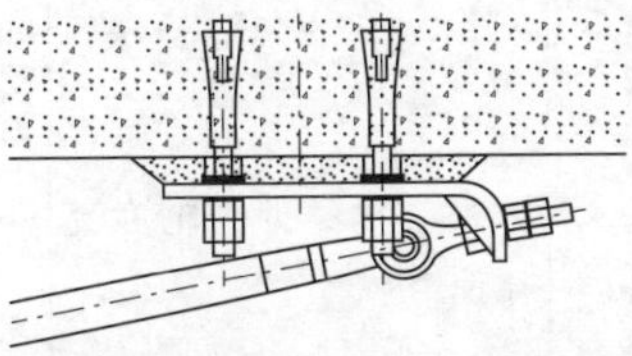	汇流排中心锚结下锚处使用	GXJL07（D）-2010
地线线夹		固定架空地线使用	GXJL19（120）-99
汇流排电连接线夹	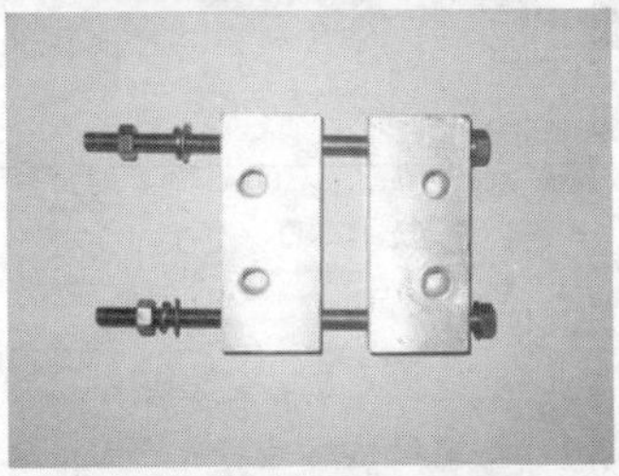 	刚性悬挂接触网汇流排安装电连接使用	GXJL04-99
汇流排接地线夹		刚性接触网停电作业临时接地使用	GXJL03-99
汇流排膨胀接头		用以实现刚性接触网的机械分段的装置，有温度补偿的作用	与汇流排HLP00-2005配套
汇流排中间接头	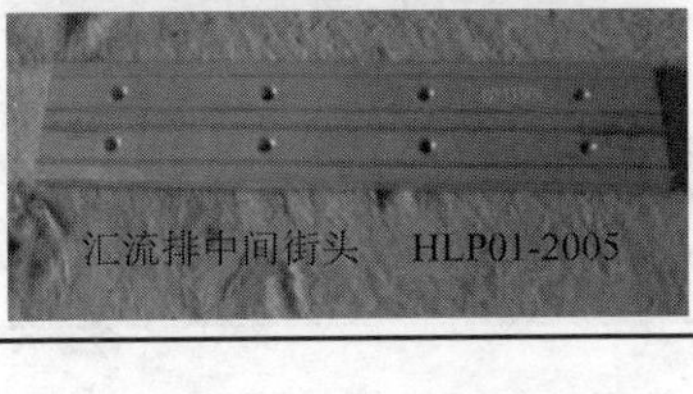 汇流排中间街头 HLP01-2005	连接汇流排使用	HLP01-2005

续上表

名　　称	图　　片	功能及用途	型号规格
汇流排中心锚结线夹	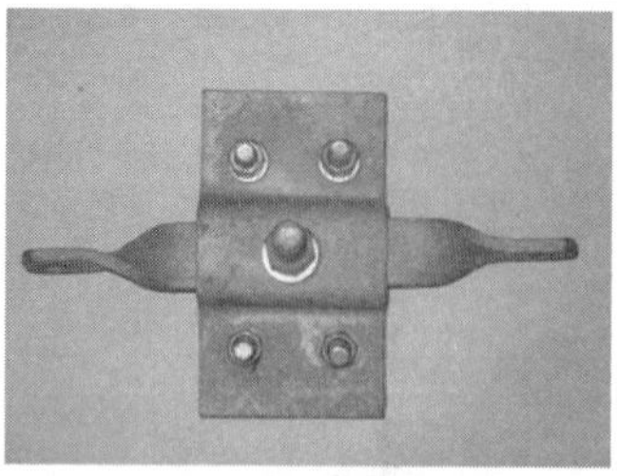	中心锚结处固定汇流排使用	GXJL05（B）-2003
D1型电连接线夹	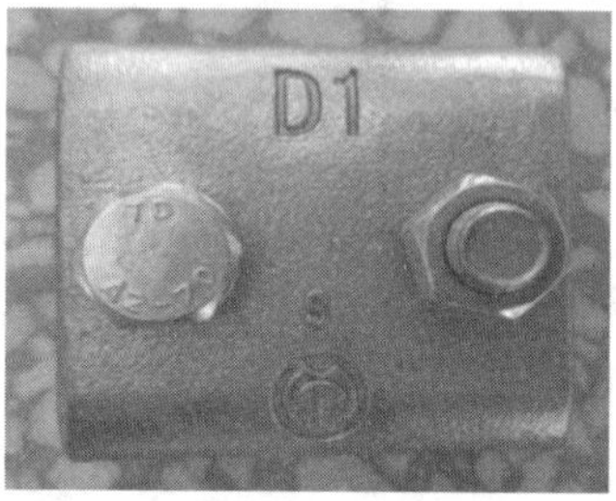	（120-150，120软裸铜绞线—承力索线，辅助馈线 JT150硬铜绞线）（ϕ17～18）	CJL05（D1）-98
D2型电连接线夹		（120-120架空地线120硬铜绞线—支持装置底座120软铜绞线）（ϕ14～17）	CJL05（D2）-98
D3型电连接线夹		（150-150辅助馈线JT150硬铜绞线—隔离开关上网电缆150软心电缆，承力索JT150硬铜绞线-150电缆）（ϕ18～19）	CJL05（D3）-98
D4型电连接线夹	电连接线夹　GJL05（D4）-98	（120-150架空地线120硬铜绞线—接地电缆、库内连接电缆150软电缆）（ϕ14～19）	CJL05（D4）-98

第三节 接触网专业与其他专业的接口

城市电网110kV侧引入两回电源进主变电所，降压至35kV，通过中压环网系统输送至牵引变电所，经降压整流变成直流1500V输送给电力机车，电力机车在运行过程中通过回流网（回流网一般由回流轨、回流电缆、均流电缆、回流箱、均流箱组成，主要为牵引电流提供回路）将电流流回牵引变电所。当铁轨与大地绝缘不良时，会有部分电流（称为泄漏电流或迷流）从大地流回牵引变电所负母线。为了减少泄漏电流对地铁沿线和附近的地下金属设施的电化学腐蚀，地铁供电系统引入了杂散电流防护系统，以道床结构钢筋作为杂散电流排流网，以车站结构钢筋和明挖隧道结构钢筋作为杂散电流监测网。综上所述，从系统功能方面来说，接触网专业与变电专业、轨道专业、车辆专业都存在接口。

一、接口划分的意义

为了明确接触网专业与其他专业之间的接口界面及职责划分，为了避免错检、漏检现象的发生，为了更好、更方便地对设备进行维护保养，根据系统功能及各专业设备分布特点，对接触网专业与其他各专业接口进行详细划分意义重大。

二、接触网专业对外接口

（一）牵引供电系统接口

牵引供电系统接口示意图如图5-1所示。

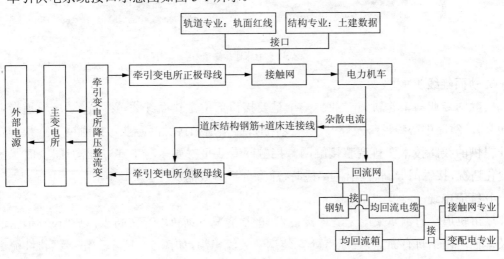

图5-1　牵引供电系统接口示意图

(二)接触网专业与工建专业接口

1. 土建数据

接触网专业负责确定车辆段、停车场车库建筑内空间预留要求、预埋件设置要求、接触网施加在土建结构上的荷载。房建结构专业负责车辆段、停车场车库建筑内接触网设施安装空间的预留、土建预埋件设置、提供土建结构对接触网荷载的承受能力。

接触网专业负责提出隧道内空间预留要求、预埋件设置要求。房建结构专业负责提供地下区间和联络线隧道内接触网设施安装空间的预留、土建预埋件设置技术支持。

土建数据接口存在于工程设计、施工阶段,运营维护阶段一般不涉及此项接口。

2. 道床连接端子

接触网专业与工建专业接口部位是道床连接端子,如图5-2所示。要求工建轨道专业负责道床连接端子孔预留、道床连接端子螺栓及短接线补缺,接触网专业负责道床连接端子螺栓紧固。

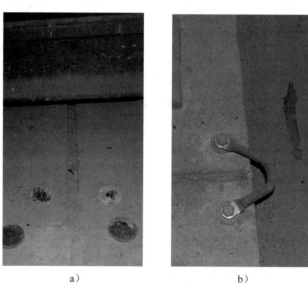

图5-2 道床连接端子

3. 轨面红线

接触网专业与工建轨道专业另一个重要接口部位是轨面红线、路基。要求轨道专业在轨面高程、线路中心线调整及路基沉降变化时,必须通知接触网专业。接触网专业根据轨道专业提供的线路技术资料调整接触网。接触网专业平时要多与工建专业沟通,及时了解线路变化情况,接触网导高、拉出值年检时,注意分析参数的变化。

4. 续流电缆

城市轨道交通钢轨采用无缝焊接技术,正常情况下钢轨不存在断点,只在设置道岔的车站及车辆段内钢轨有断点,且断点处安装钢轨续流电缆,如图5-3所示。正线钢轨续流电缆与钢轨相连部位由接触网专业负责维修保养。

图 5-3 钢轨续流电缆

5. 均、回流电缆

均、回流系统中,两根钢轨之间的均流电缆、上下行之间通过土建预留上下行通道连接的均流电缆及降压所均流箱电缆等与钢轨轨条连接部位由接触网专业负责维保;牵引降压混合所回流箱电缆与钢轨轨条连接部位由接触网专业负责维保;车辆段、停车场内均、回流电缆与钢轨的连接部位由接触网专业负责维保。均、回流电缆与钢轨连接如图 5-4 所示。

图 5-4 均、回流电缆与钢轨连接

(三)接触网专业与变电专业接口

1. 隔离开关电缆

轨旁上网隔开为DC220V电动隔离开关,连接接触网汇流排电缆及开关触头接线板铜接线端子维保属于接触网专业;牵引变电所DC1500V直流开关柜至网开关间电缆属于变电专业,接触网专业负责该电缆与开关触头接线板连接端子的紧固;网开关操作机构箱由接触网专业负责维保,连接牵引变电所CP盘,交、直流盘的二次电缆出开关机构箱后属于变配电专业,电缆在机构箱内端子排紧固由接触网专业负责。隔离开关上网电缆如图5-5所示。

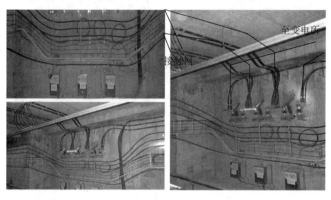

图5-5 隔离开关上网电缆

2. 均、回流电缆

均、回流系统中,均、回流箱至钢轨之间的电缆及电缆与钢轨的连接、电缆与均、回流箱的连接均属于接触网专业维保;均流箱至钢轨电位限制装置间的电缆及电缆与均流箱的连接由变电专业维保,回流箱至变电所负极柜之间的电缆及电缆与回流箱的连接属于变电专业维保。回流箱及回流电缆如图5-6所示。

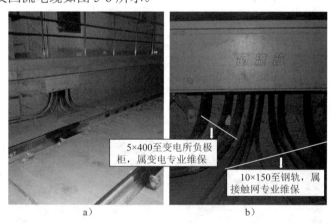

图5-6 回流箱及回流电缆

3. 架空地线

接触网架空地线全线贯通,并在每个牵引降压混合所架空地线通过单根150mm² 软电缆与变电所强电接地母排连接。架空地线与软电缆的连接线夹由接触网专业维保,架空地线至接地母排间的电缆及与接地母排的连接由变电专业负责维保。架空地线如图5-7所示。

图5-7 架空地线

(四)接触网专业与车辆专业接口

接触网专业与车辆专业的接口主要是受电弓与接触网,下面主要介绍城市轨道交通受电弓。

1. 功能及用途

TSG18G1型受电弓是一种通过空气回路控制升、降动作的铰接式机械构件。受电弓从接触网上集取电流,并传送到车辆电气系统。此受电弓主要应用于城轨车辆,通过支持绝缘子安装于车顶,并通过弓头上的碳滑板与供电线网接触。在"工作"位置上,受电弓在车顶的部分都处于带电状态,仅在对车顶的机械接口和气路接口处是电气绝缘的。

TSG18G1型受电弓为单臂式受电弓,由框架、气囊升弓装置和弓头等结构组成,具有占用车顶空间小,质量轻,弓头归算质量小的特点。其中,弓头归算质量小则有益于受流和适应更高的运行速度。

TSG18G1型受电弓外形如图5-8所示。

图5-8 TSG18G1型受电弓

2. 技术参数及结构说明

(1)技术参数

额定电压(V)：	DC 1500
电压范围(V)：	DC 1000～2000
额定工作电流(A)：	1600
最大工作电流(A)：	2160
车辆静止时最大电流(A)：	460
工作环境温度(℃)：	-25～45
运行速度(km/h)：	120
折叠高度(包括绝缘子)(mm)：	310_{0}^{+10}
最低工作高度(从落弓位置滑板面起)(mm)：	150
最高工作高度(从落弓位置滑板面起)(mm)：	1950
最大升弓高度(从落弓位置滑板面起)(mm)：	≥2550
绝缘子高度(mm)：	80
弓头长度(mm)：	1700±10
弓头宽度(mm)：	325±3
弓头高度(mm)：	240±10
滑板长度(mm)：	1050±1
滑板宽度(mm)：	60
滑板材质：	浸金属碳
标称静态力(N)：	120±10
静态力的可调节范围(kPa)：	70～140
额定工作气压(kPa)：	约550
气源的工作压力(kPa)：	400～1000
颜色：	RAL3020 交通红
升弓时间(s)：	≤8
降弓时间(s)：	≤7
质量(包括支持绝缘子)(kg)：	≤140
安装尺寸(四点)(mm)：	(1100±1)×(900±1)
电气间隙(mm)：	≥30
气路接口：	G1/4′
最小工作高度120mm时受电弓前后高差(mm)：	≥40

(2)结构说明

受电弓结构如图5-9所示，TSG18G1型受电弓由以下主要部件组成：

①绝缘子组装如图5-10所示。

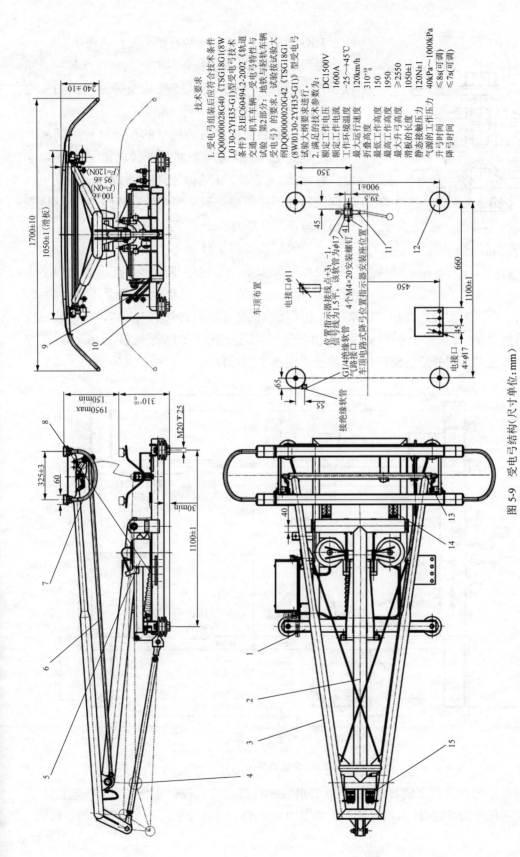

图 5-9 受电弓结构(尺寸单位：mm)

1-底架；2-下臂杆；3-上框架；4-拉杆；5-双气囊升弓装置；6-平衡杆；7、13、14-弓头组装；8-阻尼器；9、10-气阀箱装置；11-车顶电感式降弓位置指示器；12-支持绝缘子；15-电流连接组装

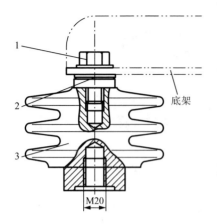

图 5-10 绝缘子组装

1-M16×35 螺栓；2-弹簧垫圈 16；3-硅橡胶绝缘体

TSG18G1 型受电弓安装有四个支持绝缘子。

绝缘子采用硅橡胶材料，具有很高的绝缘等级及机械强度，它通过一个 M16×35 螺栓及弹簧垫圈与受电弓底架连接，支持绝缘子有两个功能：

a. 使带电的受电弓与相连接的车顶进行电隔离。

b. 使受电弓同车顶进行机械连接。使用时，绝缘子应保持清洁，无裂纹或碰痕。安装时在绝缘子与受电弓之间采用球形垫圈进行调平受电弓安装面，从而保证受电弓安装在一个相对水平的平面上。

②底架组装如图 5-11 所示。

受电弓底架是一个由矩形钢管焊接而成的口字形钢结构，在受电弓的升降弓过程中，底架是不运动的，它只是起到一个固定支撑的作用。底架上的电流接线板是受电弓对外的电接口。电流接线板采用不锈钢材料；支撑架上 φ18mm 的通孔用于安装支持绝缘子的安装螺钉 M16×35；支撑板上安装有受电弓对外的气路接口，支撑板采用不锈钢材料。

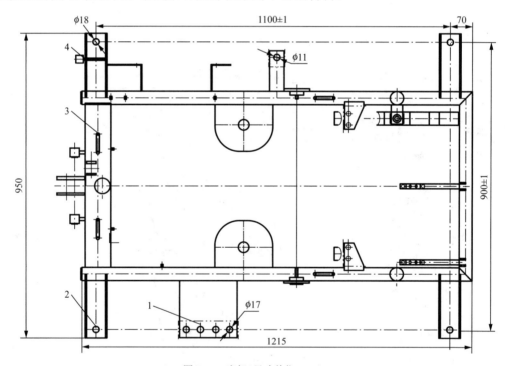

图 5-11 底架（尺寸单位：mm）

1-电流接线板；2、3-支撑架；4-支撑板

③铰链系统。包括下臂杆组装，上框架组装和拉杆组装。铰链系统与底架一起构成了受电弓的四杆机构，该四杆机构保证了上框架中顶管的运动轨迹呈一条近似铅垂的直线。

a. 下臂杆组装，如图 5-12 所示。下臂杆是由无缝钢管组焊而成的"工"字形钢结构，在底架轴承管上焊接有连接升弓气囊和阻尼器的扇形调整板，肘接轴承管上焊接有平衡杆连接块。下臂杆的两端分别与底架和上框架采用轴承连接，与底架连接的轴承安装在下臂杆的底架轴承管内，与上框架连接的轴承安装在下臂杆的肘接轴承管内。轴承具有良好密封能力，而且在其使用期内免维护。受电弓升降弓运动时其绕着底架上的固定点做圆周运动。

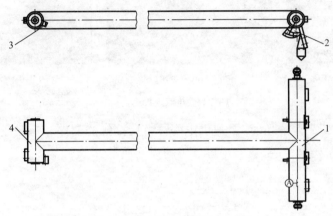

图 5-12 下臂杆

1- 底架轴承管；2- 扇形调整板；3- 平衡杆连接块；4- 肘接轴承管

b. 上框架组装，如图 5-13 所示。上框架是由顶管、阶梯铝管和肘接处的连接管组焊而成铝合金框架结构；上框架上安装有对角线杆，用于增加上框架的刚度。上框架通过轴承分别与拉杆、下臂杆及弓头连接。上框架的此种设计减轻了受电弓的整体质量，提高受电弓的弓网跟随性。

④拉杆组装。如图 5-14 所示，拉杆构成四杆机构的闭环，可以通过调节拉杆上螺母和螺杆的相对位置来改变拉杆长度，从而实现对四杆机构的几何尺寸进行调整以修正偏差。

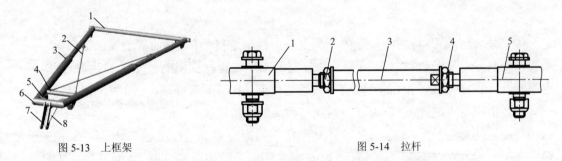

图 5-13 上框架　　　　　　　图 5-14 拉杆

1- 顶管；2- 对角线杆；3- 阶梯铝管；4～8- 连接管组　　1、5- 拉杆端头；2、4- 调节螺母；3- 调节螺杆

⑤电流连接组装。如图 5-15 所示，分为弓头电流连接组装、肘接电流连接组装和底架电流连接组装。

弓头电流连接组装将网线上的由弓头导流至上框架上，从而使电流绕过了顶管内的轴承和弓头悬挂装置上的橡胶弹簧元件,以避免轴承和橡胶弹簧元件大的温升导致损坏。

肘接电流连接组装保护安装于肘接轴承管内的轴承,底架电流连接组装保护安装于底架轴承管内的轴承。

a)弓头电流连接组装　　　　b)肘接电流连接组装　　　　c)底架电流连接组装

图 5-15　电流连接组装

⑥弓头组装。如图 5-16 所示,是与供电网线直接接触的部件。为保证弓头与供电网线能够保持良好的恒定接触,弓头具有尽可能小的惯性质量。

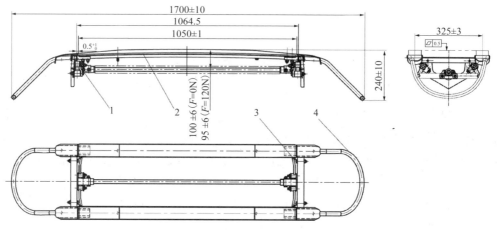

图 5-16　弓头(尺寸单位:mm)

1、3- 弓头悬挂装置;2- 碳滑板;4-弓角

弓头分为两部分:与网线接触的部分及与上框架连接的部分,前者主要包括滑板、弓角;后者主要包括弓头悬挂装置。弓头悬挂装置的应用使得弓头具有一定的自由度,同时弓头集电时,弓头与网线之间的高频振动可以通过弓头悬挂装置吸收缓冲,如图 5-17 所示。

弓角位于弓头端部,用以保证接触线与弓头的平滑过渡。

弓头悬挂装置(图 5-17)由两组呈 V 形排列的橡胶弹簧元件和导杆组焊组成,橡胶弹簧元件安装在弓角的连接板上,导杆组焊安装在弓头转轴的末端,两组之间通过弓头转轴连接。弓头转轴由压入上框架顶管内的免维护粉末冶金衬套支撑。橡胶弹簧元件是免维护的,它的各向弹性可以对弓头的运动进行误差补偿,并且吸收弓头的侧向振动。

⑦平衡杆组装,如图 5-18 所示。平衡杆组装主要由平衡杆导杆和止挡杆组焊组成。平衡杆导杆一端与下臂杆上的平衡杆连接块连接,另一端与上框架连接。

弓头具有一定的自由度,可以绕弓头转轴自由的摆动。在运行过程中,弓头将通过接触线使其保持在正确的工作姿态,而在升降弓过程中,由于有平衡杆的作用,避免了弓头的翻转。

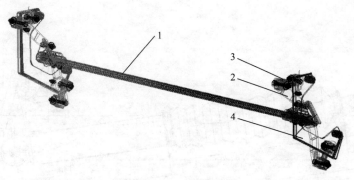

图 5-17 弓头悬挂装置

1- 弓头转轴;2- 导杆组焊;3- 橡胶弹簧元件;4- 弓角连接板

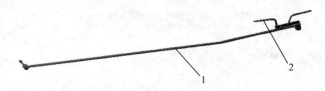

图 5-18 平衡杆

1- 平衡杆导杆;2- 止挡杆组焊

⑧升弓装置组装如图 5-19 所示。受电弓升弓时所需的升弓转矩及升起后与网线间的接触压力是由两个充满压缩空气的气囊、与气囊连接并被拉伸的钢丝绳和紧固在下臂杆上的扇形调整板产生。升弓气囊主要是装在底架上,通过钢丝绳与受电弓下臂杆连接在一起,给受电弓升降弓提供动力。升弓时气囊充气后涨起,通过钢丝绳带动下臂杆转动,从而实现受电弓升弓运动。

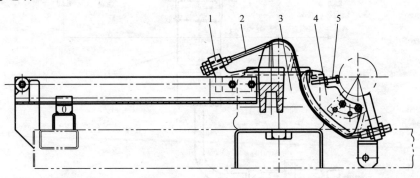

图 5-19 升弓装置组装

1、5- 连接件;2- 钢丝绳;3- 气囊;4- 扇形调整板

⑨阻尼器组装如图 5-20 所示。受电弓阻尼器一头安装在底架上,另一头与受电弓下臂

杆连接,在受电弓的下降过程中起到缓冲的作用,以避免受电弓降弓时对底架上的部件造成冲击损坏。

阻尼器在受电弓出厂时已经设定好,不允许调整。

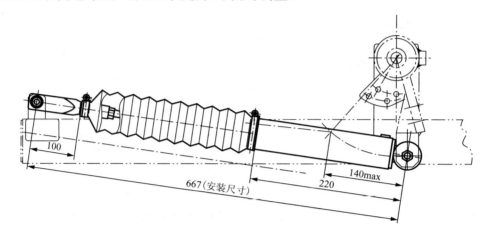

图 5-20　阻尼器组装(尺寸单位:mm)

⑩降弓位置指示器,如图 5-21 所示。

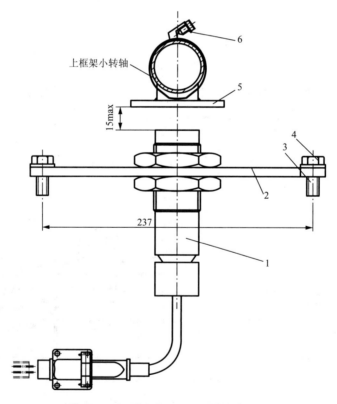

图 5-21　降弓位置指示器(尺寸单位:mm)

1-电感应器;2-绝缘安装板;3、4、6-连接螺杆;5-感应板组焊电感式降弓位置指示器的电感应器用两个自带的非金属螺母安装在受电弓底架的绝缘安装板上,正对着上框架顶管上的感应板组焊,两者之间的距离最大不超过15mm。受电弓降弓时,感应板组焊进入电感应器的感应范围,电感应器自动闭合,给出受电弓降弓到位信号;升弓时,感应板组焊超出电感应器的感应范围,电感应器断开,给出升弓信号。

⑪气阀箱。如图5-22所示,气阀箱由空气过滤器、单向节流阀、精密调压阀、安全阀等几部分组成。

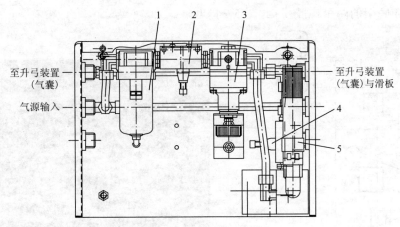

图5-22 气阀箱内部

1-空气过滤器;2、4-单向节流阀;3-精密调压阀;5-安全阀

a. 空气过滤器:将机车压缩空气中的水雾分离出来,保证提供的压缩空气是干燥而且纯净的。

b. 单向节流阀:通过控制压缩气体的过流量来调整受电弓升弓时间。

c. 精密调压阀:其为受电弓提供恒定的压缩空气,精度偏差为±0.002MPa,精密调压阀用于调节接触压力,因为气压每变化0.01MPa就会使接触压力变化10N。

d. 安全阀:如果精密调压阀出现故障,安全阀就会起到保护气路的作用。

e. 单向节流阀:通过控制排放气体的过流量来调整受电弓降弓时间。

(3)工作原理

①电气系统:受电弓是车辆的受流部件,受电弓升起后与接触网接触,从接触网上集取电流,并将电流传送到车辆电气系统。接触网的电流首先由滑板流入受电弓弓头,然后依次经过上框架、下臂杆后流入底架,最后经连接在受电弓底架上的车顶母线导入车辆电气系统。

②气路系统,如图5-23所示。受电弓通过空气回路控制升、降弓动作。司机在司机室按下受电弓升弓按钮后,受电弓供风单元内的升弓电磁阀得电动作,向受电弓供压缩空气。压缩空气经过车内的管路、车顶的受电弓绝缘软管,进入受电弓底架上的气阀箱。

进入气阀箱的压缩空气依次经过空气过滤阀、单向节流阀、精密调压阀、单向节流阀、安全阀后分为两条支路分别向受电弓的两个升弓气囊供气,压缩空气进入升弓气囊后,气囊膨胀抬升,抬升的气囊带动钢丝绳拉拽下臂杆,使下臂杆转动,从而实现受电弓逐渐升起,直到受电弓弓头与网线接触并保持规定的静态接触压力。此时升弓气囊中的气压稳定在气阀箱内精密调压阀的设定值。

受电弓工作时,升弓气囊被持续供以压缩空气,弓头与接触网之间的接触压力保持基本恒定。

司机在司机室按下降弓按钮后,升弓电磁阀失电,向受电弓供应的压缩空气被切断,同时,升弓电磁阀将受电弓气路与大气连通,气囊升弓装置排气,受电弓靠自重下降,直到顶管降下并保持在底架的两个橡胶止挡(图 5-24)上。

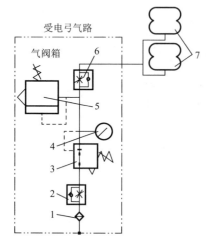

图 5-23　受电弓气路

图 5-24　橡胶止挡

1- 空气过滤阀;2、5- 单向节流阀;3、4- 精密调压阀;
6- 安全阀;7- 升弓气囊

第二篇 实务篇

第六章　接触网设备维护

> **岗位应知应会**
>
> 1. 了解接触网设备巡检内容。
> 2. 熟悉柔性接触网设备的维护。
> 3. 熟悉刚性接触网设备的维护。
>
> **重难点**
>
> 重点：柔性接触网、刚性接触网设备的维护。
> 难点：柔性接触网、刚性接触网设备的维护。

第一节　接触网设备巡检

一、巡检的目的

接触网巡检的目的是对接触网的工作状态及电客车的取流状态进行外观检查，及时发现缺陷，以便安排检修，确保接触网设备的安全可靠运行。

二、巡检的形式及内容

接触网巡检具体方式分为步巡、登乘、动态检测三种。

（一）步巡

车厂接触网设备巡视，每周不少于1次；正线接触网设备巡视，每月不少于1次。主要巡检有无侵入限界，阻碍受电弓运行，各零部件有无烧伤和损坏；绝缘部件有无破损和闪络；回流连接线连接是否良好；有无其他危及行车和供电安全的现象；有无过热变色和闪络放电等现象。

（二）登乘

乘坐电客车对正线接触网设备巡检，每天1次。主要观察接触悬挂、支撑装置和定位装置的状态是否正常。

(三)动态检测

利用接触网检测车对正线接触网设备的动态技术参数进行测量检查,每月 1 次。主要检测接触网导线高度,检测接触网拉出(之字)值,检测接触网冲击力(硬点)等。

三、巡检的基本要求

(1)巡检作业一般至少由两人进行,其中一人的安全等级不得低于三级。如遇特殊情况时可由一人单独巡视,但其安全等级不得低于三级。

(2)巡检人员应携带个人工具、绑扎带等。正线巡视时,应携带照明灯具;车场巡检时,应携带望远镜。

(3)不管接触网设备是否带电,任何情况下巡检都必须以带电处理,时刻保持与接触网 1m 以上安全距离,车场巡检时严禁攀登支柱并注意时刻避让列车。

(4)巡检时,若发现危及人身及行车安全的缺陷时,要及时报告工班长,按照工班长的指示采取应急措施,保证人身、设备、行车安全。

(5)每次巡检完毕后如若发现缺陷,要及时填写《巡视缺陷处理记录》台账。

第二节 柔性接触网设备维护

一、支柱和基础维护

(一)维修周期和范围

支柱和基础维修周期和范围如表 6-1 所示。

支柱与基础维修周期和范围　　　表 6-1

周期	范围
12 个月	检查支柱、门形架柱、横梁有无破损、锈蚀、倾斜等
	检查支柱拉线是否锈蚀,观察受力状态是否良好
	检查基础帽有无破损、裂纹、塌陷等
	检查号码牌及支柱上面的其他标志是否整齐、齐全

(二)维修标准

1. 支柱

(1)接触网所有支柱的内缘与邻近线路的限界要符合规定,误差符合设计要求。

(2)混凝土支柱破损不露筋者,可以用水泥砂浆修补后使用,修补支柱破损部位的混凝土等级比支柱本身混凝土高一级。金属支柱及硬横梁各焊接部分不得有裂纹、开焊;主角钢弯曲不得超过0.5%,副角钢弯曲不得超过2根;锈蚀面积不得超过10%。

(3)调整支柱使用的垫片每组不得超过3块。每块垫片的面积不小于50mm×100mm。

2. 支柱基础

(1)基础帽完整无破损,支柱根部和基础周围应保持清洁,不得有积水和杂物。

(2)基础面要高出地面100~200mm,基础外露400mm以上者应培土,每边培土宽度为500mm,培土边坡与水平面成45°。

3. 支柱倾斜率

(1)接触网各种支柱不得向线路内侧、受力方向倾斜。

(2)支柱在顺线路方向应保持铅垂状态,允许偏差不大于支柱高度的0.5%,但锚柱端部应向拉线侧倾斜0~100mm。

(3)直线上和曲线外侧的支柱应中心直立,曲线内侧的支柱、装设开关的支柱、双边悬挂的支柱、硬横跨支柱均应直立,允许向受力的反向倾斜,其倾斜率不超过0.5%。

(4)馈线、架空地线等附加悬挂支柱的终端柱、转角柱的柱顶应向拉线侧倾斜0~1%。

(5)每组硬横跨的支柱中心连线一般垂直于多数股道中心线。单根支柱,其中轴线应垂直于邻轨中心线,允许偏差3°。

(6)硬横梁应水平,硬横梁两端允许高差30mm。硬横梁的挠度不应大于梁跨的0.5%。

4. 支柱拉线

(1)拉线应位于接触悬挂下锚支的延长线上(附加导线单独下锚时,应位于下锚支导线的延长线上),在任何情况下不得侵入限界。拉线与地面夹角一般情况下为45°,最大不得超过60°。

(2)拉线应绷紧,在同一支柱上的各拉线应受力均衡。锚板拉杆与拉线应成一条直线。拉线应采取防腐措施,埋入地下部分的地锚拉杆应涂防腐剂。拉线不得有断股、松股、接头及严重的锈蚀。U形、T形线夹螺母外露螺纹长度应有可调余量。U形、T形线夹不得埋入地中。各部螺栓紧固良好并涂油。拉线基础周围不得有积水。

(3)位于两股道之间的拉线距离两侧的线路中心不得小于2100mm。

5. 支柱防护

道口两侧、经常有机动车辆运行的场所等易被碰撞的支柱,均应设置强度较高的防护桩。其中,道口两边支柱防护桩的高度不小于1m。

(三)维修组织

1. 工器具、材料

工器具、材料准备如表 6-2 所示。

工器具、材料表　　表 6-2

名　称	规格/型号	数　量
接地线	DC1500V	2 组
验电器	DC1500V	2 组
钢卷尺	5m	1 把
活动扳手	250mm	1 把
梯子	6m	1 台
绝缘手套	12kV	2 双
红闪灯	双面	2 组
安全带	—	2 条
力矩扳手	20～100N·m	1 把

2. 耗材

耗材准备如表 6-3 所示。

耗　材　表　　表 6-3

名　称	规格/型号	数　量
油漆	银粉	0.5kg
钢丝刷	—	4 只
砂纸	—	若干
黄油	—	1kg
毛刷	1 寸	4 支

3. 作业安全

（1）作业人员必须正确佩戴劳保用品,并且穿戴整齐,高空作业扎好安全带。

（2）做好梯车防倾、防倒、防溜措施,保持梯车稳固,作业台上人员不得超过 2 人。

（3）作业人员与周围带电体要保证 700mm 以上的安全距离。

（4）梯车移动过程中要上下呼唤应答,移动速度不超过 5km/h。

（5）使用梯子作业时要设专人扶梯。

（6）禁止高空抛掷传递料具和高空掉物。

（7）安排高空监护人员值守,时刻监护作业人员的安全。

4. 作业程序

（1）一般支柱与基础维护利用巡视作业点进行,准备工器具并开班前会。

(2)施工负责人向车场调度请完点后,清点工器具进入现场。

(3)观察支柱镀锌层有无破损、锈蚀等情况。

(4)检查支柱号码牌喷涂是否清晰,有无掉漆等现象。

(5)检查支柱基础帽及拉线基础有无裂纹、脱块等。

(6)检查支柱拉线有无散股、断股、锈蚀等。

(7)测量支柱的侧面限界、倾斜度等。

(四)维修记录

支柱和基础维修后要及时填写《支柱、横梁、拉线及基础检修记录》台账。

二、支持定位装置维护

(一)维修周期和范围

支持定位装置维修周期和范围如表 6-4 所示。

支持定位装置维修周期和范围　　　　表 6-4

周期	范围
12 个月	检查腕臂、防风支撑、定位环、套管双耳等零部件的状态,观察腕臂偏移量是否满足要求; 检查定位器、定位线夹等零部件的状态,观察定位器偏移是否满足要求

(二)维修标准

1. 支持装置

(1)腕臂底座、拉杆底座、压管底座应与支柱密贴。底座角钢(槽钢)应水平安装。

(2)结构高度应满足设计要求。

(3)腕臂要水平安装,其端部允许抬高不超过 100mm,无永久性变形;定位立柱应保持铅垂状态;顶部非受力部分长度为满足设计要求;顶端管口封堵良好。

(4)棒式绝缘子安装时滴水孔朝下,腕臂的各部件均应组装正确;铰接处要转动灵活,腕臂无永久弯曲、变形。

(5)无偏移温度时腕臂应垂直于线路中心线,温度变化时腕臂顶部的偏移要和该处的承力索伸缩量相对应。

(6)隧道立柱应保持铅垂状态,其型号和位置要符合设计规定。

2. 定位装置

(1)定位器应保证接触线之字值、拉出值及工作面的正确性,以及定位点处两条接触线相距 40mm,并具有一定的弹性。

(2)定位器(管)的型号和安装符合设计规定,支持器的方向要安装正确,支持器处定位管的伸出长度应满足设计规定。

(3)在平均温度时垂直于线路中心线,温度变化时沿接触线纵向偏移与接触线在该点的伸缩量相一致。

(4)定位器坡度应在 1/10～1/9 为宜。

(5)定位环应沿线路方向垂直安装,受力面正确。定位管上定位环的安装位置距定位管根部不小于 40mm(软定位器上的定位环距端部的长度以 40mm 为宜)。

(6)定位装置各部件之间应连接可靠,定位钩与定位环的铰接状态良好,转动灵活,无卡滞,且无放电和烧伤痕迹等电腐蚀现象。

(7)软定位器的定位拉线调整端在定位器侧,固定端在腕臂侧。

(8)定位线夹的安装必须保证定位线夹本体受力,其受力面正确。

(三)维修组织

1. 工器具、材料

工器具、材料准备如表 6-5 所示。

工器具、材料表　　　　　　　表 6-5

名　称	规格/型号	单　位	数　量
梯车	4m	辆	1
两用扳手	30 号	把	1
红闪灯	双面	个	2
验电器	DC1500V	组	2
接地线	DC1500V	组	2
绝缘手套	12kV	双	2
激光测量仪	DJJ-8	台	1
钢卷尺	5m	把	1
安全带	—	条	2
水平尺	600mm	把	1
活动扳手	300mm	把	1
开口扳手	14 件套	套	1
抛光扳手	30 号	把	1
力矩扳手及套筒	20～100N·m	套	1
手扳葫芦	3t	台	2

2. 耗材

耗材准备如表 6-6 所示。

耗 材 表　　　　　　　　　　　　　　　　　　表 6-6

名　　称	规格/型号	数　　量
抹布	—	0.5kg
导电膏	—	50g

3. 作业安全

（1）所有作业人员必须正确佩戴劳保用品，并且穿戴整齐。

（2）高空人员必须扎好安全带。

（3）用梯车进行作业时，应指定梯车负责人，工作台上的人员不得超过 2 名。作业过程中做好梯车的防倾防倒防溜措施，保持梯车稳固。

（4）梯车移动过程中要上下呼唤应答，移动速度不大于 5km/h。

（5）高处作业要使用专门的用具传递工具、材料等，不得抛掷传递，不得将工具、材料堆放在高空平台上。

（6）与周围带电体保证 700mm 以上安全距离。

（7）如果需要调整，应先卸力；人员不得位于线索受力反侧，注意安全。

（8）必须在电调与车场调度都批准后才能作业。

（9）必须在所有地线都连接好的前提下才能将梯车立起来上人作业。

4. 作业程序

（1）依据作业令填写工作票（详见作业票签发流程），准备工器具并开班前会。

（2）施工负责人向车场调度与电力调度请完点后，清点工器具进入现场。

（3）按班前会分工进行验电接地，组装梯车并上线路。

（4）检查平腕臂、斜腕臂是否低头、有无弯曲或变形。

（5）检查检查腕臂顺线路方向偏移量是否符合规范要求。

（6）检查定位器、定位管顺线路方向偏移量是否符合规范要求。

（7）检查检查定位器坡度是否满足规范要求。

（8）检查各铰接、受力件有无变形、裂缝、受力是否良好。

（四）维修记录

支持定位装置维修后要及时填写《支持定位装置检修记录》台账。

三、接触悬挂的维护

（一）维修周期和范围

接触悬挂维修周期和范围如表 6-7 所示。

接触悬挂维修周期和范围　　　　　　　　　表6-7

周　　期	范　　围
12个月	检查接触线和承力索（检查其位置、损伤接头、补强的状态等）、吊弦（吊索）、电连接器、中心锚结及各种线夹、零部件(包括鞍子和定位线夹)

（二）维修标准

1. 承力索和接触线

（1）承力索和接触线的材质和截面积必须满足下列要求：

①承力索和接触线中通过的最大电流不得超过其允许的载流量。

②机械强度安全系数符合规定（接触线在最大允许磨耗面积20%的情况下，其强度系数不应小于2.0；承力索的强度安全系数不应小于2.0）。

（2）承力索和接触线的张力和松弛度：

①标准值：符合安装曲线规定的数值。

②安全值：简单悬挂为15%；全补偿链形悬挂为10%；当松弛度误差不足15mm者按15mm掌握。

③限界值：同安全值。

（3）承力索和接触线中心锚节处和补偿器处的张力差不得超过10%。

（4）接触线高度：

①标准值：设计值。

②安全值：标准值±15mm。

③限界值：标准值±30mm。

（5）接触线之字值、拉出值（含最大风偏时跨中偏移值），双接触线测量读数时，以靠定位器侧的接触线为准。

①标准值：设计值。

②安全值：直线之字值≤250mm；曲线拉出值≤250mm。

③限界值：同安全值。

（6）接触线坡度及坡度变化率（工作支）：

①标准值：设计值。

②安全值：坡度不大于1‰，变化率不大于0.5‰。

③限界值：同安全值。

（7）接触线偏角：

①标准值：≤6°。

②安全值：≤10°。

③限界值：同安全值。

（8）链形悬挂两接触线之间的水平间隙为40mm，其所在的平面要与轨平面平行，以保证受电弓良好地取流和接触线磨耗均匀。

(9)承力索位置:

①标准值:直线地段承力索应位于两接触线中心线的正上方,曲线地段承力索与两接触线中心线的连线应垂直于轨面连线。

②安全值:直线地段承力索在两接触线中心线的位置允许误差±50mm;曲线地段承力索在两接触线中心线的位置允许向曲线内侧偏移不超过30mm,但不得偏向曲线外侧。

③限界值:直线地段承力索在两接触线中心线的位置允许误差±75mm,曲线地段承力索在两接触线中心线的位置允许向曲线内侧偏差不超过50mm,但不得偏向曲线外侧。

(10)接触线、承力索补强和接头应符合表6-8的要求(不包括分段和下锚接头)。

接触线、承力索补强和接头数量表　　　表6-8

项　目	标准值	安全值(个)		限界值(个)	
		锚段长度在800m及以下	锚段长度在800m以上	锚段长度在800m及以下	锚段长度在800m以上
接触线	0	3	4	3	4
承力索	0	4	5	4	5

(11)接触线的接头以及分段绝缘器与接触线之间的过渡要保证受电弓平滑通过。

(12)接触线磨耗和损伤按表6-9规定整修或更换。

CTA-120(12kN)接触线磨耗和损伤表　　　表6-9

磨损类别	测量a值(mm)	磨损截面(mm^2)	整修方法
局部磨耗和损伤	9.3	<30	当允许通过的电流不能满足要求时加补强线
	9.3~7.8	30~48	加补强线
	7.8	>48	更换或切断后做接头
平均磨耗	8.8	>36	整个锚段更换

注:1. a值为接触线剩余高度值(CTA-120总高度)。
　　2. 加电气补强线时,要使补强线处于工作状态即与受电弓接触。

2. 吊弦和吊索

(1)吊弦采用整体吊弦和刚性吊弦。吊弦的长度和布置要符合规定,吊弦截面损耗不得超过原截面积的50%。

(2)载流可调式整体吊弦在承力索端采用可调方式,接触线端采用永久固定方式。

(3)吊弦偏移:

①标准值:在无偏移温度时处于铅垂状态。曲线处应与接触线的倾斜度一致。

②安全值:在极限温度时,顺线路方向的偏移值不得大于吊弦长度的1/3。

③限界值:同安全值。

(4)接触线吊弦线夹的安装要正确、坚固,不得沿接触线滑动。双接触线吊弦线夹安装时应使两接触线线面正确,不得扭转,保证两接触线等高。

(5)简单悬挂吊索,安装应以水平腕臂为中心两侧平均分配,两端受力均衡,其长度符合规定,在无温偏时,相差不超过100mm。

(6)吊索不得有断股和接头。

(三)维修组织

1. 工器具、材料

工器具、材料准备如表6-10所示。

工器具、材料表　　　　　　　　　　表6-10

名　称	规格/型号	单　位	数　量
梯车	4m	辆	1
激光测量仪	DJJ-8	台	1
红闪灯	双面	个	2
验电器	DC1500V	组	2
接地线	DC1500V	组	2
绝缘手套	12kV	双	2
群呼/对讲机	800M/400M	部	2/2
水平尺	600mm	把	1
活动扳手	300mm	把	1
开口扳手	14件套	套	1
两用扳手	30mm	把	1
力矩扳手及套筒	20～100N·m	把	1
手扳葫芦	3t	台	2
钢卷尺	5m	把	1

2. 耗材

耗材准备如表6-11所示。

耗材表　　　　　　　　　　表6-11

名　称	规格/型号	数　量
抹布	—	0.5kg
导电膏	—	50g

3. 作业安全

(1)所有作业人员必须正确佩戴劳保用品,并且穿戴整齐。

(2)高空人员必须扎好安全带。

(3)用梯车进行作业时,应指定梯车负责人,工作台上的人员不得超过2名。作业过程中做好梯车的防倾、防倒、防溜措施,保持梯车稳固。

(4)梯车移动过程中要上下呼唤应答,移动速度不大于5km/h。

(5)高处作业要使用专门的用具传递工具、材料等,不得抛掷传递,不得将工具、材料堆放在高空平台上。

(6)与周围带电体保证700mm以上安全距离。

(7)如果需要调整,应先卸力,人员不得位于线索受力反侧,注意安全。

(8)必须在电调与车场调度都批准后才能作业。

(9)必须在所有地线都连接好的前提下才能将梯车立起来上人作业。

4. 作业程序

(1)依据作业令填写工作票(详见作业票签发流程),准备工器具并开班前会。

(2)施工负责人向车场调度及电力调度请完点后,清点工器具进入现场。

(3)按班前会分工进行验电接地,组装梯车并上线路。

(4)检查承力索、接触线、吊弦、吊索等有无锈蚀、散股、断股、扭面等。

(5)测量定位点处接触线的导高、拉出值、坡度等。

(6)检查承力索与接触线的相对位置。

(7)检查吊弦顺线路方向的偏移量是否满足规范要求。

(四)维修记录

接触悬挂维修后要及时填写《接触悬挂检修记录》台账。

四、隔离开关维护

(一)维修周期和范围

隔离开关维修周期和范围如表6-12所示。

隔离开关维修周期和范围　　　　表6-12

周期	范围
6个月	隔离开关本体、电动机构箱、接地刀闸、附属线缆等

(二)维修标准

(1)隔离开关应接触良好,转动灵活,引线截面与隔离开关的额定电流以及所连接的接触网当量截面相适应。电动操作机构箱应密封良好,门锁和钥匙完好齐全。

(2)带接地刀闸隔离开关的接地刀闸与主刀闸,其机械联锁须可靠接地,刀闸与地线可靠连接。

(3)新安装的隔离开关在投入运行前应做交流耐压试验。运行中的隔离开关,每年要用2500V的兆欧表测量1次绝缘电阻,并与最近的前1次测量结果比较,不应有显著降低。

（4）隔离开关合闸时闸刀要水平，其中心线与静触头的中心线相吻合；合闸时应接触良好，以 0.05mm×10mm 的塞尺检查刀闸的接触点，应塞不进去。刀闸分开后动触头绝缘间隙（动触头至消弧棒）的距离为 220mm，误差 0～+10mm。

（5）设备接线端子与隔离开关连接接触面应涂电力复合脂。

（6）支持绝缘子应清洁无破损和放电痕迹，瓷釉剥落面积不超过 300mm^2。

（7）检查电动隔离开关的电源和控制回路，电气元件应完好；对联锁开关进行检查，保证联锁关系正确可靠；对活动部位涂油，检查开关动作情况，并且现场手动操作应和远方电动操作动作一致。机构箱的维修，应开箱观察电机及辅助触点工作情况；清擦干净开关箱内外的积灰及油污。

（8）隔离开关触头带电部分至顶部建筑物距离不应小于 500mm；至隧道壁不应小于 150mm。

（三）维修组织

1. 工器具、材料

工器具、材料准备如表 6-13 所示。

工器具、材料表　　　　表 6-13

名　称	规格/型号	单　位	数　量
梯子	—	台	1
接地线	DC1500V	组	2
验电器	DC1500V	组	2
绝缘手套	12kV	双	2
开口扳手	14 件套	套	1
克令棒	—	把	1
水平尺	600mm	把	1
红闪灯	双面	组	2
个人工具包	—	套	1
力矩扳手	20～200N·m	把	1
塞尺	0.05mm×10mm	把	1
活动扳手	250mm	把	1
隔离开关钥匙	—	把	若干
钢卷尺	5m	把	1

2. 耗材

耗材准备如表 6-14 所示。

3. 作业安全

（1）所有作业人员必须正确佩戴劳保用品，并且穿戴整齐。

(2)高空作业扎好安全带。

(3)作业人员要先检查梯子是否牢靠。要有专人扶梯,梯脚要放稳固,严防滑移,严禁垫高及加长使用。

(4)梯车、梯子作业完毕后,应存放在固定地点或安全可靠的地方,并加固以防止倾倒、侵入限界。

(5)从事隔离开关倒闸作业应由两人进行,一人监护,一人操作。监护人员安全等级不得低于三级。

(6)车辆段 400 电缆上网手动隔离开关作业前,需确认相应变电所直流小车已拉到试验位(检修位),直流小车操作控制电源已断开。

(7)作业人员与周围带电体要保证 700mm 以上的安全距离。

(8)必须在电调与车场调度都批准后方可作业。

耗 材 表　　　　　　　　　表 6-14

名　　称	规格/型号	数　　量
导电膏	—	0.5kg
抹布	棉材质	2 块
黄油	—	0.5kg
砂纸	—	2 张

4. 作业程序

(1)依据作业令填写工作票(详见作业票签发流程),准备工器具并开班前会。

(2)施工负责人向车场调度及电力调度请完点后,清点工器具进入现场。

(3)按班前会分工进行验电接地,组装梯车并上线路。

(4)检查主刀闸分合是否到位,刀头接触点有无烧伤痕迹。

(5)检查手动操作机构和连杆有无卡滞,操作是否良好。

(6)检查电动操作箱内各连接端子是否牢固,箱内有无灰尘等。

(7)检查隔离开关上网引线有无散股、断股、烧伤等。

(8)检查绝缘子有无破损、烧伤等。

(四)维修记录

隔离开关维修后要及时填写《隔离开关检修记录》台账。

五、分段绝缘器维护

(一)维修周期和范围

分段绝缘器维修周期和范围如表 6-15 所示。

分段绝缘器维修周期和范围　　　　　　　表6-15

周期	范围
6个月	对分段绝缘器进行全面检查，包括磨耗、受力情况、与轨面平行及绝缘状况

（二）维修标准

（1）分段绝缘器上的两极靴枝间距为150mm，允许误差0～+5mm；分段绝缘器的安装位置（无论是在直线或是曲线上）与接触线的拉出值应为零。相对轨道中心线而言，接触线最大允许拉出值误差范围为±50mm。

（2）分段绝缘器导流板与接触导线连接处应平滑，与受电弓接触部分应与轨面连线平行，车辆双向行驶均不打弓。

（3）分段绝缘器紧固件应齐全，连接牢固可靠，分段绝缘器上的锚固螺母和螺杆的旋紧扭矩为50N·m。

（4）绝缘导滑板无裂纹、破损、老化现象，整体安装美观。

（5）分段绝缘器绝缘部件应无损坏，并保持主绝缘的清洁，整个分段绝缘器主绝缘放电痕迹应不超过有效绝缘长度的20%，主绝缘严重磨损或有贯穿性裂纹时应及时更换。

（6）分段绝缘器不应长时间处于对地耐压状态，尤其在雾、雨、雪等恶劣天气时，应尽量缩短其对地的耐压时间，即当作业结束后应尽快合上隔离开关，恢复正常运行。

（三）维修组织

1. 工器具、材料

工器具、材料准备如表6-16所示。

工器具、材料表　　　　　　　表6-16

名　　称	规格/型号	单　位	数　　量	备　　注
梯车	—	台	1	
红闪灯	双面	个	2	
开口扳手	14件套	套	1	
验电器	DC1500V	组	2	
普通接地线	DC1500V	组	2	
绑扎带	—		若干	
水平尺	600mm	把	1	
力矩扳手	20～100N·m	把	1	
钢卷尺	5m	把	1	
平锉	350～400mm	把	1	
活动扳手	300mm	把	1	

续上表

名 称	规格/型号	单 位	数 量	备 注
内六角	—	套	1	
两用扳手	30号	把	1	
绝缘手套	12kV	双	2	
分段绝缘器调节板	—	个	1	
激光测量仪	DJJ—8	台	1	
尖嘴钳	—	把	1	
游标卡尺	—	把	1	

2. 耗材

耗材准备如表6-17所示。

耗 材 表　　表6-17

名 称	规格/型号	数 量	备 注
帆布手套	—	7双	
抹布	—	0.5kg	
砂纸	—	4张	
导电膏	—	0.1kg	

3. 作业安全

(1) 所有作业人员必须正确佩戴劳保用品,并且穿戴整齐。

(2) 高空人员必须扎好安全带。

(3) 用梯车作业时,应指定梯车负责人,工作台上的人员不得超过2名。作业过程中做好梯车的防倾、防倒、防溜、措施,保持梯车稳固。

(4) 在梯车移动过程中要上下呼唤应答,梯车移动速度不大于5km/h。

(5) 高处作业要使用专门的用具传递工具、材料等,不得抛掷传递,不得将工具、材料堆放在高空平台上。

(6) 作业人员与周围带电体要保证700mm以上的安全距离。

4. 作业程序

(1) 依据作业令填写工作票(详见作业票签发流程),准备工器具并开班前会。

(2) 施工负责人向车场调度和电力调度请完点后,清点工器具进入现场。

(3) 按班前会分工进行验电接地,组装梯车并上线路。

(4) 检查主绝缘部件有无破损、击穿或变形。

(5) 检查分段绝缘器顺线路方向及垂直线路方向的水平状态,顺线路方向偏移量是否满足规范要求。

(6) 检查分段绝缘器两侧过度是否平滑,有无打弓、碰弓等现象。

(7) 测量各导流板及主绝缘子相对于轨平面的参数。

(四)维修记录

分段绝缘器维修后要及时填写《分段绝缘器检修记录》台账。

六、下锚及补偿装置维护

(一)维修周期和范围

下锚及补偿装置维修周期和范围如表 6-18 所示。

下锚及补偿装置维修周期和范围 表 6-18

周 期	范 围
6 个月	包括测量调整 b 值和滑轮注油

(二)维修标准

(1)坠砣块要叠码整齐,缺口相互错开 180°,每块坠砣都要涂漆。

(2)坠砣块总质量符合规定标准,相差不得超过 2.5%,限制、制动部件要作用良好。

(3)运行中补偿器的 a、b 值:

①标准值:符合安装曲线的要求。

②安全值:安全曲线值 ±200mm。

③限界值:在极限温度下,a、b 值均应大于 200mm。

(4)补偿绳的缠绕圈数符合安装曲线的要求,大、小轮缠绕时,最少缠绕半圈,最多缠绕三圈半,小轮缠绕时必须两边对称。

(5)棘轮要转动灵活,不得卡滞。坠砣导环与限制管之间要滑动灵活,以确保坠砣升降自如。限制管要呈铅垂状态,其长度和安装要符合规定。

(6)棘轮与舌簧间的间隙(棘轮的齿与舌簧的齿的最小距离)范围为 15~20mm。

(7)补偿绳的长度要保证补偿坠砣在极限温度范围内自由伸缩,补偿不得有断股、散股和接头。

(8)弹性张力补偿器应位于定位索松边处,拉杆应能正常伸缩,各部位均无变形及卡滞现象。

(三)维修组织

1. 工器具、材料

工器具、材料准备如表 6-19 所示。

2. 耗材

耗材准备如表 6-20 所示。

工器具、材料表　　　　　　　　　　　　　　　表 6-19

名　称	规格/型号	单　位	数　量	备　注
伸缩梯	6m	把	1	
活动扳手	300mm	把	1	
开口扳手	23件套	套	1	
验电器	DC1500V	组	2	
接地线	DC1500V	组	4	
开口销	—		若干	
群呼/对讲机	800M/400M	部	2/2	
脚扣	—	组	2	
套筒	19号、24号	个	2	
红闪灯	双面	个	2	
力矩扳手	20～100N·m	把	1	
绝缘手套	12kV	双	2	
钢卷尺	5m	把	1	

耗　材　表　　　　　　　　　　　　　　　表 6-20

名　称	规格/型号	数　量	备　注
抹布	—	0.5kg	
导电膏	—	0.1kg	

3. 作业安全

（1）所有作业人员必须正确佩戴劳保用品，并且穿戴整齐。

（2）高空人员必须扎好安全带。

（3）用梯子进行作业时，应指定梯子负责人，工作台上的人员不得超过2名。作业过程中做好梯车的防倾、防倒、防溜措施，保持梯子稳固。

（4）高处作业要使用专门的用具传递工具、材料等，不得抛掷传递，不得将工具、材料堆放在高空平台上。

（5）作业人员与周围带电体要保证700mm以上的安全距离。

（6）如果需要调整，应先卸力，人员不得位于线索受力反侧，注意安全。

（7）必须在车场调度和电调都批准后方可作业。

（8）必须在所有地线都连接好的前提下，才能将梯子立起来上人作业。

4. 作业程序

（1）依据作业令填写工作票（详见作业票签发流程），准备工器具并开班前会。

（2）施工负责人向车场调度、电力调度请点完后，清点工器具进入现场。

（3）按班前会分工进行验电接地，组装梯车并上线路。

(4)测量补偿 b 值是否满足温度变化曲线的要求。

(5)记录铁坠砣块数。

(6)检查铁坠砣在升降过程中是否有卡滞,补偿绳与棘轮是否有卡滞。

(7)测量制动卡块间隙是否满足规范要求。

(8)检查螺栓紧固是否牢靠,补偿绳是否涂油等。

(四)维修记录

下锚及补偿装置维修后要及时填写《补偿装置检修记录》台账。

第三节 刚性接触网设备维护

一、支持定位装置维护

(一)维修周期和范围

支持定位装置维修周期和范围如表 6-21 所示。

表 6-21 支持定位装置维护周期和范围

周 期	范 围
12 个月	对预埋件、悬吊件及定位部件进行全面检查

(二)维修标准

(1)单支悬吊角钢与垂直悬吊底座有无锈蚀。

(2)单支悬吊角钢与垂直悬吊底座及刚性悬挂针式绝缘子紧固件无松动和晃动。

(3)绝缘子的破损面积不得大于 $300mm^2$。

(4)单支悬吊角钢与轨面平行,且误差在 1°范围内,螺栓应有不少于 15mm 的调节余量(净空限制地段除外)。

(5)刚性悬挂接地线及其固定螺栓、卡子等对接触网带电体的距离不得小于 150mm,困难情况下不得小于 115mm。

(6)悬挂点处接触线拉出值范围为 ±250mm,误差不得大于 ±10mm;悬挂点接触线高度应符合设计要求,误差为 ±5mm。

(7)刚性悬挂接触线应可靠嵌入汇流排内,与汇流排贴合密切。

(三)维修组织

1. 工器具、材料

工器具、材料准备如表 6-22 所示。

工器具、材料表　　　表 6-22

序　号	名　称	规格/型号	单　位	数　量	备　注
1	地线	DC1500V	组	4	
2	验电器	DC1500V	组	2	
3	绝缘手套	12kV	双	2	
4	红闪灯	—	个	4	
5	梯车	—	台	1	
6	开口扳手	24号、30号	把	2	
7	活动扳手	—	把	2	
8	内六角	—	套	1	
9	安全带	—	套	2	
10	水平尺	600mm	把	1	
11	钢卷尺	—	把	1	
12	激光测量仪	DJJ-8	台	1	
13	力矩扳手	20～200N·m	把	1	含24号、17号套筒
14	工具包	—	个	1	

2. 耗材

耗材准备如表 6-23 所示。

工器具、材料表　　　表 6-23

名　称	规格/型号	数　量	备　注
抹布	—	0.5kg	
导电膏	—	0.1kg	
砂纸	—	2张	

3. 作业安全

(1)所有作业人员必须正确佩戴劳保用品,并且穿戴整齐。

(2)高空人员必须扎好安全带。

(3)用梯车进行作业时,应指定梯车负责人,工作台上的人员不得超过2名。作业过程中做好梯车的防倾防倒防溜措施,保持梯子稳固。

(4)高处作业要使用专门的用具传递工具、材料等,不得抛掷传递,不得将工具、材料堆放在高空平台上。

(5)作业人员与周围带电体要保证700mm以上的安全距离。

(6)如果需要调整,应先卸力,人员不得位于线索受力反侧,注意安全。

(7)必须在电力调度与车场调度都批准后方可作业。

(8)必须在所有地线都挂好的前提下才能将梯车立起来上人作业。

4. 作业程序

(1)依据作业令填写工作票,准备工器具并开班前会。

(2)施工负责人向车站与电调请完点后,清点工器具进入现场。

(3)按班前会分工进行验电接地,组装梯车并上轨道。

(4)测量人员进行定位点导高、拉出值测量,高空人员上梯车对设备进行检查:

①导高不合适:把T形螺栓与单支悬吊角钢连接的4个螺母往上调或往下调,把导高调到合适位置;

②拉出值不合适:把T形螺栓与垂直悬吊底座连接的螺母松开,往左或是往右动绝缘子,把拉出值调到合适位置。

(5)查看单支悬吊角钢外观有无变形、腐蚀。

(6)查看T形螺栓外观、T形螺栓是否与悬吊安装底座垂直。

(7)查看悬吊槽钢是否与轨平面平行。

(8)查看刚性针式绝缘子外观是否有破损,安装是否平行于轨道平面。

(9)查看接触线与汇流排随温度变化可能的相对位移。

(10)查看架空地线连接线是否散股、烧坏、电连接线夹是否紧固。

(11)检修结束,撤除防护线路出清,施工负责人向电调、车站销点。

5. 刚性支持定位装置

刚性支持定位装置结构如图6-1所示。

图6-1 刚性支持定位装置

1-T形螺栓;2-刚性悬挂针式绝缘子;3-汇流排;4-单支悬吊角钢;5-垂直悬吊安装底座

(四)维修记录

支持定位装置维修后要及时填写《刚性支持定位装置检修记录》台账。

二、接触线、汇流排设备维护

(一)维修周期和范围

接触线、汇流排维修周期和范围如表 6-24 所示。

接触线、汇流排维护周期和范围　　　表 6-24

序　号	项　目	周　期	范　围
1	接触线	12 个月	接触线磨耗、有无麻点
2	汇流排	12 个月	汇流排有无打火、烧伤

(二)维修标准

(1)汇流排表面允许有超过缺陷所在部位壁厚公称尺寸 8% 的起皮、气泡、表面粗糙和局部机械损伤,但最大深度不得超过 0.5mm。

(2)汇流排对接地体绝缘距离为 150mm,困难情况下为 115mm。

(3)汇流排连接端缝平均宽度不大于 1mm,紧固件齐全,螺栓紧固力矩为 25～32N·m。

(三)维修组织

1. 工器具、材料

工器具、材料准备如表 6-25 所示。

工器具、材料表　　　表 6-25

序　号	名　称	规格/型号	单　位	数　量	备　注
1	地线	DC1500V	组	4	
2	验电器	DC1500V	组	2	
3	绝缘手套	12kV	双	2	
4	红闪灯	—	个	4	
5	梯车	—	台	1	
6	开口扳手	17 号	把	2	17 号
7	活动扳手	—	把	2	
8	内六角	—	套	1	
9	安全带	—	套	2	
10	钢卷尺	—	把	1	
11	塞尺	—	把	1	
12	橡胶锤	—	把	1	
13	力矩扳手	含 17 号套筒	把	1	含 17 号套筒
14	工具包	—	个	1	

2. 耗材

耗材准备如表 6-26 所示。

耗 材 表　　　　　　　　　表 6-26

名　称	型　号	数　量	备　注
导电膏	—	0.1kg	
砂纸	—	2 张	

3. 作业安全

（1）所有作业人员必须正确佩戴劳保用品，并且穿戴整齐。

（2）高空人员必须扎好安全带。

（3）用梯车进行作业时，应指定梯车负责人，工作台上的人员不得超过 2 名。作业过程中做好梯车的防倾、防倒、防溜措施，保持梯车稳固。

（4）高处作业要使用专门的用具传递工具、材料等，不得抛掷传递，不得将工具、材料堆放在高空平台上。

（5）作业人员与周围带电体要保证 700mm 以上的安全距离。

（6）必须在电调与车场调度都批准后方可作业。

（7）必须在所有地线都挂好的前提下才能将梯车立起来上人作业。

4. 作业程序

（1）依据作业令填写工作票，准备工器具并开班前会。

（2）施工负责人向车站、电力调度请完点后，清点工器具进入现场。

（3）按班前会分工进行验电接地，组装梯车并上轨道。

（4）检查汇流排是否无明显转折角，表面光洁，无缺损、无裂纹、无毛刺、无污迹、无腐蚀。

（5）检查汇流排中轴线是否垂直于所在处的轨道平面，偏斜不应大于 1°。

（6）检查汇流排中间接头连接件的接触面是否清洁，汇流排连接缝两端夹持接触线的齿槽连接处是否平顺光滑。

（7）检查汇流排与接地体距离是否符合要求。

（8）检查接触线，应镶嵌在汇流排卡槽内。

（9）检查接触线磨耗是否正常。

（10）检修结束，撤除防护线路出清，施工负责人向电调、车站销点。

5. 汇流排结构

汇流排结构如图 6-2 所示。

（四）维修记录

接触线和汇流排维修后要及时填写《接触线、汇流排检修记录》台账。

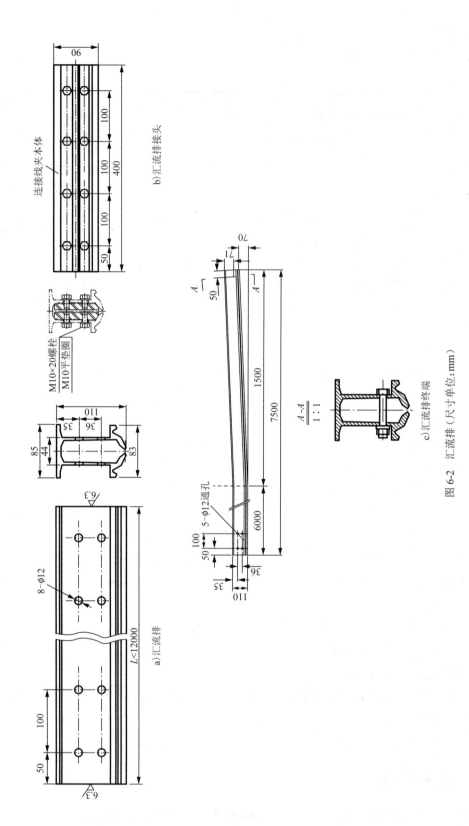

图 6-2 汇流排（尺寸单位：mm）

三、架空地线维护

(一)维修周期和范围

架空地线维修周期和范围如表 6-27 所示。

架空地线维修周期和范围　　表 6-27

周　期	范　围
12 个月	检查架空地线有无烧伤、腐蚀

(二)维修标准

(1)架空地线不得有两股以上的断股,一个耐张段内,断股补强处数和接头处数均不超过一个。

(2)架空地线与接触网带电体的绝缘距离为 150mm,对运行车辆受电弓的距离不小于 100mm。

(三)维修组织

1. 工器具、材料

工器具、材料准备如表 6-28 所示。

工器具、材料表　　表 6-28

序　号	名　称	规格/型号	单　位	数　量	备　注
1	地线	DC1500V	组	4	
2	验电器	DC1500V	组	2	
3	绝缘手套	12kV	双	2	
4	红闪灯	—	个	4	
5	梯车		台	1	
6	开口扳手	17 号	把	2	
7	活动扳手		把	2	
8	安全带	—	套	2	
9	钢卷尺	5m	把	1	
10	工具包	—	个	1	

2. 耗材

耗材准备如表 6-29 所示。

耗　材　表　　表 6-29

名　称	规格/型号	数　量	备　注
砂纸	—	2 张	

3. 作业安全

(1)所有作业人员必须正确佩戴劳保用品,并且穿戴整齐。

(2)高空人员必须扎好安全带。

(3)用梯车进行作业时,应指定梯车负责人,工作台上的人员不得超过 2 名。作业过程中做好梯车的防倾、防倒、防溜措施,保持梯车稳固。

(4)高处作业要使用专门的用具传递工具、材料等,不得抛掷传递,不得将工具、材料堆放在高空平台上。

(5)作业人员与周围带电体要保证 700mm 以上的安全距离。

(6)必须在电力调度与车场调度都批准后方可作业。

(7)必须在所有地线都连接好的前提下才能将梯车立起来上人作业。

4. 作业程序

(1)依据作业令填写工作票,准备工器具并开班前会。

(2)施工负责人向车站、电调请完点后清点工器具进入现场。

(3)按班前会分工进行验电接地,组装梯车并上轨道。

(4)检查架空地线对接触网带电体的绝缘距离是否足够。

(5)检查架空地线有没有烧伤、断股情况。

(6)检查地线座、地线线夹和安装在架空地线上的电连接线夹的螺栓紧固情况。

(7)检查电连接线夹安装是否端正。

(8)检查 DTG-150 铜接线端子压接是否正确、无脱线。

(9)检修结束,撤除防护线路出清,施工负责人向电调、车站销点。

(四)维修记录

架空地线维修后要及时填写《架空地线检修记录》台账。

四、隔离开关设备维护

(一)维修周期和范围

隔离开关设备维修周期和范围如表 6-30 所示。

隔离开关设备维修周期和范围　　　　表 6-30

周　期	范　围
6 个月	对隔离开关进行全面详细检查,包括开关本体、操作机构、引线、联锁及绝缘状况

(二)维修标准

(1)上网电缆的弯曲半径为(10~15)D(D 为电缆外径)。

（2）隔离开关触头带电部分至顶部建筑物距离不得小于500mm，至隧道壁不得小于150mm。

（3）合闸时刀闸要接触良好，以0.05mm×10mm的塞尺检查刀闸的接触点，应塞不进去。

（4）在静触头导电部分及动触头触点位置涂抹0.1～0.3mm厚度的导电脂。

（5）操作机构内的时间继电器设定延时为6s。

（三）维修组织

1. 工器具、材料

工器具、材料准备如表6-31所示。

工器具、材料表　　　　表6-31

序 号	名 称	规格/型号	单 位	数 量	备 注
1	地线	DC1500V	组	4	
2	验电器	DC1500V	组	2	
3	绝缘手套	12kV	双	2	
4	红闪灯	—	个	4	
5	折叠梯	4m	台	1	
6	专用地线	8m	组	1	
7	活动扳手	—	把	2	
8	内六角	—	套	1	
9	安全带	—	套	2	
10	水平尺	600mm	把	1	
11	钢卷尺	5m	把	1	
12	力矩扳手	10～200N·m	把	1	含24号、30号套筒
13	塞尺	—	把	1	
14	铁锤	—	把	1	
15	万用表	—	个	1	
16	梯子	—	台	1	
17	螺丝刀	—	套	1	
18	工具包	—	个	1	

2. 耗材

耗材准备如表6-32所示。

耗 材 表　　　　　　　　　表6-32

名　　称	规格/型号	数　　量	备　　注
抹布	—	0.5kg	
凡士林	—	0.1kg	
砂纸	—	2张	

3. 作业安全

(1) 所有作业人员必须正确佩戴劳保用品,并且穿戴整齐。

(2) 高空人员必须扎好安全带。

(3) 用梯子进行作业时,应指定梯子负责人,作业过程中做好梯车的防倾、防倒、防溜措施,保持梯子稳固。

(4) 高处作业要使用专门的用具传递工具、材料等,不得抛掷传递,不得将工具、材料堆放在高空平台上。

(5) 作业人员与周围带电体要保证700mm以上的安全距离。

(6) 必须在电调与车场调度都批准后,方可作业。

(7) 必须在所有地线都连接好的前提下,才能将梯子立起来上人作业。

4. 作业程序

(1) 依据作业令填写工作票,准备工器具并开班前会。

(2) 施工负责人向车站、电力调度请完点后,清点工器具进入现场。

(3) 按班前会分工进行验电接地。

(4) 联系电调确认开关状态,把旋钮打到"当地"位,准备检修隔离开关。

(5) 检查上网电缆是否清洁、电缆半径是否在设计范围内,电缆与开关触头连接是否完好。

(6) 清洁隔离开关绝缘子及绝缘拉杆绝缘子且无烧伤、裂纹、破损、老化现象。

(7) 检查隔离开关本体托架是否水平。

(8) 检查隔离开关本体与接触网带电体的绝缘距离是否符合标准。

(9) 检查隔离开关各连接部件螺栓扭矩是否符合标准。

(10) 检查闸刀合闸时是否水平,其中心线与静触头的中心线相吻合,且接触良好,无回弹现象,消弧棒应无烧伤。

(11) 检查操作机构内部连线紧固情况,传动机构无卡滞。

(12) 检查传动杆检查有无卡滞,抱箍螺栓是否紧固,弹簧圆柱开口销无裂纹及锈蚀,普通开口销掰开角度是否为120°。

(13) 检查当地电动操作与远动操作(电力调度员)是否正常。

(14) 联系电调确认隔离开关操作状态。

(15) 检修结束,撤除防护线路出清,施工负责人向电力调度、车站销点。

5. 隔离开关

隔离开关结构如图 6-3 所示。

a) b)

图 6-3 隔离开关与操作箱

（四）维修记录

隔离开关维修后要及时填写《隔离开关检修记录》台账。

五、分段绝缘器设备维护

（一）维修周期和范围

分段绝缘器设备维修周期和范围如表 6-33 所示。

分段绝缘器设备维修周期和范围　　　　表 6-33

周　　期	范　　围
6 个月	对分段绝缘器进行全面检查,包括磨耗、受力情况、与轨面平行及绝缘状况

（二）维修标准

（1）分段绝缘器上同侧导流板的间距应为 150mm,允许误差 +0.5mm。

（2）分段绝缘器的绝缘主体的拉出值为 0,最大偏移值为 ±50mm。

（3）分段绝缘器距相邻刚性悬挂定位点的距离为 2700mm,允许误差 ±200mm。

（三）维修组织

1. 工器具、材料

工器具、材料准备如表 6-34 所示。

工器具、材料表　　　　　　　表 6-34

序号	名称	规格/型号	单位	数量	备注
1	地线	DC1500V	组	4	
2	验电器	DC1500V	组	2	
3	绝缘手套	12kV	双	2	
4	红闪灯		个	4	
5	梯车		台	1	
6	活动扳手		把	2	
7	内六角		套	1	
8	安全带		套	2	
9	水平尺	600mm	把	1	
10	钢卷尺	5m	把	1	
11	力矩扳手	10～200N·m	把	1	含16号套筒
12	激光测量仪	DJJ-8	台	1	
13	平挫		把	1	
14	麻绳		m	若干	
15	手钳		把	1	
16	游标卡尺		把	1	
17	工具包		个	1	

2. 耗材

耗材准备如表 6-35 所示。

耗 材 表　　　　　　　表 6-35

名称	规格/型号	数量	备注
抹布	—	0.5kg	
导电膏	—	0.1kg	
砂纸	—	2张	

3. 作业安全

（1）有作业人员必须正确佩戴劳保用品，并且穿戴整齐。

（2）高空人员必须扎好安全带。

（3）用梯车进行作业时，应指定梯车负责人，工作台上的人员不得超过 2 名。作业过程中做好梯车的防倾、防倒、防溜措施，保持梯子稳固。

（4）高处作业要使用专门的用具传递工具、材料等，不得抛掷传递，不得将工具、材料堆放在高空平台上。

（5）作业人员与周围带电体要保证 700mm 以上的安全距离。

(6)必须在电力调度与车场调度都批准后,方可作业。

(7)必须在所有地线都连接好的前提下,才能将梯子立起来上人作业。

4. 作业程序

(1)依据作业令填写工作票,准备工器具并开班前会。

(2)施工负责人向车站、电力调度请完点后清点工器具进入现场。

(3)按班前会分工进行验电接地,组装梯车并上轨道。

(4)测量分段绝缘器相邻定位点、导流板的导高。

(5)测量分段主体的拉出值。

(6)检查绝缘部件是否清洁、无裂纹、无破损、无老化现象。

(7)检查导流板导流板有无烧伤,是否平滑过渡。

(8)检查同侧两只导流板的绝缘距离。

(9)检查螺栓扭矩是否达到标准要求。

(10)检查导流板的磨耗是否符合标准。

5. 分段绝缘器

刚性分段绝缘器结构图如图6-4所示。

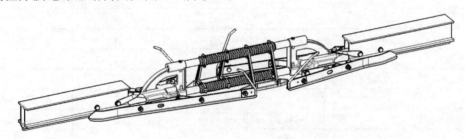

图6-4 刚性分段绝缘器

(四)维修记录

分段绝缘器维修后要及时填写《分段绝缘器检修记录》台账。

六、膨胀元件设备维护

(一)维修周期和范围

膨胀元件维修周期和范围如表6-36所示。

膨胀元件维修周期和范围　　　　　表6-36

周 期	范 围
6个月	对膨胀进行全面详细检查,包括本体、G值、两侧定位点拉出值

(二)维修标准

(1)膨胀元件的拉出值为0。
(2)使用水平尺检查接触线(膨胀接头侧翼两根,汇流排上一根)是否都在同一个平面上,高度允许偏差 ±0.5mm。
(3)受电弓双向通过膨胀接头应是平滑过渡,不得有撞击与拉弧现象。
(4)接触线滑道的螺钉锁紧扭矩至12N·m。

(三)维修组织

1. 工器具、材料

工器具、材料准备如表6-37所示。

工器具、材料表　　　　　　　　　表6-37

序 号	名 称	规格/型号	单 位	数 量	备 注
1	地线	DC1500V	组	4	
2	验电器	DC1500V	组	2	
3	绝缘手套	12kV	双	2	
4	红闪灯		个	4	
5	梯车		台	1	
6	活动扳手		把	2	
7	内六角		套	1	
8	安全带		套	2	
9	水平尺	600mm	把	1	600mm
10	钢卷尺	5m	把	1	5m
11	力矩扳手	10～200N·m	把	1	含24号、30号套筒
12	激光测量仪	DJJ-8	台	1	
13	平锉		把	1	
14	游标卡尺		把	1	
15	工具包		个	1	

2. 耗材

耗材准备如表6-38所示。

耗 材 表　　　　　　　　　表6-38

名 称	规格/型号	数 量	备 注
抹布	—	0.5kg	
导电膏		0.1kg	
砂纸	—	2张	

3. 作业安全

(1)所有作业人员必须正确佩戴劳保用品,并且穿戴整齐。

(2)高空人员必须扎好安全带。

(3)用梯子进行作业时,应指定梯子负责人,工作台上的人员不得超过 2 名。作业过程中做好梯车的防倾、防倒、防溜措施,保持梯车稳固。

(4)高处作业要使用专门的用具传递工具、材料等,不得抛掷传递,不得将工具、材料堆放在高空平台上。

(5)作业人员与周围带电体要保证 700mm 以上的安全距离。

(6)必须在电力调度与车场调度都批准后,方可作业。

(7)必须在所有地线都连接好的前提下,才能将梯子立起来上人作业。

4. 作业程序

(1)据作业令填写工作票,准备工器具并开班前会。

(2)施工负责人向车站与电力调度请完点后,清点工器具进入现场。

(3)班前会分工进行验电接地,组装梯车并上轨道。

(4)测量膨胀元件的导高、拉出值。

(5)检查膨胀元件上的 3 根接触线是否在同一平面上。

(6)检查接触线滑道的螺钉是否紧固。

(7)检查膨胀元件有无烧伤、麻点。

(8)检查当前温度线,膨胀元件的补偿量 G 是否符合要求。

5. 膨胀元件

膨胀元件结构如图 6-5 所示。

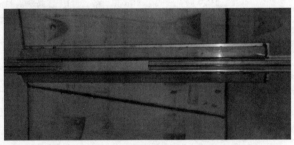

图 6-5　膨胀元件

(四)维修记录

膨胀元件维修后要及时填写《膨胀元件检修记录》台账。

七、线岔、锚段关节设备维护

(一)维修周期和范围

线岔、锚段关节设备维修周期和范围如表 6-39 所示。

线岔、锚段关节设备维修周期和范围　　　　表 6-39

周　　期	范　　围
6 个月	检查膨胀元件外观、导高拉出值

（二）维修标准

（1）（绝缘）锚段关节转化悬挂点处非工作支比工作支抬高 0～4mm。

（2）非绝缘锚段关节两支悬挂的中心线之间的距离为 200mm，绝缘锚段关节两支悬挂的中心线之间的距离为 270mm，允许误差 ±20mm。

（3）线岔处始触区处渡线与正线等高或高出 1～4mm。

（4）带电部分与"地"的距离：动态不小于 100mm，静态不小于 150mm；螺栓与绝缘子裙边绝缘距离不小于 60mm。

（5）汇流排终端上翘 70mm，接触线终端外露余长为 100～150mm，沿汇流排终端方向顺延，上翘 60°。

（三）维修组织

1. 工器具、材料

工器具、材料准备如表 6-40 所示。

工器具、材料表　　　　表 6-40

序　号	名　称	规格/型号	单　位	数　量	备　注
1	地线	DC1500V	组	4	
2	验电器	DC1500V	组	2	
3	绝缘手套	12kV	双	2	
4	红闪灯		个	4	
5	梯车	—	台	1	
6	活动扳手		把	2	
7	内六角		套	1	
8	安全带	—	套	2	
9	水平尺	600mm	把	1	
10	钢卷尺	5m	把	1	
11	力矩扳手	10～200N·m	把	1	含 24 号、30 号套筒
12	DJJ-8	—	台	1	
13	游标卡尺	—	把	1	
14	工具包	—	个	1	

2. 耗材

耗材准备如表 6-41 所示。

耗 材 表　　　　　　　　　表 6-41

名　称	规格/型号	数　量	备　注
抹布	—	0.5kg	
砂纸	—	4张	

3. 作业安全

（1）所有作业人员必须正确佩戴劳保用品，并且穿戴整齐。

（2）高空人员必须扎好安全带。

（3）用梯车进行作业时，应指定梯车负责人，工作台上的人员不得超过 2 名。作业过程中做好梯车的防倾、防倒、防溜措施，保持梯车稳固。

（4）高处作业要使用专门的用具传递工具、材料等，不得抛掷传递，不得将工具、材料堆放在高空平台上。

（5）作业人员与周围带电体要保证 700mm 以上的安全距离。

（6）必须在电力调度与车场调度都批准后，方可作业。

（7）必须在所有地线都连接好的前提下，才能将梯车立起来上人作业。

4. 作业程序

（1）依据作业令填写工作票，准备工器具并开班前会。

（2）施工负责人向车站、电力调度请完点后整理工器具进入现场。

（3）按班前会分工进行验电接地，组装梯车并上轨道。

（4）测量锚段关节或线岔各个定位点的及对应点的导高拉出值是否符合标准。

（5）检查关节的状态有无打火、磨耗、老化，刚性悬挂针式绝缘子是否脏污、脱釉、破损，接触线有无硬弯等。

（6）检查关节中间悬挂点是否等高，非支与转换支的抬高是否符合标准。

（7）检查（绝缘）锚段关节两接触线的距离是否符合标准。

（8）检查汇流排终端各项数据是否符合设计标准。

（9）检查道岔处在受电弓可能同时接触两支接触线范围内两支接触线应等高。

（10）检查线岔在受电弓始触点渡线接触线应与正线接触线高差是否符合要求。

（11）交叉渡线道岔在交叉渡线处两线路中心的交叉点处，两支悬挂的汇流排中心线分别距交叉点 100mm，允许误差 ±20mm。

5. 线岔和锚段关节

线岔组装如图 6-6 所示，锚段关节组装如图 6-7 所示。

（四）维修记录

线岔、锚段关节维修后要及时填写《线岔检修记录》和《关节检修记录》台账。

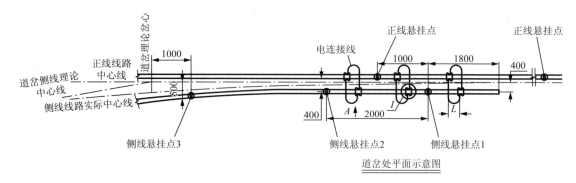

图 6-6 线岔(尺寸单位：mm)

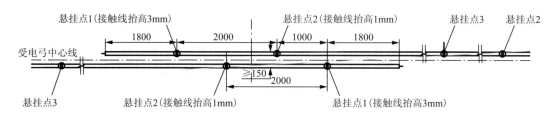

图 6-7 锚段关节(尺寸单位：mm)

第七章　接触网设备故障处理

> **岗位应知应会**
>
> 1. 了解接触网设备故障的处理过程。
> 2. 熟悉接触网设备的处理方法。
>
> **重难点**
>
> 重点：接触网设备故障的处理方法。
> 难点：接触网设备故障的处理方法。

接触网事故状态下，为了缩短抢修时间，尽快恢复供电、行车，一般应采取临时修复措施，严格遵循"先通后复"的基本原则。故障出现后应根据电调（电子调度）提供的信息（跳闸时短路电流及保护动作的种类、列车运行情况）分析事故性质，有目的地查找故障区段和地点。也可向车站、机车司机及其他人员了解情况，问明地点，有目的地查找故障地点。同时根据设备运行情况、地理环境、天气情况分析和判断故障点：雷雨天应考虑接触网、电客车绝缘件闪络击穿故障；季节变换时，则应考虑补偿装置、定位坡度、线岔、锚段关节等。

第一节　隔离开关常见故障及处理方法

一、主绝缘瓷棒烧伤

（一）故障现象

绝缘子变黑无光泽，瓷釉脱落，如图 7-1 所示。

（二）故障原因

主要是由于绝缘子被短路闪络或者击穿所造成。

图 7-1　隔离开关主绝缘烧伤图片

(三）处理方法

更换主绝缘瓷棒：

（1）停电、验电接地、设置防护。

（2）高空作业人员将工具、材料装包，攀登到出问题的隔离开关处，系好安全带，对闪络的绝缘棒进行拆除。

（3）辅助人员等待高空人员将拆下的绝缘子用绳子送到地面，并把需要更换的绝缘子用绳子捆好。

（4）高空人员把需要更换的绝缘子从地面拉上来后进行安装。

（5）安装完毕后，测量绝缘子对接地体符合要求后，收拾工器具。

（6）出清线路，拆除地线、防护，消令。

二、电动隔离开关机构箱

（一）机械故障

1. 故障现象

隔离开关远动、当地均无法操作，严重时手动也无法操作。

2. 故障原因

零部件断裂，传动机构卡滞。

3. 处理原则

（1）更换行程拉杆等不需拆除机构箱背面弹性圆柱销的情况，可直接进行更换。

（2）更换铝壳或传动机构整体等需要拆除机构箱背面弹性圆柱销的情况，因所需时间长且隧道内不方便展开作业，则直接更换整台机构箱。

4. 处理方法

（1）弹性圆柱销类

判断为弹性圆柱销断裂（图7-2）导致隔离开关刀闸无法正常分、合闸，但有反馈信号，故障处理步骤如下：

①将传动杆与操作机构箱法兰松脱，松脱前确定连接孔位，确保刀闸在合位。

②将转换开关打到当地位，用应急手柄摇动传动机构，将销钉摇至适合的位置（方便使用手锤用力即可）。

③使用样冲顶至弹性圆柱销位置，将弹性圆柱销冲出一半时，用新的弹性圆柱销将损坏的圆柱销冲出，确定新的弹性圆柱销敲到位，更换完毕。

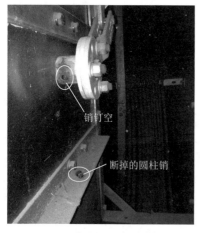

图7-2 圆柱销断裂

④将传动杆与操作机构箱法兰连接至原来孔位,进行试操作开关,确定无异常。

(2)行程拉杆类

判断为行程拉杆螺栓松动导致隔离开关分、合闸无反馈信号,故障处理步骤如下:

①将转换开关打至"当地"位。

②手动摇至"行程中间"位,把两个行程拉杆之间的弹簧卸力。

③紧固行程拉杆螺栓,进行试操作,确定无异常。

(3)电动机类

判断为电动机故障导致隔离开关电动无法正常分、合闸,故障处理步骤如下:

①将电动机保护壳拆除。

②标记固定电动机位置的螺栓。

③拆除电动机,将新的电动机装至原来位置。

④更换后,进行试操作,确定无异常。

(4)传动机构类

判断为传动机构导致隔离开关电动及手动均无法分、合闸,且无反馈信号,如图 7-3、图 7-4 所示。故障处理步骤如下:

①传动机构卡滞,电动操作时,电动机打滑空转,且无法手动操作。

②更换铝壳或传动总程整体等需要拆除机构箱背面弹性圆柱销的情况,因所需时间长且隧道内不方便展开作业,则直接更换整台机构箱。

图 7-3 壳体破裂

图 7-4 滚珠掉落

(5)应急手柄连接处

判断为应急手柄连接处生锈卡滞导致隔离开关电动无法正常分、合闸,且无反馈信号,故障处理步骤如下:

①对生锈位置进行除锈处理,活动正常之后,进行试操作,确认无异常。

②生锈位置现场较难处理,将应急手柄连锁接点拆掉,固定至其他位置,电动操作恢复正常,待后续处理该位置即可。

③应急手柄连接处与连锁接点均无法恢复正常,则需更换整台机构箱。

5. 注意事项

(1)更换弹性圆柱销时,一定不要将旧的圆柱销全部拆除掉,在用样冲拆至一半时,用新的弹性圆柱销将旧的全部替换;更换时,如果操作机构箱出现弹性圆柱销的孔不同轴,导致无法安装,可将传动杆与操作机构箱法兰松脱进行卸力,轻轻转动法兰将孔轴对正后再安装。

（2）松脱传动杆与操作机构箱法兰时,注意刀闸在合位,分位时,由于刀闸自重较大,会突然自行合闸动作,对隔离开关本体造成损伤。

（3）紧固行程拉杆螺栓（内六角）时,注意不能紧固死,防止螺栓（内六角）将行程拉杆压紧,分、合闸辅助触点不能正常分合。

（4）更换电动机时：

①需注意电动机与传动机构丝杆同轴,以用手摆动传动机构卡块均与摩擦片结构卡槽两侧有接触为参考依据,试操作时再次观察有无异常情况,确定无异响。

②拆除电机转子轴与摩擦片结构时,需注意两者之间连接槽里的卡块,体积较小、容易脱落。

（5）更换整台操作机构箱：

①先将原有开关操作箱拍照（要清晰）。

②将操作机构箱的外部控制电源全部断开（需变配电人员配合完成）,注意：断开后信号反馈线仍然有电,需绝缘胶带绑扎。

③更换后面的法兰盘时要先划线,拆除弹性圆柱销时,注意不要破坏3片法兰盘的相对位置,以免破坏出厂时调整好的行程位置。

（二）电气故障

电气原理图详见第三章第一节图3-8。

1. 远动与当地电动均无法操作

（1）首先,检查DC220V电路Q11是否跳闸。出现跳闸的原因可能有：

①气候潮湿造成回路绝缘能力降低,该情况在潮湿季节出现较多,所以要求所有隔离的加热电阻必须正常运行。

②回路存在短路点,此情况多为维护时人为造成,因此维护隔离开关操作箱时要尽量避免用力拔扯操作箱内的连接线。

（2）其次,检查隔离开关是否到位（图7-5）,并检查行程开关是否到位,或是行程开关的故障导致S1或S2触点不到位 控制回路中断。因为经常分合闸隔离开关能造成行程开关其弹片性下降无法正常分合相应触点。检测方法用万用表测量其通断是否正常。若出现异常则换相应备件。

（3）检查电动机是否正常,可切到"当地"位操作,观察接触器有无动作。若接触器没有动作,检查该回路是否有断点,确认回路中问题在哪儿,先用万用表测量X1—8、9端子电压为DC220是否正常,进线有电压出现无电压则更换端子排,进线无电压,则联系变电人员检查电源是否正常。电源正常后去测量回路,依次是Q11—1、2、3、4;J2—15、16;然后,短接X1—48、49（解除闭锁限制）试验操作,能够操作则需要变配电或是SCADA专业人员检查二次回路。

（4）若是确认二次回路没问题,则可当地按下合闸或分闸,按钮,或人工按下K1A或

KIE 的辅助触点，使主回路接通，观察电动机是否转动：

①拆开电动机检查电机离合器是否松动。

②离合器吸合不正常，电阻烧坏或是接线松动。

③电动机铜刷受潮、生锈或是损坏。另外，电动机与传动机构之间的摩擦片严禁注油，否则会造成电动机打滑而无法正常分合闸。

图 7-5　隔离开关合闸不到位

2. 当地可以操作分合闸，无法远动分合闸操作

（1）无转换开关运动位置信号，此时应先查看转换开关位置是在 0 位还是"当地"位，若位置错误则只需改动到"远动"位，一般故障即可消除；若无故障信号则重点查找转换挡和分合闸控制回路。

（2）若转换开关没有问题，用万用表检查 X1—7 进出线端是否有电，进线端没电联系变电人员检查；进线端没有问题，出线端有问题，则检查紧固或更换端子排。

3. 远动、当地都无法分闸

此情况问题主要集中在分闸回路上，依次叫点：K1E—61、62；S3—1、2 某点无电则重新紧固或更换该零件。依次短接以下端子并逐个进行试操作：S1—1、2；K1A—1、2；3、4；5、6 端子（注意短接某组端子进行试操作时，若开关成功动作，需立即断开短接线！）。某组端子短接后试操作成功，则问题出在该处，更换该零件。

4. 当地可以分合闸，远动无法分闸

（1）短接 X1—5 节点的进出端，请变电所人员远动试操作分闸。若能成功分合，并重新接线紧固 X1—5 进出端或更换 X1—5 端子排。

（2）若短接 X1—5 节点进出端后问题仍不能远动分合，联系牵引所内变电人员，检查是否牵引所内控制信号盘出现问题。

5. 远动、当地都无法合闸

依次叫点：K1A—61、62；S3—3、4 某点无电则重新紧固或更换该零件。依次短接以下端子并逐个进行试操作：S2—1、2；K1E—1、2；3、4；5、6 端子（注意短接某组端子进行试操作时，若开关成功动作，需立即断开短接线！）。某组端子短接后试操作成功，则问题出在该处，更换该零件即可。

6. 当地可以分合闸,远动无法合闸

(1)短接 X1—6 节点的进出端,请变电所人员远动试操作分闸。若能成功分合,并重新接线紧固 X1—6 进出端或更换 X1—6 端子排。

(2)若短接 X1—6 节点进出端后问题仍不能远动分合,联系牵引所内变电人员,检查是否牵引所内控制信号盘出现问题。

7. 分、合闸不到位

分合闸都不到位:J2 动作过早,时间旋钮是否在"5"位,如图 7-6 所示。

图 7-6　时间继电器调整前后

8. 灰显,电调看不到隔离开关状态

X1—10 至 25、26 至 41 中在用的端子松脱或端子排内部故障,无法反馈给电调信号。重新接线紧固端子,更换在用的端子排或将在用端子排并联至未使用的端子排端口。

9. 操作电压失压信号无显示

重新接线紧固 X1—44、45 端子,必要时更换该端子排。

10. 转换开关位置信号无显示

(1)重新接线紧固 X1—46、47 端子,必要时更换该端子排,确认信号是否恢复。

(2)重新接线紧固 S10 上各端子,必要时更换转换开关 S10。

11. 操作电源失压

(1)用万用表测量 X1—8、9 端子进出端间电压是否满足 DC220V 电源输入和输出,满足输入,不满足输出,则紧固对应 X1—8、9 端子的出线端或更换端子排;不满足输入,则联系牵引所内变电人员检查是否控制电源断开。

(2)若操作电源无问题,则该故障为误报,更换中间继电器 J1。

12. 电动机电源故障

(1)Q11 是否闭合,Q11 处在合位则分别短接 Q11—1、2、3、4 端子是否故障消失,故障消失则更换 Q11。

(2)J2 设定值过短,调整为 6s。

(3)Q21 是否断开,若 Q21 处在合位且(1)、(2)步均无问题,更换 Q21。

第二节　避雷器常见故障及处理方法

一、故障现象

避雷器出现弧光放电,绝缘表面局部过热造成炭化。

二、故障原因

(1)避雷器表面和瓷裙内落有污秽,受潮以后耐压强度降低,绝缘表面形成放电回路,使泄漏电流增大,当达到一定值时,造成表面击穿放电。

(2)避雷器表面污秽虽很小,但由于电力系统中发生某种过电压,在过电压的作用下使避雷器绝缘表面闪络放电。

三、处理方法

(1)停电、验电接地、设置防护。
(2)高空作业人员将工具、材料装包,攀登到出问题的避雷器处,系好安全带,对闪络的避雷器进行拆除。
(3)辅助人员等待高空人员把拆下的避雷器用绳子送到地面,并把需要更换的避雷器用绳子捆好。
(4)高空人员把需要更换的避雷器从地面拉上来后进行安装。
(5)安装完毕后,收拾工器具。
(6)出清线路,拆除地线、防护,消令。

第三节　线岔常见故障及处理方法

一、线岔未调整到位

(一)故障现象

线岔(图 7-7)处接触线伸缩不顺畅卡滞,甚至出现钻弓、刮弓情况(图 7-8)。

图 7-7 线岔

图 7-8 线岔故障说明

（二）故障原因

（1）线岔处两支接触线交叉点的位置不符合要求。
（2）在两接触线水平间距 500mm 处，两支接触线的相对高差不符合要求。
（3）限制管位置不满足温度变化需求。
（4）固定限制管的零件、螺栓松动脱落或损坏。

（三）处理方法

（1）停电、验电接地、设置防护。
（2）拆除限制管。
（3）整正导线。
（4）安装或更换限制管（安装时温度低/高于平均温度，限制管中心应偏向中锚/下锚方向）。
（5）调整拉出值、水平、抬高（保证非支或侧线抬高符合标准）。
（6）调整其他受损设备。
（7）拆除地线、防护，消令。

二、运营期间断线

断线故障如图 7-9 所示。

（一）故障原因

受电弓故障，接触网数据不符合要求引起的钻弓、刮弓所致。

（二）处理方法

（1）停电、验电接地、设置防护。

（2）利用承力索或可借力的馈线底座，抬高次要线路接触悬挂到不影响重要线路行车。

（3）调整重要线路接触悬挂状态，保证重要线路能运行列车。

（4）封锁次要线路，出清线路，拆除地线、防护，消令。

三、磨耗较大

磨耗情况如图 7-10 所示。

图 7-9　断线故障

图 7-10　磨耗较大

（一）故障原因

非支或侧支不够，造成受电弓羊角刮伤接触线。

（二）处理方法

（1）线岔两端下锚处各适当增加坠砣，改善接触线驰度。

（2）增大线岔处两支接触线的夹角，提升限制管作用。

（3）抬升磨耗支导高。

第四节　锚段关节常见故障及处理方法

绝缘锚段关节故障后，在满足行车的条件下尽量采用合上越区开关的供电方式恢复运营。

一、柔性悬挂

（一）运营期间断线

锚段关节运营期间段线故障如图 7-11 所示。

1. 故障原因

关节调整不到位,受电弓钻弓。

图 7-11 锚段关节运营期间断线故障

2. 处理方法

(1)停电、验电接地、设置防护。

(2)变绝缘锚段关节为非绝缘关节(合上越区开关),采用并锚法临时恢复供电行车。采用并锚法时必须对另一支接触悬挂的坠铊张力卸载 1/2。一般采用把接触线并在另一支接触悬挂的承力索上,把承力索利用绝缘子锚固在可以借力的吊柱底座上。

(3)调整导线高度、拉出值和其他受损设备,检查两端中心锚节符合送电通车条件后出清线路,拆除地线、防护,消令。

(二)锚段关节腕臂折断故障

锚段关节腕臂折断故障如图 7-12 所示。

1. 故障原因

大电流电气烧伤,严重弓网事故拉断,安装状态不佳侵限。

2. 处理方法

(1)停电、验电接地、设置防护。

(2)拆除折断腕臂上的接触悬挂和腕臂。

(3)利用吊柱、绝缘子和周围可以借力的其他设备重新悬吊接触悬挂;绝缘距离无法保证时,采用合上越区开关的方式,变绝缘锚段关节为非绝缘锚段关节。

(4)调整导线高度、拉出值和其他受损设备,出清线路,拆除地线、防护,消令。

(三)锚段关节腕臂绝缘子折断故障

锚段关节腕臂绝缘子折断故障如图 7-13 所示。

图 7-12 锚段关节腕臂折断故障

图 7-13 锚段关节腕臂绝缘子折断故障

1. 故障原因

绝缘子污染、老化、出厂质量不达标引起的闪络或击穿以及受力冲击等。

2. 处理方法

（1）停电、验电接地、设置防护。

（2）地面人员准备好需更换的绝缘子，等待高空人员把坏掉的绝缘子拆下放到地面后，用绳子捆好新绝缘子，让高空人员提上去，并安装。

（3）绝缘子安装到位后，把腕臂调整到正确的偏移位置后，安装接触悬挂，并把导高、拉出值调整到标准范围。

（4）出清线路，拆除地线、防护，消令。

二、刚性悬挂

（一）拉弧

1. 故障原因

（1）锚段关节、连接板处如果数据调整不到位形成硬点冲击。

（2）电客车加减速时对于接触网的压力变化和取流变化。

（3）通过分段绝缘器时分段两段的电压差引起。

2. 处理方法

（1）打磨烧伤麻点。

（2）调整两支接触线在关节中间悬挂点处等高，转换悬挂点处非工作支不得低于工作支，可以比工作支高出 0～4mm；且受电弓在双向通过时应平滑无撞击和拉弧现象。

（3）调整非绝缘锚段关节两支悬挂的拉出值分别为 ±100mm，中心线之间距离为 200mm；调整绝缘锚段关节两支悬挂的拉出值分别为 ±135mm，中心线之间距离为 270mm。

（二）磨耗

1. 故障原因

（1）锚段关节、连接板处如果数据调整不到位形成硬点冲击。

（2）客车加减速时对于接触网的压力变化和取流变化（电磨耗）。

（3）锚段关节处的弹性定位线夹卡滞。

2. 处理方法

（1）若该锚段关节使用的是弹性定位线夹，观察 4 个弹性定位线夹的螺栓、螺母是否有锈蚀和卡滞情况。

（2）按照拉弧问题调节关节处悬挂点参数，尤其在转换悬挂点，按照受电弓通过方向将接触线打磨平顺，并划线做好标识，方便以后观察磨耗点的情况。

第五节　支持定位装置常见故障及处理方法

一、柔性悬挂

(一)支柱倒塌、断裂

支柱倒塌、断裂故障如图 7-14 所示。

1. 故障原因

(1)雨(洪)水将直埋的支柱基础冲垮,使其倾斜不能满足技术要求。
(2)山体滑坡巨石将支柱砸断或砸弯。
(3)列车出轨将支柱撞断或撞弯。
(4)外界施工将支柱的拉线碰断或是将锚板挖出。

2. 处理原则

可以不立支柱,不定位,将接触线绑到承力索上,保证接触线最小高度,降弓通过,等待运营结束后更换支柱。

图 7-14　支柱倒塌、断裂故障

3. 处理方法

(1)停电、验电接地、设置防护。
(2)准备更换的新支柱与损坏支柱的型号一致。
(3)拆除损坏支柱的支持定位装置、接触悬挂,用轨道起重机先把损坏的支柱略微吊起,使支柱受力,松掉支柱基础上的全部螺母,把损坏支柱吊起放到不影响行车的位置,然后把新支柱吊到旧支柱的位置,安装好。
(4)调整好支柱的斜率后,恢复支柱的支持定位装置,调整其导高、拉出值到设计要求。
(5)出清线路,拆除地线、防护,消令。

(二)中心锚结故障

1. 故障原因

中心锚结线夹断裂、锚结绳张力不等、塌网等情况导致。

2. 处理方法

(1)停电、验电接地、设置防护。
(2)将作业平台调至适当位置,作业人员 1～12 人拆除损坏的中心锚结线夹、中心锚结绳及其承力索的固定件,其他作业人员调整中心锚结所在跨距两端定位点的参数,如有损坏逐一更换。

(3)先将接触线与承力索用铁线临时悬吊,将预制好的新中心锚结放在合适位置,将中心锚结绳的弧形放至中心锚结线夹槽内;进行接触线上的安装;将中心锚结绳的两端分别用钢线卡子与承力索相连接固定;一切安装妥当后,撤除临时绑扎的铁线,放下导线,测量调整中心锚结高度是否符合要求。

(4)消除停电作业命令,清理作业现场结束作业。

(三)腕臂折断、腕臂绝缘子击穿、闪络

腕臂、绝缘子故障情况如图 7-15 所示。

图 7-15　腕臂、绝缘子故障

处理方法:

(1)停电、验电接地、设置防护。

(2)拆除故障点的腕臂:

①在有馈线绝缘子底座可以利用时,将承力索用铁线和悬吊滑轮利用馈线绝缘子吊起,并调整到满受电弓运行条件的参数范围内,并利用吊柱/支柱、软定位器、铁线、悬式绝缘子进行单拉定位,在调整好导高、拉出值后恢复通车。

②无馈线绝缘子做悬挂或馈线绝缘子做悬挂不能满足受电弓条件时,抢修人员登上支柱,在适当的位置挂好带有棕绳的单滑轮,与地面人员配合,先将损坏的绝缘子拆除,然后换上新的绝缘子。

③若腕臂损坏,连同腕臂一同拆下,更换事先预配好的腕臂。

(3)绝缘子或腕臂安装完毕后,调整定位装置的拉出值及导高,使其符合设计要求。

(4)出清线路,拆除地线、防护,消令。

(四)吊柱脱落

1. 故障原因

(1)埋入螺栓松动,电力机车通过时,因接触悬挂摇摆厉害。

(2)埋入螺栓有损伤或埋入螺栓的填充物的配制不合要求。

(3)发生刮弓事故,造成拉坏或拉脱落。

(4)接触悬挂因某种原因短路接地,造成埋入螺栓烧损。

(5)隧道结构强度或厚度不满足要求,导致埋入螺栓松动或脱落等。

2. 处理方法

(1)拆除脱落的吊柱、腕臂、馈线和地线。

(2)利用周围可以借力的其他设备或在横梁/隧道顶打膨胀螺栓,用复合绝缘子斜拉或悬式绝缘子吊起承力索、吊索、地线和馈线。

(3)拉出值不能满足要求时,在横梁/隧道顶打膨胀螺栓或借助其他设备,采取软定位,固定接触线位置,调整绝缘间隙、导高、拉出值后恢复通车。

二、刚性悬挂

(一)悬挂绝缘子破损、闪络、炸裂

绝缘子故障如图 7-16 所示。

1. 故障原因

(1)隧道顶渗漏水渗入绝缘子内部短路形成放电。

(2)绝缘子制作工艺不达标导致内部存在气泡。

(3)施工安装工艺不到位。

2. 处理方法

(1)绝缘子更换前,记录好原始拉出值导高。

(2)先用一把扳手固定绝缘子角钢上的螺母,再将绝缘子与角钢分离。

(3)将绝缘子和汇流排线夹挪出角钢下面,以方便工作为准。

(4)拆除绝缘子并更换。

(5)复查导高拉出值等参数是否与更换前一致。

(二)中心锚结绝缘棒损坏

中心锚结绝缘棒故障如图 7-17 所示。

图 7-16 刚性绝缘子故障　　图 7-17 中心锚结绝缘棒故障

1. 故障原因

(1)施工安装时磕碰造成。

（2）安装时受力不均衡，与汇流排形成的夹角不符合标准。

2. 处理方法

（1）记录好原始拉出值导高。

（2）用扳手将中心锚结出的调整螺栓松至合适程度（以可以将中心锚结绝缘棒取下为准）。

（3）用手钳将中心锚结绝缘棒两端销钉的开口销钳平后取下开口销及销钉。

（4）拆下损坏的绝缘棒并更换新的绝缘棒。

（5）按照相反的顺序依次将销钉、开口销装上；收紧调整螺栓；以中心锚结绝缘棒受力即可，不可过紧也不可过松。

（6）复查导高拉出值等参数是否与更换前一致。

（三）汇流排伸缩不畅

汇流排伸缩不畅故障如图 7-18 所示。

1. 故障原因

定位线夹安装歪斜、电连接长度不满足汇流排伸缩移动。

2. 处理方法

（1）观察锚段内是否有定位线夹歪斜夹持汇流排，汇流排在该定位线夹内形成卡滞，不能平顺移动，尤其是关节处的弹性定位线夹。若发现该问题则调整安装定位线夹。

（2）观察锚段关节处电连接是否因预留长度不足，导致汇流排不能伸缩移动。若发现该问题，则重新安装适合长度的电连接。

（四）接触线脱槽

接触线脱槽故障如图 7-19 所示。

图 7-18　汇流排弹性定位线夹卡滞故障

图 7-19　接触线脱槽

1. 故障原因

（1）隧道顶部有渗水情况，渗水流进汇流排夹槽中通过与隧道内空气中的酸性物质反应形成水垢（氯化物）顶出接触线。

（2）施工工艺不到位。

(3)接触线与汇流排的材质随着温度变化的膨胀系数不同。

2. 处理方法

(1)通常情况下先用橡胶锤将接触线敲入汇流排。

(2)若因漏水产生水垢顶出接触线,则清除汇流排夹槽内及接触线上水垢后,将接触线敲入汇流排夹槽。

(3)若橡胶锤敲击接触线效果不佳,则需将接触线从就近的锚段关节末端退出至脱槽部分,重新放线。

第六节　分段绝缘器常见故障及处理方法

一、柔性悬挂

(一)塌网

1. 侧线断线

处理方法:

(1)在线索下锚处对坠砣卸载。

(2)在断线处将断线拉起后,用铁线将接触线和承力索(吊索)绑扎在一起。

(3)在断线处将侧线接触线提高到一定高度,防止列车受电弓通过正线时钻弓。

(4)在断线脱离地面后暂停该侧线行车。

2. 正线断线

处理方法:

分段绝缘器脱落造成塌网,对受损接触线、承力索进行补强或处理后更换分段绝缘器,调整后通车,待运营结束后调整恢复。

(二)分段绝缘器击穿、主绝缘损坏等需更换整体分段绝缘器

处理方法:

(1)停电、验电接地、设置防护。

(2)辅助人员在地面将拉力带紧线器连接成套,同时将3T(双承双导)或2T(单承单导)手扳葫芦链条理顺用拉绳绑扎好。

(3)工作人员在地面上将新分段绝缘器的绝缘棒及两端夹持线夹安装好。

(4)高空作业人员将工具、材料装包,系好安全带登上作业车(梯车),用拉绳将手扳葫芦

拉上作业平台。

（5）将带拉力带的两个紧线器分别安装在距原分段绝缘器的接触线接头线夹 1.5m 处的接触线上，收紧手扳葫芦使受损的分段绝缘器本体略微下垂松脱即可进行拆除。

（6）先拆除导流板，松开分段绝缘器两端吊弦，拆下旧的换上新的，安装时与拆除时相反，其位置与分段绝缘子串对应。

（7）新分段绝缘器安装好后，拆除辅助支撑，松开手扳葫芦，使绝缘器受力，拆除葫芦和紧线器，用接触线整弯器对紧线器卡接处的接触线进行校直；用水平尺测量水平，不平时通过吊弦来调节。平衡后装好吊弦，将工具送下地面。

（8）测量分段处导高，确认紧固后方可下作业车（梯车）。

（9）出清线路，拆除地线、防护，消令。

（三）U 形连接环、合金滑板、绝缘滑板等零件损坏

U 形连接环断裂如图 7-20 所示。

图 7-20　U 形环断裂

处理方法：
（1）记录分段绝缘器原始参数。
（2）拆除损坏件，更换新零件。
（3）恢复分段绝缘器初始状态。

二、刚性悬挂

（一）渡线、存车线或联络线分段绝缘器故障

处理方法：不用处理，暂停该渡线、存车线或联络线，待运营结束后调整恢复。

（二）折返线分段绝缘器故障

处理方法：
（1）不影响行车的情况下，电客车降速通过。

(2)影响行车的情况下,采用小交路运行。

(三)绝缘滑板断裂

绝缘滑板断裂故障如图 7-21 所示。

处理方法:

(1)记录滑板高度。

(2)拆除损坏件,更换新零件。

(3)恢复滑板状态(注意将绝缘滑板高度调至比受电弓同时接触的合金滑板高 1mm)。

(四)合金滑板磨耗严重、裂纹情况

合金滑板磨耗严重、裂纹情况如图 7-22 所示。

图 7-21 绝缘滑板断裂故障

图 7-22 合金滑板磨耗、裂纹情况

处理方法:

(1)记录滑板高度。

(2)拆除损坏件,更换新零件。

(3)恢复滑板状态(按照受电弓通过方向,注意将分段绝缘器前一个定位点导高调至比合金滑板始触点低 1~2mm)。

第七节 补偿装置常见故障及处理方法

一、补偿绳断裂

(一)临时处理

(1)停电、验电接地、设置防护。

(2)暂时取消补偿装置的作用,将接触悬挂临时固定(利用手扳葫芦、紧线器、拉力带把接触悬挂重新拉起)。

(3)检查整个锚段接触悬挂状态。

(4)重新调整整个锚段接触网。

(5)拆除地线、防护,消令。

(6)运营后作彻底恢复。

(二)彻底恢复

(1)地面上的人员把紧线器和拉力带连在一起,高空人员带工器具上支柱,然后用绳子把 1.5T 或 3T 的葫芦提到支柱上。

(2)在支柱上做临时硬锚,使用 1.5T 或 3T 的葫芦,一端连与紧线器连接的 3T 拉力带上(紧线器卡在接触线或承力索上),葫芦的另一端连接 3T 拉力带固定于支柱上,连接牢固后紧葫芦,葫芦紧到能图上转动棘轮,维持手扳葫芦的硬锚临时状态,根据情况更换小轮或大轮的补偿绳。

(3)补偿绳更换好后,测量检查锚段内的接触线高度、拉出值、工作支与非工作支间距、高差,调整有关零件,使之符合规定。

(4)出清线路,拆除地线、防护,消令。

二、承力索/接触线在终端线夹处抽脱

处理方法:

(1)处理损伤的接触线/承力索。

(2)在接触线/承力索上加装紧线器,利用手扳葫芦将线索重新拉起。

(3)检查整个锚段接触悬挂状态、处理其他的受损零件后临时恢复送电行车。

调节螺栓断裂也照此处理。

第八节　膨胀元件常见故障及处理方法

一、受电弓通过时拉弧、磨耗

处理方法:

(1)对接触线硬点、汇流排毛刺、烧伤点进行打磨。

（2）将膨胀元件安装处接触线导高调整到位，对膨胀元件的接触线末端进行打磨，使其形成向上斜面，避免受电弓通过时发生撞击打火。

（3）将膨胀元件所在跨距的前后各两定位点处的槽钢调整为平行于轨面。

（4）测量膨胀元件安装处前后相邻的2～3个跨距的跨中接触线导高及定位点导高，调整负驰度和坡度变化过大的情况。

二、伸缩受阻或卡滞

处理方法：

（1）调整视检孔滑动螺栓至滑槽中部。

（2）清除膨胀元件铝合金夹板中的积尘，在视检螺栓孔处涂油脂减小其滑动摩擦力。

（3）消除膨胀元件安装处附近的悬挂点绝缘子处汇流排卡滞，并将因汇流排卡滞损伤的汇流排打磨平整。

第八章　接触网常用工器具及仪器、仪表的使用

> **岗位应知应会**
>
> 1. 熟悉接触网常用工器具的使用方法。
> 2. 熟悉接触网仪器、仪表的使用方法。
>
> **重难点**
> 重点:接触网常用工器具及仪器、仪表的使用方法。
> 难点:接触网测量仪的使用方法。

　　接触网专业所涉及的工器具、仪器仪表多种多样,按用途分有:防护类,登高类,测量类,校正类,绝缘类,连接类等。可谓种类繁多,形式多样。

　　无论是从事接触网施工还是设备检修,了解并掌握一些常用的工器具及仪器、仪表的使用是接触网从业人员的必修课。本章从接触网的日常检修和故障抢修出发,对一些常用的工器具、仪器和仪表进行介绍。

第一节　常用工器具

　　本节主要介绍接触网专业日常检修或故障抢修中必不可少的工器具。如每次停电作业中必不可少的梯车、验电笔、地线、红闪灯等,接触网断线抢修中必不可少的手扳葫芦、滑轮组、紧线器、拉力带、断线钳等。

一、梯车

　　接触网维修梯车底盘主要是由固定框架以及 4 个轨道轮(接触网电压为 DC1500,梯车轮采用 4 套绝缘轮)组成,车身是由高强度的铝合金造成,分支撑架和作业平台两部分,如图 8-1 所示。梯车是接触网日常维护检修必不可少的辅助工具。隧道内接触线设计高度是 4040mm,所使用的维修梯车作业平台高度是 3000mm,总高度不大于 4000mm;隧道外

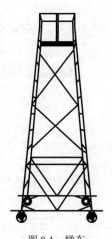

图 8-1　梯车

接触线设计高度 5000mm 及以上,使用的维修梯车作业平台高度是 4000mm,总高度不大于 5000mm。梯车作业平台一般只允许两个人同时作业,上下梯车必须做到手把牢靠,脚踏稳准,梯车推行速度不能超过 5km/h。

二、1500V 直流验电器

1500V 直流验电器专门用于"+"极性高压 1500V 直流电气设备验电,如图 8-2 所示。

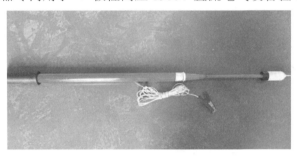

图 8-2　1500V 直流验电器

使用方法:

(1)先按一下验电器指示器的自检按钮,指示器应发出歇式声光指示信号,证明验电器指示器本身完好。

(2)将验电器指示器旋转装于操作杆第一节端部(最上一节顶端),第一节尾部插孔处用接地连线插入并接地。

(3)将操作杆缓缓升起使指示器端部金属触头接触带电体,若有电则指示器发出声光指示信号,反之则无声光信号指示。

(4)验电时应注意接地连线与高压带电体保持足够的安全距离,整个操作过程应符合安全规程的要求。

三、1500V 直流接地线

1500V 直流接地线工具属安全工器具,它是由环氧酚醛玻璃钢管和铝合金加电镀处理的螺纹金属件及软铜线组合而成,如图 8-3 所示。

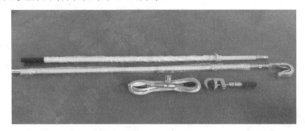

图 8-3　1500V 直流接地线

使用方法：

（1）先将接地夹与 70mm² 软铜线连接起来，并先把接地夹卡在铁轨上，接地挂钩与 70mm² 软铜线连接牢固。

（2）再挂在接触网上，完成接地。

作业完毕后先拆除接地挂钩，再拆除接地夹。

重点注意事项：1500 直流验电器和 1500V 直流接地线在作业中是配合使用的，重点注意，必须先验电，再接地。

四、手扳葫芦

手扳葫芦是一款使用简单、携带方便的手动起重工具，如图 8-4 所示。手扳葫芦可以进行提升、牵引、下降、校准等作业。起重量一般不超过 5t。其广泛应用于造船、电力、运输、建筑、矿山、邮电等行业的设备安装，物品起吊、机件牵拉等。尤其在狭小的工作场所、野外、高空作业和各种不同角度的牵拉更具有独特的优越性。在接触网检修作业中主要用于下锚补偿绳更换，a、b 值调整，卡绝缘，更换分段等，在断线事故抢修中用于拉紧两头导线，以便安装接头线夹。一般常用规格 3 种，分别为 3t、1.5t、0.75t，根据所提重物的质量或线索的张力选用。

图 8-4　手扳葫芦

五、滑车组（滑轮组）

起重滑车是一种重要的吊装工具（图 8-5），其结构简单，使用方便，能够多次改变滑车与滑车组牵引钢索的方向和起吊或移动运转物体，特别是由滑车联合组成的滑车组，配合人力或卷扬机等起重机械，广泛应用在建筑安装作业中。既可以省力也可以改变用力方向。滑车组的省力多少由绳子股数决定。接触网作业中，起重滑车组一般用于下锚紧线，也常用于接触网断线事故抢修中，当两断线头相距较远，手扳葫芦已无法满足将两断头拉紧的需求时,须采用滑车组紧线。

图 8-5 滑车、滑车组

滑车组绕线方式如图 8-6 所示。

六、紧线器

紧线器(图 8-7)适用于在接触网检修或施工中,配合滑轮组或手扳葫芦等工具使用,完成接触线的加载或卸载作业。主要性能:许用负荷:X-Ⅰ型:15kN,适用线型 50～150mm^2 的铜合金接触线、铜绞线、铝绞线、钢绞线;X-Ⅱ型:10kN,适用线型:16～70mm^2 的铜绞线、铝绞线、钢绞线。

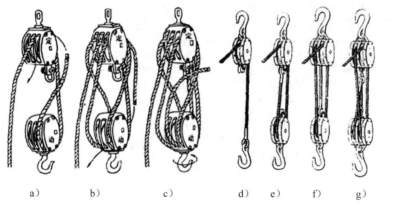

图 8-6 滑车组绕线方式示意图

图 8-7 蛙式紧线器

七、钢丝套、拉力带

接触网使用钢丝套(图 8-8)或拉力带(图 8-9)主要是用于接触网检修中配合手扳葫芦对受力部件的牵引作用。由于钢丝套易对支柱等接触设备表面造成刮伤,一般采用拉力带替代钢丝套。接触网专业所使用的拉力带有两种型号:一种破坏荷载 2t,即最大可承受张力为 20kN,一种破坏荷载 3t,即最大可承受张力为 30kN。

图 8-8 钢丝套

图 8-9 拉力带

八、断线钳

断线钳（图 8-10）用于剪断钢绞线、钢芯铝绞线、铝绞线、接触线、承力索等金属线材，常用规格为 900mm。

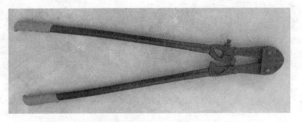

图 8-10 900mm 断线钳

九、液压钳

液压钳（图 8-11）是用于接触网工程中对电缆和接线端子进行压接的专业液压工具。有整体式、分体式、电动式、手动式等。

a）电动式　　　　b）手动式

图 8-11 液压钳

十、接触线扭面器

接触线扭面器(图 8-12)用于接触线线面调整。

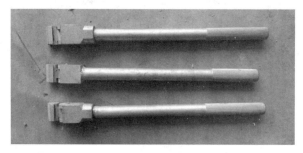

图 8-12　接触线扭面器

十一、接触线整弯器

接触线整弯器(图 8-13)用于接触线的校直,校直接触线范围:$85mm^2$、$100mm^2$、$110mm^2$、$120mm^2$、$150mm^2$。一般分为五轮整弯器和三轮整弯器两种型号。整弯器轮子分为钢轮和铜轮两种,钢轮用于钢铝接触线,铜轮用于铜合金接触线。

a)五轮　　　　　　　　b)三轮

图 8-13　整弯器

十二、煨弯器

煨弯器(图 8-14)主要用于接地钢筋及硬绞线的窝圈。

图 8-14　煨弯器

十三、其他常用工具

克丝钳（200 mm）：用于剪断直径在 44 mm 以下的铁线及绑扎带等，如图 8-15 所示。

活扳手（250 mm）：紧固 M18 以下的螺母，如图 8-16 所示。

图 8-15　克丝钳

图 8-16　活口扳手

快速扳手组合：配有各种型号的套筒，用来快速的拧动各种螺母，如图 8-17 所示。

两用扳手套装：是设备安装、装置及设备检修、维修工作中的必需工具。主要型号有：6～34mm，如图 8-18 所示。

图 8-17　快速扳手组合

图 8-18　两用扳手套装

梅花扳手套装：梅花扳手为两端具有六角孔或十二角孔的工作端，适用于工作空间狭小，不能使用稍大扳手的场合。主要型号有：10mm～24mm，如图 8-19 所示。

内六角扳手组合：内六角扳手，用来驱动具有内部六角头部的螺栓和螺钉的工具，如图 8-20 所示。

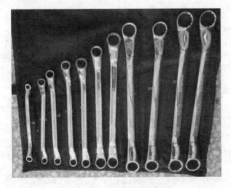

图 8-19　梅花扳手套装

图 8-20　内六角扳手组合

钢锯：要用于钢、铁、铜、铝等中硬以下金属材料窄而深的槽加工或切断。也可用于非金属的铣削加工,如图8-21所示。

手锤:主要用来锤打钢、铁等金属制品的工具。如图8-22所示。

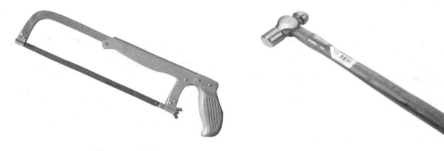

图8-21　钢锯　　　　　　　　　　图8-22　手锤

橡胶锤:主要用来锤打铜等硬度较低的金属制品的专用工具,如图8-23所示。

脚扣:套在鞋上爬电力杆子用的一种弧形铁制工具,如图8-24所示。

 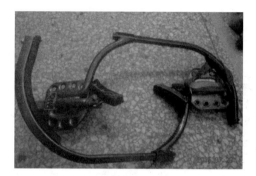

图8-23　橡胶锤　　　　　　　　　图8-24　脚扣

第二节　常用仪器、仪表

本节主要介绍接触网从业人员必须熟练掌握的仪器、仪表。如测量接触网导高、拉出值等几何参数的DJJ-8激光测量仪,接地电阻测试仪及磨耗测量仪、万用表等。

一、DJJ-8激光测量仪

DJJ-8激光接触网检测仪是最新研制的智能型接触网检测管理系统,该系统由数据采集、数据分析、数据网络传输三部分构成,数据采集部分采用激光无合作目标测距技术和光栅测角技术、传感信息融合技术、视频成像技术等,如图8-25所示。基于B/S架构的网络化数据分析软件可搭建接触网参数数字化管理平台。

图 8-25 DJJ-8 接触网激光测量仪

1. 功能特点

（1）激光视频同轴发明专利（ZL 2005 10045433.X）、主机数据存储、中文操作、高精度测量、专用软件数据分析、Excel 打印。

（2）可实现跨距测量和道外目标的自由测量。

（3）仪器经过防水处理，雨天可照常使用。

（4）信息化：配套专业应用软件，轻松建立网络，实现接触网参数信息化管理。

2. 主要技术参数

接触网激光测量仪主要技术参数见表 8-1。

红线高程数值最大显示值为 999.9mm。

红线比基准轨高记为正，低记为负。

3. 使用方法

（1）红线高程

侧面限界测量正常测量状态下瞄准支柱上的红线（没标注红线时瞄准目测近似点即可）。按下"红线"键，即可显示结果（示例如下）：

红线高程 +005.0mm，侧面限界 2758.0mm。

注意：可以打开长光方便瞄准。

（2）500mm 处高差测量

将仪器按"仪器放置标准"放置于"500mm 处"下方的任意一对钢轨上。按下"500mm"键①，进入 500mm 处测量模式。仪器提示"请测量第一点"，瞄准第一条接触线后按下"测量"键②。仪器提示"请测量第二点"，瞄准第二条接触线，按下"测量"键③，请不要按"确认"。按下"长光"键④，将测量架向前或向后挪动（挪动距离不小于 500mm），重复第②、③

接触网激光测量仪主要技术参数　　　　　　表 8-1

	导高		范围:3000～15000mm。精度:±2mm
	拉出值		范围:±3000mm。精度:±4mm
	轨距		范围:1410～1470mm。精度:±0.2mm
	超高		范围:±200mm。精度:±0.5mm
	红线		精度:±2mm
	侧面限界		精度:±2mm
	线岔中心		精度:±4mm
	500处高差		精度:±2mm
	定位器坡度		1:n（n精确到0.1）
	非支		精度:±3mm
	锚段关节		精度:±3mm
	承力索与接触线高差		精度:±3mm
	自由测量		水平精度:±4mm。垂直精度:±3mm
	跨距测量		范围:70000mm。精度:±5mm
岔心侧	导高1		范围:3000～15000mm。精度:±2mm
	拉出值1		范围:±3000mm。精度:±4mm
	导高2		范围:3000～15000mm。精度:±2mm
	拉出值2		范围:±3000mm。精度:±4mm
	高差		精度:±4mm
定位点	导高1		范围:3000～15000mm。精度:±2mm
	拉出值1		范围:±3000mm。精度:±4mm
	定位器坡度		1:1
	导高2		范围:3000～15000mm。精度:±2mm
	拉出值2		范围:±3000mm。精度:±4mm
	定位器坡度		2:1
非岔心侧	导高1		范围:3000～15000mm。精度:±2mm
	拉出值1		范围:±3000mm。精度:±4mm
	导高2		范围:3000～15000mm。精度:±2mm
	拉出值2		范围:±3000mm。精度:±4mm
	高差		精度:±4mm
	电池容量		7000mAH
	质量		主机:2.8kg。测量架:3.9kg

步骤。按下"确认"后仪器自动换算出"500mm 处"高差结果。

(3)承力索、接触线高差测量

正常测量状态下按下键盘上"承力索"键。仪器提示"请测量第一点",瞄准承力索后按下"测量"键。仪器提示"请测量第二点",瞄准接触线,按下"测量"键。按下"确认"键,即可显示结果(示例如下):

承力索高差:高度 1,9000.0mm;高度 2,6000.0mm;高差,3000.0mm。

注意:如遇承力索与接触线图像重合,可将测量架左右对调。

按下"确认"键后,高差数据才会被刷新至当前数值。

(4)非支测量

正常测量状态下按下键盘上"非支"键;仪器提示"请先测量工作支",瞄准工作支后,按下"测量"键;仪器提示"请测量非支",瞄准非支后,按下"测量"键;按下"确认"键即可显示结果(示例如下):

非支抬高:-0010.0mm。

非支偏离:0030.0mm。

工支导高:60000.0mm。

工支拉出:-0300.0mm。

(5)自由测量

在正常测量模式按下"自由测"键即可显示结果(示例如下):

距离测量:水平距,31786.6mm。

垂直距:28897.3mm。

注意:自由测量模式是以水平面为基准(而非钢轨面),测量目标点的水平距离和垂直距离(而非导高和拉出值)。

在此测量模式下,待测点必须高出主机头激光发射点,否则可能出错。

(6)定位器坡度测量

正常测量状态下,按下"定位器"键。仪器提示"请测量第一点",瞄准定位器的近端即线夹点位置,按下"测量"键。仪器提示"请测量第二点",瞄准定位器的远端即定位环位置,按下"测量"键。按"确认"键,即可显示结果(示例如下):

定位器坡度:1∶10.0。

高差:0300.0mm。

(7)线岔中心测量

将仪器按"仪器放置标准"放置在其中任意一对钢轨上;瞄准岔心后,按下"岔心"键,仪器提示"请输入内轨距";根据测量架上的内轨距刻度尺,正确输入内轨距,按"确认"键;按"测量"键,即可显示结果。示例如下:

线岔中心导高:6225.0mm。

偏离值:+010.0mm。

内轨距:0780.0mm。

注意:测量架固定测脚端应卡在左侧内轨内沿,以保证内轨距刻度尺能正确读出内轨距。读取内轨距时应在钢轨内沿正上方读数避免视差。

(8)支柱跨距测量

将仪器放置在两支柱中间位置(可以不用测量架),确保仪器在两支柱的连线上,即仪器发出的激光分别向左向右都能打在支柱上;正常测量状态下,按下"跨距"键。仪器提示"请测量第一个支柱",瞄准第一个支柱后按"测量"键。仪器提示"请测量第二个支柱",旋转主机瞄准第二个支柱后按"测量"键。按"确认"键,即可显示结果(示例如下):

支柱跨距:045.326m。

(9)支柱垂直度测量

按下"菜单"键,再按下"岔心"键,进入支柱垂直度测量模式;仪器提示"请测量第一点",瞄准支柱的高端按下"测量"键;仪器提示"请测量第二点",瞄准支柱的低端按下"测量"键;按"确认",即可显示结果。示例如下:

支柱垂直度:0.39%。

二、接地电阻测试仪

接地电阻是指埋入地下的接地体电阻和土壤散流电阻,通常采用ZC型接地电阻测试仪(或称接地电阻摇表)进行测量。

ZC-8型接地电阻测试仪如图8-26所示,其外形与普通绝缘摇表类似,按习惯称为接地电阻摇表。ZC型摇表的外形结构随型号的不同稍有变化,但使用方法基本相同。测量仪还随表附带接地探测棒2支、导线3根。

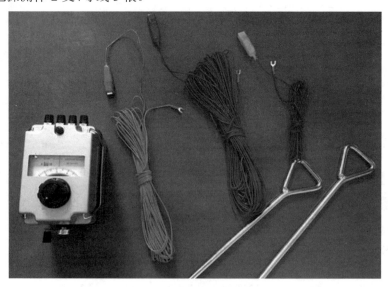

图8-26 接地电阻测试仪

(一)接地电阻测试要求

(1)交流工作接地:接地电阻不应大于4Ω。
(2)安全工作接地:接地电阻不应大于4Ω。
(3)直流工作接地:接地电阻应按计算机系统具体要求确定。
(4)防雷保护接地:接地电阻不应大于10Ω。
(5)对于屏蔽系统如果采用联合接地时,接地电阻不应大于1Ω。

(二)接地电阻测试仪

ZC-8型接地电阻测试仪适用于测量各种电力系统、电气设备、避雷针等接地装置的电阻值。亦可测量低电阻导体的电阻值和土壤电阻率。本仪表工作由手摇发电机、电流互感器、滑线电阻及检流计等组成,全部机构装在塑料壳内,外有皮壳便于携带。附件有辅助探地棒、导线等,装于附件袋内。其工作原理采用基准电压比较式。

(三)测试仪附件

(1)辅助接地棒2根。
(2)5m、20m、40m导线各1根。

(四)使用与操作

1. 测量接地电阻值

接线方式:规定仪表上的E端钮接5m导线,P端钮接20m线,C端钮接40m线,导线的另一端分别接被测物接地极E′、电位探棒P′和电流探棒C′,且E′、P′、C′应保持直线,其间距为20m。

(1)测量大于等于1Ω接地电阻时接线如图8-27所示,将仪表上2个E端钮接在一起。
(2)测量小于1Ω接地电阻时接线如图8-28所示,将仪表上2个E端钮导线分别连接到被测接地体上,以消除测量时连接导线电阻对测量结果引入的附加误差。

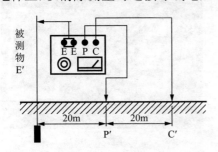
图8-27 测量大于1Ω接地电阻时接线图

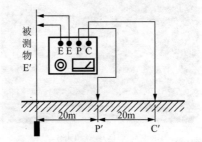
图8-28 测量小于1Ω接地电阻时接线图

2. 操作步骤

(1)仪表端所有接线应正确无误。

(2)仪表连线与接地极 E′、电位探棒 P′和电流探棒 C′应牢固接触。

(3)仪表放置水平后,调整检流计的机械零位,归零。

(4)将"倍率开关"置于最大倍率,逐渐加快摇柄转速,使其达到 150r/min。当检流计指针向某一方向偏转时,旋动刻度盘,使检流计指针恢复到"0"点。此时刻度盘上读数乘上倍率挡即为被测电阻值。

(5)如果刻度盘读数小于 1 时,检流计指针仍未取得平衡,可将倍率开关置于小一挡的倍率,直至调节到完全平衡为止。

(6)如果发现仪表检流计指针有抖动现象,可变化摇柄转速,以消除抖动现象。

(五)注意事项

(1)禁止在有雷电或被测物带电时进行测量。

(2)仪表携带、使用时须小心轻放,避免剧烈振动。

(3)为了保证所测接地电阻值的可靠,应改变方位重新进行复测。取几次测得值的平均值作为接地体的接地电阻。

三、磨耗测量仪

接触网导线磨耗测量系统是由高精度的传感器测量头承担数据(磨耗后接触线残存高度)采集任务,测量头通过高压绝缘杆接触各测点,运用 zigbee 技术数据无线传输,地面专用接收装置同步显示数据并进行专业分析,同时可利用 SD 卡或掌上电脑进行数据保存,该仪器由专用软件对接触线磨耗面积数据进行统计分析,可通过计算机进行数据交换并可打印出规定表格。

接触线磨耗测量仪如图 6-29 所示,左边为刚性接触网用,右边为柔性接触网用。图中均未显示绝缘操作杆(绝缘操作杆与测量头连接)。

a)刚性接触网用

b)柔性接触网用

图 8-29 接触线磨耗测量仪

仪器特点:

(1)采用激光、计算机、高精度位移传感器、蓝牙数据通信等先进技术,可直观、方便、快捷的自动完成磨耗测量。

（2）直接用数字显示支柱号、截面残存高度及磨耗百分比。

（3）可利用行车间隔，进行高压不停电导线磨耗检测，不占用天窗。既安全可靠，又可降低工人劳动强度，减少人为的测量误差，提高作业效率。

（4）可寻找偏磨位置，并自动显示被测导线的最小截面高度。

（5）体积小、质量轻、使用方便。

（6）不受阳光的影响，可昼夜使用。

（7）具有数据储存功能，可以将现场检测的数据传送到计算机中进行储存、曲线分析以及报表打印等工作。

四、数字万用表

数字万用表（图8-30）是一种多用途电子测量仪器，一般包含安培计、电压表、欧姆计等功能，有时也称为万用计、多用计、多用电表，或三用电表。数字万用表（DMM）就是在电气测量中要用到的电子仪器。它可以有很多特殊功能，但主要功能就是对电压、电阻和电流进行测量。在接触网检修中主要用于对隔离开关机构箱二次回路的故障检修。

图8-30　数字万用表

数字万用表使用方法：首先要了解一些基础，比如 power 为电源开关；HOLD 为锁屏按键；B/L 一般为背光灯。其次要了解，转换开关 V- 或 DCV 为直流电压挡；V～或 ACV 为交流电压挡；A- 或 DCA 为直流电流挡；A～或 ACA 为交流电流挡；Ω 为电阻挡；二极管符号为二极管挡，也称蜂鸣挡；F 表示电容挡；H 表示电感挡；hfe 表示三极管电流放大系数测试挡。一般数字表会有四个插孔，分别是：VΩ 孔，COM 孔，mA 孔，10A 孔或 20A 孔。

（一）直流电压测量

1. 测量方法

（1）将黑表笔插入 COM 插孔，红表笔插入 V/Ω 插孔。

(2)将功能开关置于直流电压挡 V- 量程范围,并将测试表笔连接到待测电源(测开路电压)或负载上(测负载电压降),红表笔所接端的极性将同时显示于显示器上。

2. 注意事项

(1)如果不知被测电压范围时,将功能开关置于最大量程并逐渐下降。

(2)如果显示器只显示"1",表示过量程,功能开关应置于更高量程。

(3)"1000V"表示测量 1000V 以内的电压。因为显示高于 1000V 的电压是可能的,但有损坏仪表内部线路的危险。

(4)当测量高电压时,要格外注意避免触电。

(二)交流电压测量

1. 测量方法

(1)将黑表笔插入 COM 插孔,红表笔插入 V/Ω 插孔。

(2)将功能开关置于交流电压挡 V ~ 量程范围,并将测试笔连接到待测电源或负载上。测试连接同直流电压测量。测量交流电压时,没有极性显示。

2. 注意事项

(1)同直流电压测量注意事项(1)(2)(4)。

(2)不要输入高于该挡位的电压。因为显示更高的电压值是可能的,但有损坏内部线路的危险。

(三)直流电流测量

1. 测量方法

(1)将黑表笔插入 COM 插孔,当测量最大值为 200mA 的电流时,红表笔插入 mA 插孔,当测量最大值为 20A 的电流时,红表笔插入 20A 插孔。

(2)将功能开关置于直流电流挡 A- 量程,并将测试表笔串联接入到待测负载上,电流值显示的同时,将显示红表笔的极性。

2. 注意事项

(1)如果使用前不知道被测电流范围,将功能开关置于最大量程并逐渐下降。

(2)如果显示器只显示"1",表示过量程,功能开关应置于更高量程。

(3)表示最大输入电流为 200mA,过量的电流将烧坏熔断丝,应更换更大的挡位。20A 量程无熔断丝保护,测量时间不能超过 15s。

(四)交流电流的测量

1. 测量方法

(1)将黑表笔插入 COM 插孔,当测量最大值为 200mA 的电流时,红表笔插入 mA 插孔;当测量最大值为 20A 的电流时,红表笔插入 20A 插孔。

(2)将功能开关置于交流电流挡 A~量程,并将测试表笔串联接入到待测电路中。

2. 注意事项

参看直流电流测量注意事项(1)(2)(3)。

(五)电阻测量

1. 测量方法

(1)将黑表笔插入 COM 插孔,红表笔插入 V/Ω 插孔。
(2)将功能开关置于 Ω 量程,将测试表笔连接到待测电阻上。

2. 注意事项

(1)如果被测电阻值超出所选择量程的最大值,将显示过量程"1",应选择更高的量程,对于大于 1MΩ 或更高的电阻,要几秒钟后读数才能稳定,这是正常的。
(2)当没有连接好时,例如开路情况,仪表显示为"1"。
(3)当检查被测线路的阻抗时,要保证移开被测线路中的所有电源,所有电容放电。被测线路中,如有电源和储能元件,会影响线路阻抗测试正确性。
(4)万用表的 200MΩ 挡位,短路时有 10 个字,测量一个电阻时,应从测量读数中减去这 10 个字。如测一个电阻时,显示为 101.0,应从 101.0 中减去 10 个字。被测元件的实际阻值为 100.0 即 100MΩ。

(六)电容测量

连接待测电容之前,注意每次转换量程时,复零需要时间,有漂移读数存在不会影响测量精度。

1. 测量方法

(1)将功能开关置于电容量程 C(F)。
(2)将电容器插入电容测试座中。

2. 注意事项

(1)仪器本身已对电容挡设置了保护,故在电容测试过程中不用考虑极性及电容充放电等情况。
(2)测量电容时,将电容插入专用的电容测量座中(不要插入表笔插孔 COM、V/Ω)。
(3)测量大电容时稳定读数需要一定的时间。
(4)电容的单位换算:$1\mu F=10^6 pF$;$1\mu F=10^3 nF$。

(七)二极管测试及蜂鸣器的连接性测试

测试方法:

(1)将黑表笔插入 COM 插孔、红表笔插入 V/Ω 插孔(红表笔极性为"+"),将功能开关置于二极管挡,并将表笔连接到待测二极管,读数为二极管正向压降的近似值。

(2)将表笔连接到待测线路的两端,如果两端之间电阻值低于约 70Ω,内置蜂鸣器发声。

(八)自动电源切断使用说明

(1)仪表设有自动电源切断电路,当仪表工作时间达 0.5～1h 时,电源自动切断,仪表进入睡眠状态,这时仪表约消耗 7μA 的电流。

(2)当仪表电源切断后,若要重新开起电源请重复按动电源开关两次。

(九)仪表保养

该数字多用表是一台精密电子仪器,不要随意更换线路,并注意以下几点:

(1)不要连接高于 1000V 直流电压或高于 700V 交流有效值电压。

(2)不要在功能开关处于 Ω 位置时,将电压源接入。

(3)在电池没有装好或后盖没有上紧时,请不要使用此表。

(4)只有在测试表笔移开并切断电源以后,才能更换电池或熔断丝。

五、兆欧表

兆欧表又称摇表或高阻计,主要用于测定高、低压电气线路的绝缘电阻。兆欧表测量对象是阻值在 1MΩ 以上的高电阻,因此电源采用能产生数百伏到数千伏电压的手摇发电机。不同的兆欧表有不同的电压分级,电压越高,所能测量的绝缘电阻就越高。接触网的绝缘测试采用 2500V 兆欧表,如图 8-31 所示。

图 8-31 兆欧表

在兆欧表三个接线柱中,线路接线柱(L)接与大地绝缘的被测导体,接地线柱(E)与被测物的外壳或其他部分连接,保护环接线柱(G)与被测物上保护遮蔽环或其他不需测量的部分相接。一般测量时只用 L、E 两个接线柱。

在使用兆欧表前应对摇表进行检查。首先检查仪表外观有无损坏,并检查"∞"位置。方法是将兆欧表放在水平工作位置,当测量端钮 L、E 开路时,以额定转速 120r/min 摇动发电机(具有"∞"调节装置的摇表,应同时调节"∞"调节器),其指针应指向表面刻度"∞"处;

同时检查发电机转动时是否轻松灵活,有无卡滞现象,声音是否正常,指针有无卡滞现象。检查摇表"0"点位置的方法是将 L、E 端钮短路,以额定转速摇动发电机,指针应指向"0"点。

六、水平尺

水平尺(图 8-32)是用来测量被测物表面是否水平或垂直,也可以用来测量两被测物是否等高,是否相交 45°等。在接触网检修作业中,主要用于测量分段绝缘器是否调平,线岔始触区两支接触线是否等高,关节两支接触线是否等高,平腕臂是否低头等。

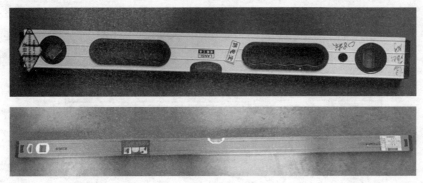

图 8-32　水平尺

在使用水平尺之前,我们首先要检查它的可用性,看看水平尺表面是否有裂纹、气孔等缺陷,水准器中的液体是否清洁透明等。在确定水平尺完好可用后,我们就要对它进行校准。校准水平尺的方法十分简单:将水平尺放平靠在墙上,沿着尺的边缘在墙上画一条线,再把水平尺左右两头互换,放到原来画好的线上,如果尺与线重合了,水平尺的水准管里的水还是平的,则说明水平尺时准确的,反之就需要校正了。

水平尺一般都有三个玻璃管,每个玻璃管中都有一个气泡。将水平尺放在被测量的物体上,水平尺的气泡偏向哪一边,则表示那一边偏高,就需要降低该侧的高度,或调高相反侧的高度;若水泡居于中心,则表示被测物体在该方向是水平的。水平尺中横向的玻璃管是用来测量水平面的,竖向的玻璃管是用来测量垂直面的,另一个则是用来测量 45°角的,3 个水泡都是用来检查测量面是否水平的,水泡居中则水平,反之则不水平。另外,根据两条交叉线确定一个平面的原理,需要同一平面内在两个不平行的位置测量才能确定平面的水平。

水平尺十分容易保管,悬挂在某处或是平放在桌面上、抽屉里都可以,而不会因长期平放影响其直线度和平行度。铝镁轻型的水平尺,还有不易生锈的特点。使用期间,水平尺不用涂油,若长期不使用,轻轻地涂上一层薄薄的普通工业油即可。

七、卷尺

卷尺是日常生活中常用的工量具,用来测量较长工件的尺寸或距离。测量时钢卷尺零刻度对准测量起始点,施以适当拉力,直接读取测量终止点所对应的尺上刻度。注意严禁卷尺搭接两钢轨或短接钢轨绝缘结,以免造成红光带。

八、游标卡尺

游标卡尺主要用于测量接触线的磨耗,普通游标卡尺如图8-33所示。游标卡尺的精度一般为0.02 mm、0.05mm和0.1mm三种。它利用尺身和游标互相配合进行读数。尺身上均匀刻有刻度线,每格(尺身刻度值)为1mm;游标上也均匀地刻了刻度线,游标每格的刻度值根据游标卡尺的精度不同而不同。

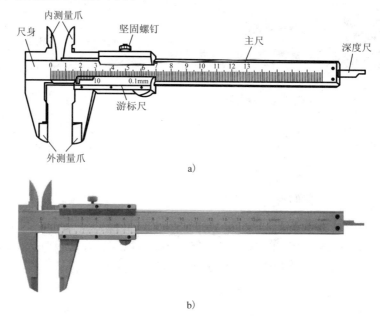

图8-33 游标卡尺

读数时先读整数,即游标上"0"刻度线左边尺身上的毫米整数;再读小数,即读出游标上哪一条刻度线与尺身上的刻度线对齐,这条刻度线的数值乘以片尺的精度就是读数的小数部分;最后将读出的整数和小数相加就是卡尺测量的实际尺寸,如图8-34所示。

九、塞尺

塞尺的结构如图8-35a)所示,尺片长100mm,宽10mm,厚度为0.02～1mm。塞尺主要用来检查隔离开关触头接触是否密贴。测量时,如果隔离开关主刀开关是线性接触的,用0.05mm×10mm的塞尺片顺线往夹缝里塞,塞不进去为合格。对于主刀开关是面接触的,在接触表面宽度为50mm及以下时,塞尺头部伸入不应超过4mm;在接触面宽度为60mm及以上时,不应超过6mm,如图8-35b)所示。

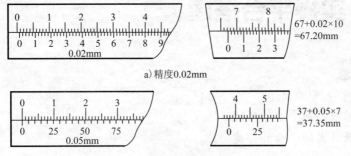

a) 精度0.02mm

b) 精度0.05mm

图 8-34 游标卡尺的读法

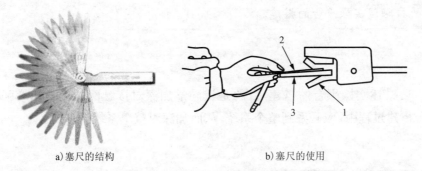

a) 塞尺的结构　　　　　　b) 塞尺的使用

图 8-35 塞尺的使用

1- 开关刀闸静触头；2- 塞尺尺片；3- 开关刀闸动触头

第九章　实操平台搭建

> **岗位应知应会**
>
> 1. 熟悉柔性接触网实操平台的搭建。
> 2. 熟悉刚性接触网实操平台的搭建。
>
> **重难点**
>
> 重点：柔性、刚性接触网实操平台的搭建。
> 难点：柔性接触网实操平台的搭建。

本章主要讲述实操平台的搭建，目的是让同学加深对接触网的认识和增强动手能力。在实操平台搭建过程中，应联系到整个系统，从而加深对整个系统的理解。

第一节　柔性接触网实操平台搭建

一、简单悬挂直线中间柱正定位组装

（一）组装图

简单悬挂直线中间柱正定位组装如图 9-1 所示。

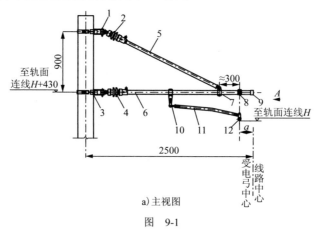

a) 主视图

图 9-1

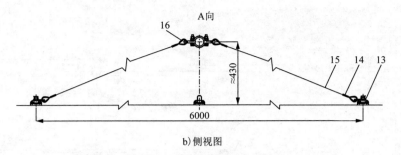

b) 侧视图

图 9-1 简单悬挂直线中间柱正定位组装图（尺寸单位：mm）

注：件号 1～16 为组装料，详见表 9-1。

（二）材料

简单悬挂中间柱正定位组装所用材料如表 9-1 所示。

简单悬挂直线中间柱正定位组装材料表　　　　表 9-1

序　号	名　称	数　量	序　号	名　称	数　量
1	腕臂上底座	1	9	Z 型管帽	1
2	JB 型棒式绝缘子	1	10	ZG60 型长定位环	1
3	腕臂上底座	1	11	水平式定位器	1
4	JA 型棒式绝缘子	1	12	定位线夹	1
5	异径斜撑	1	13	吊索线夹	2
6	平腕臂	1	14	钳压管	4
7	ZG60 型套管双耳	1	15	吊索	2
8	定位双环	1	16	35 型心形环	4

（三）步骤

（1）挑选正确型号的材料。

（2）连接图 9-1a)中的件 3、4、6，并将件 10、7、8、9 装在 6 上。

（3）连接图 9-1a)中的件 1、2、5、7。

（4）连接图 9-1a)中的件 10、11、12。

（5）连接图 9-1b)中的相应零部件。

（6）调整各零部件位置，并紧固螺母。

二、链形悬挂直线中间柱反定位组装

（一）组装图

链形悬挂直线中间柱反定位组装如图 9-2 所示。

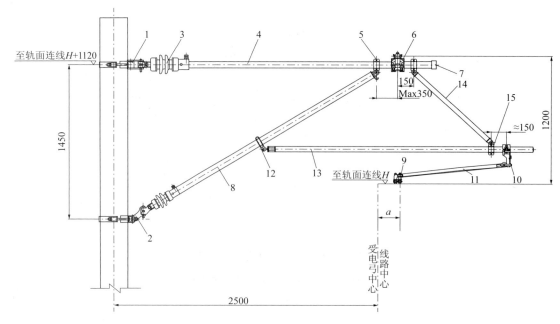

图 9-2 链形悬挂直线中间柱反定位组装图（尺寸单位：mm）

注：件号 1～15 为组装材料，详见表 9-2。

（二）材料

链形悬挂中间柱反定位组装所用材料如表 9-2 所示。

链形悬挂直线中间柱反定位组装材料表   表 9-2

序 号	名 称	数 量	序 号	名 称	数 量
1	腕臂上底座	1	9	定位线夹	1
2	腕臂下底座	1	10	长定位双环	1
3	JA 型棒式绝缘子	1	11	垂直式定位器	1
4	平腕臂	1	12	ZG60 型定位环	1
5	ZG60 型套管双耳	1	13	48 型定位管	2
6	双线支撑线夹	1	14	定位管支撑	4
7	2 型管帽	1	15	ZG48 型套管双耳	2
8	斜腕臂	1			

（三）步骤

（1）挑选正确型号的材料。

（2）连接图 9-2 中的件 1、3、4，并将件 5、6、7 装在件 4 上。

（3）连接图 9-2 中的件 2、3、8、12、5。

（4）连接图 9-2 中的件 12、13、5、10。

(5)连接图 9-2 中的件 14 和件 15,并连接件 10 和件 11。

(6)调整各零部件位置,并紧固螺母。

第二节　刚性接触网实操平台搭建

一、圆形隧道低净空直线区段悬挂组装

(一)组装图

圆形隧道低净空直线区段悬挂组装如图 9-3 所示。

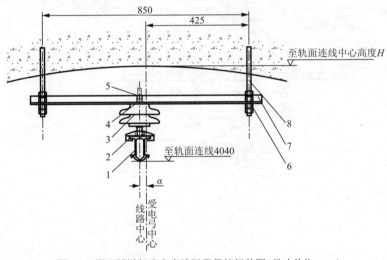

图 9-3　圆形隧道低净空直线区段悬挂组装图(尺寸单位:mm)

注:件号 1～8 为组装材料详见表 9-3。

(二)材料

圆形隧道低净空直线区段悬挂组装所用材料如表 9-3 所示。

圆形隧道低净空直线区段悬挂组装材料表　　表 9-3

序号	名称	数量	序号	名称	数量
1	汇流排	1	5	螺母 M16	2
2	B 型汇流排定位线夹	1	6	平垫片 20	4
3	刚性悬挂用针式绝缘子	1	7	A 型单支悬吊角钢	1
4	平垫片 16	2	8	M20 化学锚栓	2

(三)步骤

(1)挑选正确型号的材料。

(2)按照图 9-3 由上往下逐步安装。

(3)各零部件位置,并紧固螺母。

二、矩形隧道高净空直线区段悬挂组装

(一)组装图

矩形隧道高净空直线区段悬挂组装如图 9-4 所示。

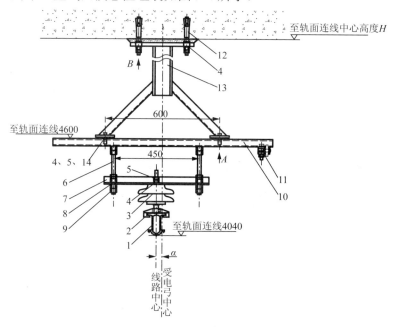

图 9-4　矩形隧道高净空直线区段悬挂组装图(尺寸单位:mm)

注:件号 1～4 为组装材料,详见表 9-4。

(二)材料

矩形隧道高净空直线区段悬挂组装所用材料如表 9-4 所示。

矩形隧道高净空直线区段悬挂组装材料表　　表 9-4

序　号	名　　称	数　量
1	汇流排	1
2	B 型汇流排定位线夹	1
3	刚性悬挂用针式绝缘子	1

续上表

序 号	名 称	数 量
4	平垫片 16	18
5	螺母 M16	10
6	（M20×300）T 形螺栓	2
7	B 型单支悬吊角钢	
8	平垫片 20	6
9	螺母 M20	12
10	A 型悬吊安装底座	
11	地线线夹	
12	M16 后切底锚栓	4
13	吊住	
14	螺栓 M16×80	4

（三）步骤

（1）挑选正确型号的材料。

（2）按照图 9-4 由上往下逐步安装。

（3）调整各零部件位置，并紧固螺母。

第十章　接触网典型故障

> **岗位应知应会**
>
> 1. 了解接触网常见的典型故障。
> 2. 了解接触网典型故障发生的因素。
>
> **重难点**
>
> 重点：接触网常见典型故障都有哪些。
> 难点：接触网典型故障发生的因素。

由于接触网状态好坏直接影响城市轨道交通的正常运营，从而影响到社会生产、人民生活和社会安全，且接触网具有没有备用的特性，一旦发生故障后果难以预估，因此我们有必要对事故发生的原因进行详细反思，以利于在今后的工作中预防各类事故的发生。

第一节　异物故障

一、隧道管片间止水胶条脱落

（一）事件经过

（1）司机发现距接触网右侧约 1m 的隧道顶部有白色袋状物，暂不影响行车。因列车速度较快只能看到白色袋状物。

（2）列车以 ATP（人工驾驶）模式限速通过此处，司机突然听到异响，立即拉停列车，发现列车网压下降，司机立即降弓，做临时停车广播，报行调（行车调度）。

（3）接触网跳闸，重合闸成功，电调安排接触网人员进行处理。

（4）列车紧停降弓，网压为零。

（5）列车司机确认列车无其他故障显示尝试升弓。司机尝试后，又发出"嘭"的一声异响，网压再次下降，列车显示受电弓隔离故障信息。

（6）抢修人员到达现场，发现距离接触网大概30cm处，隧道顶有一嵌缝胶条下垂低于接触线高度，侵入行车限界，有烧伤痕迹。接触线处有一点打火较为严重接触线烧损近1/3、汇流排烧损约1cm宽。接触网抢修人员将异物清理，恢复行车。

（二）事件影响

1. 行车影响

（1）造成最大行车间隔47min。

（2）故障共造成运营列车未完成38列次。

（3）单线双向运行8列次。

2. 对供电设备影响

（1）短路点接触线受损1/3，汇流排烧伤宽约2cm、深约0.5cm（图10-1），后期需进行更换处理。

（2）断路器灭弧栅均有拉弧现象，触头及灭弧栅片均有烧伤。

（三）事件分析

事后调查比对发现，异物（图10-2）为"隧道管片间止水胶条"脱落，是此次事件发生的直接原因。

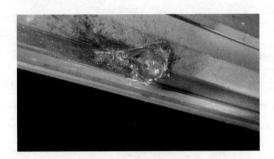
图10-1 接触网受损情况

图10-2 受电弓平台纤维状异物残留

二、易漂浮物引起接触网短路

（一）事件经过

（1）司机反映出站过程中听到车顶有巨响。

（2）牵引所213、214断路器跳闸，相邻牵引所211、212联跳，均重合成功。

（3）接触网人员观察了7趟车运行后报告弓网关系正常。随即安排人员继续驻守观察受电弓及设备运行情况，同时向机电调度做了汇报，并提出检查受电弓，晚间巡检设备计划。

(4)接触网人员登车检查受电弓及车顶发现,在靠近受电弓的排风口处发现顶盖夹住一长约40cm单根拖把棉条(直径约4mm)。

(二)事件影响

一根架空地线、一根馈线在1.5m范围内存在有断续的烧伤痕迹,烧伤部位均为线索的低面或侧面。其他接触网设备(接触导线及承力索等)无异常。

其中地线损伤较严重6处,总烧伤长度1.6m左右。馈线损伤较严重2处,烧伤长度1cm长1处、5mm长1处,均烧伤馈线1～2股(未烧断),麻点多处,总烧伤长度1.5m左右(图10-3、图10-4)。

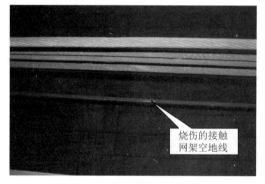

图10-3 架空地线烧伤情况

图10-4 馈线烧伤情况

(三)事件分析

造成接触网跳闸的原因:编织袋、彩条布、塑料袋、潮湿布条等易漂浮物短路接触网馈线及地线造成短路引起(此易漂浮物由于材质或由于潮湿而成为导电体),分析如下:

(1)接触网烧伤位置与客运安全事故报告中发现的接触网出现火花位置相符。

(2)跳闸时短路电流约为6000A,可以排除铁、铜等金属型短路。

(3)从接触网设备断断续续烧伤达1.5m左右来看,应为漂浮物体在活塞风推动下短路烧伤导致。

(4)接触网烧伤位置处于区间活塞风口下,漂浮物易从地面等位置被吸起搭接道接触网馈线及地线之间。

(5)由于活塞风及短路闪络放电烧熔等原因,故障点及附近未发现残留物,结合轨行区的实际情况,分析此易漂浮物可能的来源如下:

①隧道内各类临时包扎物。如现场天井两侧机各有一台主电源箱,为了防水,这两台电源箱均用了塑料布包裹,但其中南侧黑色塑料布已风化脱落大半(图10-5)。

②车辆顶部的清洁遗留物。

③线路及延长线未能完全封堵(封堵墙有1个1m×1m的洞),在活塞风的作用下有可能吸入能引起短路的漂浮物质。

④隧道内有一宽6m、高5m左右的上下行风道,其下行风道上有一较大的新风入口,也是杂物进入隧道的可能通道。

⑤车站等地点与轨行区未封堵牢靠,可能有异物脱落及进入轨行区。

图 10-5　故障点附近残存的漂浮物

三、隧道渗漏水对接触网设备的影响

(一)事件概况

隧道内渗漏水对接触网设备造成以下不利影响:

(1)对接触网设备腐蚀(金属部件及线索等),缩短其使用寿命。

(2)减少接触网设备的空气绝缘距离,严重的会引起接地短路故障,烧损接触网设备,中断供电。

(二)处理原则

由于隧道内渗漏水是客观存在,不可能完全解决。针对这种情况的处理原则是:

(1)水直接渗漏到接触网带电设备上且漏水成线状,或漏水成线状,距接触网带电体不足150mm的必须马上处理。

(2)其他直接渗漏到接触网带电设备上的应尽快处理。

(三)接触网专业的对策

(1)对渗漏水到接触网设备的按以上原则,及时汇报给生产调度,由其与工建专业协调解决。

(2)对渗漏水的线索可先采用绝缘包扎。

(3)注意对渗漏水造成接触网腐蚀部位的检查。

第二节 设备故障

一、弓网故障（引起塌网）

（一）事件经过

（1）电客车在支柱处与接触网有严重持续打火现象。

（2）接触网人员向维修调度进行了汇报并建议对次电客车进行跟踪。

（3）供电人员通过复示系统，观察到了 A 站牵引所的 211、212，B 站牵引所的 213、214 开关跳闸且自动重合闸成功，而 B 站牵引所的 213、214 开关 2s 后又跳闸，A 站牵引所的 212 送电成功，引起跳闸的原因是大电流脱扣和电流上升率及电流增量保护动作。于是我们初步判断为正线的 A—B 站区间有接触网短路事故发生。

（4）有列电客车的受电弓已钻到接触网上。

（5）开始抢修（过程略）。

（二）事件影响

接触网专业对全线接触网进行全面检查，又发现了 44 处接触网受损。截止到 3 月 25 日，全线共计有 51 处个点的接触网设备受损，直接材料损失约 9000 元（未计接触线损耗）。

（三）事件分析

本次事故主要是由于故障受电弓经过一个多小时的"带病"运行酿成的。从更早的时候，电客车受电弓就已经发生偏离线路中心故障（通常是由于某处松动引起），随着弓网摩擦和车体振动的持续进行，受电弓偏离线路中心"病况"便进一步加剧，在受电弓 120N 或者更大的抬升力作用下，受电弓受流器在偏离线路中心侧就会被越抬越高，久而久之便侵入了接触网边界，于是便发生了撞断接触网的定位器、电连接、吊弦，撞飞了接触网的定位线夹、电连接线夹，最后钻进了下锚非支。

二、弓网故障（汇流排烧伤）

（一）事件经过

（1）发现列车经过时接触网有打火现象。

（2）接触网专业人员发现一趟列车经过时后弓有打火现象。

(3)接触网专业人员根据现场观察情况,申请列车限速 25km/h 运行,运营结束后查找具体打火原因,并回复此处打火现象对行车无影响,确认不需限速。

(4)接触网安排专业人员现场值守,并做好抢修准备。

(二)事件影响

该故障造成接触线轻度磨耗,并对汇流排造成轻微烧伤,0118 车受电弓有点状烧焦现象,未对行车造成影响(图 10-6、图 10-7)。

图 10-6 处理前

图 10-7 处理后

(三)事件分析

经研究分析发现,该故障由以下原因造成:

(1)此处接触网为绝缘锚段关节形式,数据符合标准。但在关节之间存在一定的电压差,当电压差足够大时,就容易发生打火。

(2)当列车受电弓有凹槽或者在此经过有振动时,会造成受电弓与接触网接触不良发生打火。

三、弓网故障(引起跳闸)

(一)事件经过

(1)接维修调度通知,A 站到 B 站上行供电臂跳闸,上行列车紧急制动,重合闸成功,接触网专业马上抢修出动。

(2)进入轨行区,确认来电方向都挂好了接地线,经实地察看,拉弧烧伤痕迹明显,用激光测量仪测量整个非绝缘锚段关节,导高拉出值没有异常,经技术组现场查看分析后,可能是非工作支导高偏小和汇流排偏离受电弓中心过多的原因。

(3)高空作业进行整改。

(4)整改完毕,确认好导高拉出值没问题后开始出清、销点成功。为了防止出现新情况,接触网专业工程师和当班人员留下查看第一辆车通过情况,确认不再拉弧后恢复正常行车。

(二)事件分析

(1)施工人员在处理锚段关节非支抬高时对弓网关系认识不足,在汇流排终端折弯处与工作支等高。

(2)设计人员拉出值布置存在问题(工作支拉出值布置为198mm,非支布置为-2mm),未充分认识到地铁列车弧形受电弓与接触网匹配的重要性。

四、绝缘关节处导线剧烈拉弧

(一)事件经过

(1)接触网人员对接触网巡视检查,发现绝缘锚段关节处接触线有电弧烧伤痕迹,并确认接触网设备无短路。

(2)接触网人员对电客车运行情况进行观察,发现电客车通过绝缘锚段关节处(前述导线烧伤处)受电弓剧烈拉电弧并伴有很大声响,随即向电力调度要求停电进行检查处理。

(二)事件分析

经向电力调度核实,发现接触网关节出现电弧时的供电方式是:单边供电,直流小车212停用(正常情况应双边供电),造成在绝缘关节两供电分区存在电位差,电客车受电弓运行到此处同时接触到两供电分区的导线时,出现强烈电弧现象,并烧伤导线,供电示意如图10-8所示。

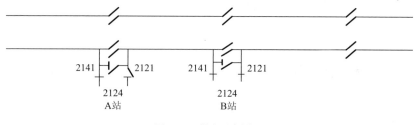

图10-8 供电示意图

五、分段绝缘器U形连接环断裂故障

(一)事件经过

(1)车辆段47号、54号、56号、61号、94号线岔进行检修作业时,发现线岔处分段绝缘器的1个双孔U形连接环断裂,如图10-9所示。

(2)施工负责人立即通知接触网专业人员来查看,接触网专业人员检查后立即更换了此部件,并对车辆段全场分段绝缘器进行排查,对车辆段范围内的 U 形连接环进行抽查,查看有无类似的问题。

(3)接触网专业人员对排查中发现的裂纹部件全部更换,更换后分段绝缘器状态良好。同时,对车辆段 U 形连接环抽查 30 处,未发现 U 形连接环有裂纹现象。

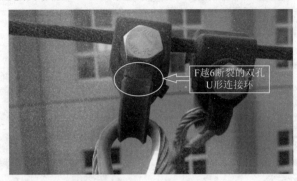

图 10-9　U 形连接环断裂

(二)故障影响

U 形连接环的破损会导致分段绝缘器驰度变大致使接触网导高产生变化,影响弓网接触质量。

(三)事件分析

经研究分析,U 形连接环材质较脆,极易断裂,属于材质不合格问题。

六、分段绝缘器绝缘滑板断裂故障

(一)事件经过

(1)生产调度在部门群里推送车顶掉落零部件照片,要求各专业确认。
(2)接触网人员确认掉落零部件为接触网分段绝缘器绝缘滑板。
(3)接触网专业组织各个值班点进行排查,排查范围为停车场、车辆段、折返线,同时组织其他人员准备抢修工器具前往指定地点待命准备抢修。
(4)确认掉落绝缘滑板所属分段绝缘器。
(5)由于绝缘滑板脱落并未影响正常折返,但存在较大安全隐患,建议电客车运行方式变更为站前折返。

(二)事件影响

分段绝缘器绝缘滑板断裂后,造成受电弓不能平滑过渡该分段绝缘器,影响弓网接触质量,可能产生碰弓现象。电客车运行方式变更为站前渡线折返。

(三)事件分析

(1)从图 10-10 中撞击痕迹可以看出,在绝缘滑板参数正常误差范围内的情况下,受电弓在通过绝缘导滑板的导角时会有一定的不平顺。

(2)从图 10-11 可以看出两次绝缘滑板断裂部位一致。分析可知:绝缘滑板受到受电弓反复撞击时,断裂部位受到的纵向应力叠加超出其材质和结构的强度允许范围。

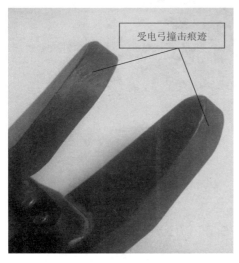

图 10-10 绝缘滑板导角部位图

图 10-11 绝缘滑板断裂情况对比

七、隔离开关销钉断裂故障

(一)事件经过

(1)隔离开关检修时发现隔离开关销钉断裂。

(2)开通至今隔离开关销钉已经累计断裂 5 处,对接触网供电可靠性造成重大安全隐患。接触网负责人组织厂家、专家等进行研讨,考虑到销钉质量问题,决定对全线电动隔离开关销钉进行更换。

(二)事件分析

(1)更换下来的销钉:隔离开关销钉有一定程度的锈蚀,车场露天段销钉锈蚀更为严重,如图 10-12 所示。

(2)经过研究和分析,发现隔离开关销钉韧性不够,即比较脆。由于承受隔离开关多次开合产生的剪切力导致断裂。

图 10-12　露天段销钉锈蚀情况

八、隔离开关支持绝缘子折断

（一）事件经过

（1）接触网人员在对所有电动隔离开关进行检查时,发现 2131 隔离开关的静触头（400mm^2 电缆侧）导流板倾斜,支持绝缘子折断（图 10-13）。由于 2131 隔离开关异常,现场作业人员立即向电调及进行了情况汇报,在征得电调的同意下,接触网专业积极组织人员、材料、机具对 2131 隔离开关的瓷柱绝缘子进行更换。

（2）接触网巡视人员发现 2121 开关支持绝缘子异常（图 10-14）,立即组织人员及抢修工具、材料准备抢修,并密切监控 2121 开关支持绝缘子的状态；次日收车后汇同承包商对异常的支持绝缘子进行了更换（经检查已折断,如图 10-15 所示）。

（二）事件分析

施工安装过程中,由于上网电缆在未调整长度的情况下,在隔离开关上部加抱箍对上网电缆进行整直,造成上网电缆过长,从而加在静触头导流板上的力过大;另对比二次瓷瓶折断的现场,我们发现折断的瓷瓶上均安装的是 400mm² 馈线电缆,且均是静触头的一侧。进一步受力分析可知:电缆对静触头的压力及动触头动作的力不断"剪切"支持绝缘子,经过一定时间的积累,造成了支持绝缘子断裂。

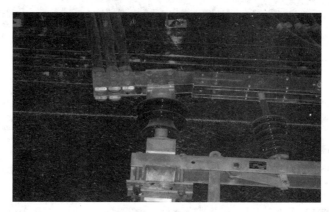

图 10-13　2131 开关

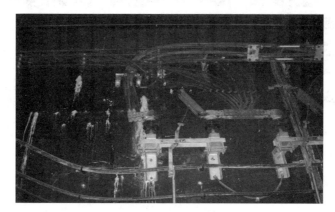

图 10-14　2121 开关

图 10-15　折断的支持绝缘子

九、隔离开关电动操作箱内传动机构壳体爆裂

(一)事件经过

检修完隔离开关后,"当地"进行试合闸过程中操作箱中的传动机构壳体下端爆裂,如图 10-16 所示。

图 10-16 传动机构壳体爆裂

(1)施工负责人联系电调,要求配合进行"远程"电动分、合闸操作;电调反映 2132 隔离开关无信号显示,且不能进行远程操作。

(2)施工负责人发现操作箱内时间继电器显示红灯故障,但时间继电器按要求设定为 6s,时间继电器没有问题。按厂家资料,可以把操作箱内空气开关断开以后,重新闭合,然后重新"当地"操作隔离开关,确认操作箱是否有故障。

(3)接触网人员把旋转开关打到"当地"位置准备重新进行试操作,按下"分闸"按钮,操作箱出现抖动现象,电动隔离开关闸刀正常断开,判断操作箱内的传动机构有少许卡滞。按厂家资料,试操作 5~6 次没有问题后才能判断为无故障。

(4)接触网人员按下"合闸"按钮,电动隔离开关闸刀闭合,但闸刀正常闭合的同时操作箱传动机构壳体下端爆裂。

(5)工班长带备件操作箱到达现场,各抢险人员拆解旧操作箱,更换新操作箱。

(6)备用操作箱内部连接线全部连接完成;对新安装的操作箱进行"当地"电动、手动操作、"远方"试操作过程中都没有出现问题。

(二)事件影响

该故障致使电调无法"远方"控制此隔离开关的"分"、"合"闸动作,现场操作人员无法"当地"手动和电动控制隔离开关"分"、"合"闸动作,导致隔离开关无法对接触网设备正常供电。

(三)事件分析

(1)机构在合闸位置时受力过大(合闸时滚珠丝杠传动力向下,铝壳受到向下的力,丝杠力量集中在铝壳下端部)。

(2)该开关自安装完成后运作次数极少,其不应该出现该故障,应为前期安装调试时不到位,铝壳在合闸位置受力过大所致。

(3)该故障的唯一可能性是施工单位首次安装完成后,由于调试不当,合闸受力过大,已对铝壳造成内部损伤,出现裂纹,但未完全失效。后经过一次调整、一次检查,和仅有的几次操作,使该裂纹扩大,直至断裂。

十、隔离开关电调工作站显示异常

(一)事件经过

(1)电调通知接触网人员:车辆段2121隔离开关分闸时显示"未定义",须立即对郑东车辆段2121隔离开关进行抢修。

(2)抢修人员到达现场后,向电调申请进行当地电动分合闸一次,电调同意后,对车辆段2121隔离开关进行当地分合闸,当地分合闸正常,电力调度工作站还是显示未定义。

(3)用万用表测量S2A辅助接点,均未发现异常,此时电力调度打电话说电调工作站分闸显示正常,随后要求电调远动分合闸一次,电调分合闸后,电调工作站又显示未定义。

(4)再次用万用表对S2A辅助触点进行测量,辅助触点均正常。

(5)用万用表检测到10、11端子时,电调来电说工作站又显示正常,此时电调远动分合闸一次后,电调工作站又显示未定义,根据这两次的现象,初步判定由于某个端子接触不良引起的。

(6)用万用表检测10、11端子时,两个端子是相通的,没有问题。

(7)将10、11线拆下来又重新安装上去,电调工作站还是显示未定义。

(8)将11、10端子短接,在变电所里监控,经过短接10、11端子,变电所显示屏上显示正常,随后变电所人员运动操作2121隔离开关,操作三遍,均显示正常。随即断定故障原因为10、11接线和其对应相连的接线端子接触不良,随即抢修作业组成员将10、11接线更换到其他辅助触点后,电调工作站显示正常。经过电调三次分合闸操作,电调工作站均显示正常,人员工器具出清线路后,抢修结束。

(二)事件分析

2121隔离开关10、11接线端子接触不良,更换辅助触点后,电调工作站分闸信号显示,合闸信号显示均正常,如图10-17所示。

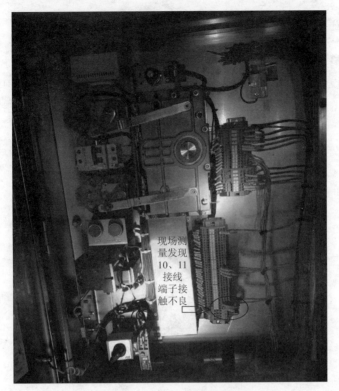

图 10-17 隔离开关端子接触不良

十一、刚性悬挂绝缘子破损引起接触网跳闸

(一)事件经过

A 站 211、B 站 213 断路器跳闸,重合闸成功。

(二)事件分析

(1)直接原因为 A—B 站区间 RC035 定位刚性悬挂绝缘子破损引起接触网跳闸。
(2)隧道漏水引起的电化学腐蚀导致绝缘子内部出现微型裂纹。
(3)拉出值的机械作用或者汇流排与定位线夹卡滞引起绝缘子内部出现微型裂纹。
(4)绝缘子生产过程中内部出现微型裂纹。
(5)以上几种原因叠加在一起最终导致绝缘子破裂。

十二、车辆段断路器跳闸故障

由于鸟窝搭建引起接触网短路。

(一)事件经过

(1)接触网值班人员接到生产调度通知,车辆段212断路器跳闸,并重合闸成功,需前往现场查看接触网设备是否正常。随后巡视时发现2122隔离开关底座有鸟窝,绝缘子发黑,初步断定是该处鸟窝引起的短路跳闸(图10-18)。接触网专业人员立刻准备抢修材料及工器具、备件。

图10-18 鸟搭窝引起开关跳闸

(2)验电接地后,确认2122隔离开关在合闸位置,高空作业人员登高查看,发现该处确实有放电痕迹,绝缘子发黑。

(3)作业人员立即进行抢修,更换2122隔离开关拉杆绝缘子,经过摇测两个新的拉杆绝缘子绝缘电阻均为1000MΩ。对2122主刀闸的烧伤痕迹进行打磨处理,测量隔离开关底座绝缘子,绝缘电阻为500MΩ。

(4)在清除鸟窝时,发现鸟窝里面有很多铁丝和树枝,铁丝发黑,有放电痕迹,现场人员对铁丝进行了测量发现最长的铁丝有50mm长,在鸟搭窝过程中很容易造成隔离开关对支柱的短路。

(二)事件影响

车辆段212断路器跳闸,重合闸成功,1D2供电分区瞬时断电。

(三)事件分析

经过接触网专业人员调查和分析,一致认为鸟在搭窝过程中叼着较长的铁丝,铁丝就是一个良好的导体,当鸟在叼着铁丝搭窝过程中,铁丝将隔离开关刀闸与底座相短路,造成绝缘击穿,隔离开关绝缘子闪络放电,将隔离开关刀闸、绝缘子、鸟窝中的铁丝烧黑。因为伴有响声和烟,鸟被惊飞。当隔离开关绝缘子闪络后,鸟叼着的铁丝落下,绝缘恢复正常,重合闸成功,供电恢复正常。

十三、接触网坠砣限制管松脱

（一）事件经过

（1）坠砣限制管松脱搭接到馈线上引起短路跳闸。

（2）验电接地后，接触网人员迅速将坠砣限制管脱离馈线并进行临时牢固绑扎，使坠砣限制管与接触网带电体保证安全距离，确保行车、供电安全。

（二）事件分析

补偿装置限制管顶部紧固螺栓松脱，导致限制管偏斜后搭接在馈线及腕臂安装底座槽钢上，造成接触网对地短路并形成接地。

第三节　施　工　异　常

一、绝缘手套遗留轨行区事件

（一）事件经过

接触网专业作业完毕后，施工负责人在销点前，询问材料员是否出清现场，现场材料员未经清点便回复施工负责人现场材料已出清，导致一双绝缘手套遗留在轨行区未出清。

（二）事件分析

材料员在销点前未仔细认真核对材料、工器具出清情况是造成此次事件的直接原因。

二、隔开检修质量不达标事件

（一）事件经过

演练过程中，发现 2131 隔开机构箱内，分闸继电器端子接线松动；同时发现 A 站 2111 隔开刀闸合闸不到位。经调查，根据年度检修计划，此设备检修计划为年检；A—B 站区间上下行隔离开关根据年度检修计划，此设备检修计划为半年检，但该设备检修至今均不足 2 个月，属于检修质量不达标。

(二)事件分析

在进行定期维护检修时,施工负责人、作业组成员未能深入对设备进行定期维护保养工作,导致设备"带病"运行,是造成此次事件的主要原因。

三、电客车进入无电区事件

(一)事件经过

接触网隔离开关检修作业中,因未对隔离开关检修前、后状态进行记录,造成检修完成后,未将16道隔离开关恢复至检修前状态,导致电客车回厂时由有电区进入无电区。

(二)事件分析

(1)作业人员进行作业检修完毕后,未将G16隔离开关恢复至检修前状态,是造成此次事件的主要原因。

(2)作业人员未按照《接触网安全规程》要求,隔离开关倒闸作业应由二人进行,一人监护,一人操作。

(3)作业工作票中,未见有"作业完毕后,设备恢复原状态"字样,安全预想及卡控不到位。

(4)接触网供电状态LED显示屏设置在运用库门头内侧,列车进入库内时,司机无法确认股道带电情况。

(5)车辆段运用库内股道的隔离开关状态在DCC和OCC均无终端电子显示,相关岗位无法监视隔离开关状态。

(6)检修人员存在思想松懈、得过且过现象。

第四节 人 为 因 素

一、检修人员触电跌落事件

(一)事件经过

施工负责人违章指挥作业组成员超范围作业,安排作业组成员聂某某在对设备状态不清楚的情况下,对隔离开关绝缘子进行清扫,造成该员工触及带电部分,从高空跌落。

(二)事件分析

(1)施工负责人违章指挥,超令施工,是造成事故的主要原因。

(2)安全防护措施不完备,隔离开关处未设置安全防护措施及警示标志。违反了《电力技术规程》和《接触网安全规程》中在所有可能来电的方向或空气间隙处挂接地线,悬挂警示标志的规定。

(3)发票人在签发工作票时未能认真审核安全防护措施是否正确、完备。隔离开关来电方向处未设置安全防护措施。

(4)班前会流于形式,作业过程中的风险源没有告知,并未针对风险源制订相应的安全防范措施。

(5)作业人员对于违章指挥、违章作业不能及时有效制止,盲目服从。对工作缺乏责任心和主动意识,安全责任意识不足。

(6)现场负责人兼顾两个作业的监护工作,且在作业前未告知高处作业的风险源,严重违反了《接触网安全规程》关于高处作业的相关规定。

(7)挂接地线确认表未能认真执行,未能严格执行"一操作、一监护、一记录"。

(8)材料表内显示的工器具不齐全,无警示标牌、绝缘靴、安全带等。作业过程所携带的所有工器具均应填写在材料表内,轨行区出清逐一核对是否有遗漏。

(9)未严格按照分工单上的要求进行作业。

(10)无隔离开关状态确认记录。

二、地线挂至信号轨事件

(一)事件经过及影响

在停车场进行柔性接触网分段绝缘器检查作业时,委外作业人员(操作人),接触网工班人员(监护人)误将地线挂至信号轨,导致停车场至入场线出现红光带。随后地线操作人将该地线拆除,红光带消失。

(二)事件分析

(1)接挂地线操作人和监护人未按照工作票中的安全措施地线接牵引轨的要求操作;且现场钢轨虽已明确标明牵引轨位置,但接挂地线人员未能认真核认安全防护措施是否正确有效,便开始验电接地是造成此次事件的主要原因。

(2)施工负责人未能充分考虑作业组成员的安全技术水平,对施工作业接挂地线环节没有起到监控作用,施工负责人在此次事件中负次要原因。

三、车辆段洗车线误挂地线事件

（一）事件经过

DCC要求接触网人员到现场确认04E隔离开关状态。接触网人员到现场监护开关倒闸，确认带电状态下开关分合状态良好。在前04E隔离开关位置，接触网人员监护车辆人员倒闸，倒闸完毕确认开关状态后。随即车辆人员在洗车库出段线侧分段绝缘器内侧进行了验电接地，一切正常。车辆人员在接完洗车线北侧地线后就收了验电器，拿起地线向库内方向走。接触网人员在完成开关状态确认后，就准备从轨行区回值班点，走到洗车库南侧接近信号机位置时，遇到车辆人员在洗车线南侧信号机附近准备接挂地线。接触网人员听到一声巨响，抬头看见车辆人员举起的接地线，导致地线与接触网短路，产生强烈弧光。

（二）事件分析

（1）车辆部接挂地线人员未携带验电器对洗车线南侧进行验电。

（2）该处接地线固定位置（车辆部人员在钢轨上焊接的固定接地点）已超出接触网人员指示的停电区域60m，为带电区域。

（3）现场接触网分段安装位置与平面设计图纸一致，但车辆部在钢轨上焊接的固定接地点超出停电范围。

第五节 其他因素

一、接触网梯车侵限刮伤列车事故

（一）事件经过

（1）0405次列车运行在A—B站下行区间，当值司机在SK11+200处发现前方有异物（后经确认接触网作业梯车）侵入限界，司机立即采取了快速制动（当时列车运行速度70km/h左右），在SK11+250处列车与梯车相撞。

（2）司机向行调报告了事故经过。

（3）维修人员加固梯车完毕，线路出清。

（4）行调向全线列车发布取消A—B站下行线限速的命令。

（二）事件影响

（1）梯车框架变形。

（2）列车表面划伤，如图 10-19 所示。

图 10-19 列车划伤

（三）事件分析

1. 直接原因

梯车因其固定的铁线松动，致使其在隧道活塞风的作用下，逐步向线路侧移动，从而与当日经过的第五趟相碰。

2. 主要原因

（1）固定梯车的铁线松动。

（2）安全意识薄弱，工作经验欠缺，对隧道活塞风可能产生的负面影响认识不足，施工现场集体管理措施和安全措施落实不到位。

二、接触网遭雷击跳闸

（一）事件经过

（1）A 站 211 和 B 站 213 断路器跳闸，重合闸不成功，站台保安反映有火花掉到钢轨上，需接触网出动抢修。

（2）电调联系得知重合闸成功。

（二）事件分析

跳闸又重合闸成功，判断可能是接触网发生了瞬时短路故障，故障发生时正值雷雨天气，应该是接触网遭雷击发生了绝缘子闪络现象。

附录　城市轨道交通接触网检修工考核大纲

分类	章节		考核内容	掌握程度	考核形式
基础知识篇	一	一	城市轨道交通发展概述	了解	笔试
		二	供电系统概述	熟悉	笔试
		三	接触网系统概述	掌握	笔试
	二	一	柔性接触网系统的结构和特点	掌握	笔试
		二	刚性接触网系统的结构和特点	掌握	笔试
		三	接触轨式接触网系统的结构和特点	了解	笔试
	三	一	隔离开关	掌握	笔试
		二	避雷器	掌握	笔试
		三	分段绝缘器	掌握	笔试
		四	膨胀元件	掌握	笔试
		五	补偿装置	掌握	笔试
		六	线岔、锚段关节	掌握	笔试
	四	一	接触网作业车	熟悉	笔试
		二	网轨检测车	熟悉	笔试论
	五	一	柔性零部件的介绍	熟悉	笔试
		二	刚性零部件的介绍	熟悉	实操
		三	接触网专业与其他专业的接口	熟悉	实操
实务篇	六	一	接触网设备巡检	掌握	笔试+实操
		二	柔性接触网设备的维护	熟悉	笔试+实操
		三	刚性接触网设备维护	熟悉	笔试+实操
	七	一	隔离开关常见故障及处理方法	了解	笔试
		二	避雷器常见故障及处理方法	了解	笔试
		三	线岔常见故障及处理方法	了解	笔试
		四	锚段关节常见故障及处理方法	了解	笔试
		五	支持定位装置常见故障及处理方法	了解	笔试
		六	分段绝缘器常见故障及处理方法	了解	笔试
		七	补偿装置常见故障及处理方法	了解	笔试
		八	膨胀元件常见故障及处理方法	了解	笔试
	八	一	常用工器具	掌握	笔试
		二	常用仪器、仪表	掌握	笔试
	九	一	柔性接触网实操平台搭建	掌握	实操
		二	刚性接触网实操平台搭建	掌握	实操
	十	一	异物故障	了解	笔试
		二	设备故障	了解	笔试
		三	施工异常	了解	笔试
		四	人为因素	了解	笔试
		五	其他因素	了解	笔试

参 考 文 献

[1] 吉鹏霄,张桂林,等.电气化铁路接触网[M].2版.北京:化学工业出版社,2011.
[2] 人力资源和社会保障教材办公室,广州地下铁道总公司.接触网检修工[M].北京:中国劳动社会保障出版社,2010.
[3] 何宗华,汪松滋,何其光.城市轨道交通供电系统运行与维修[M].北京:中国建筑工业出版社,2005.
[4] 中铁电气化局集团有限公司.城市轨道交通供电系统施工技术与管理[M].北京:中国铁道出版社,2014.

图 2-28 下磨式接触轨安装效果图

图 2-29 侧磨式接触轨安装效果图

图 2-31 接触轨端部弯头

图 2-34 接触轨防爬装置

图 2-33 接触轨温度伸缩接头

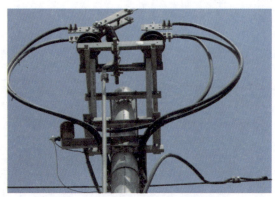

图 3-1 隔离开关(不带接地)的安装

图 3-3 隔离开关(带接地刀闸)的安装

图 3-5 手动操作机构

图 3-6 电动隔离开关

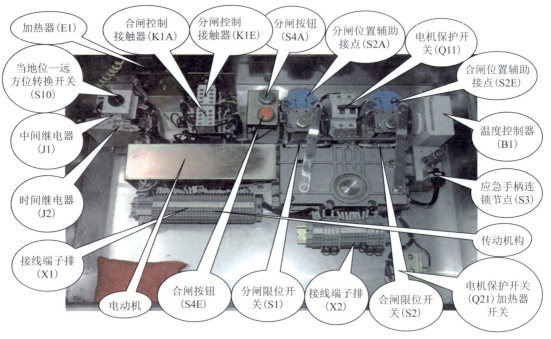
图 3-7 隔离开关操作机构

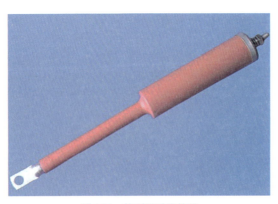
图 3-13 管型避雷器外形

图 3-15 阀型避雷器　图 3-17 直流金属氧化物避雷器

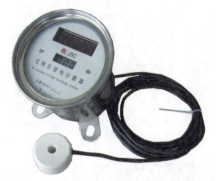

图 3-18　无残压计数器

图 3-24　膨胀元件

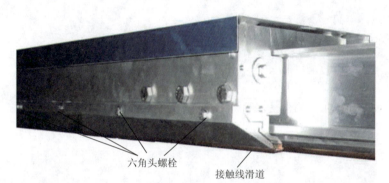

图 3-26　膨胀元件结构图（尺寸单位：mm）

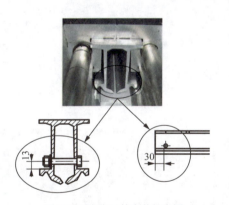

图 3-29　膨胀元件安装纵向图　　　　　　　图 3-30　膨胀元件拆解

图 3-31　膨胀元件调整图　　　　　　　图 3-32　膨胀元件安装效果图

   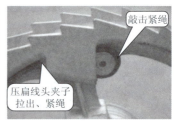

图 3-34　补偿绳安装步骤一　　　　　　　　图 3-35　补偿绳安装步骤二

图 3-36　补偿绳安装步骤三　　　　　　　　图 3-37　补偿绳小轮安装步骤一

 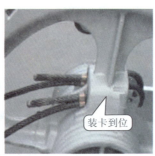 

图 3-38　补偿绳小轮安装步骤二　　　　　　图 3-39　补偿绳小轮安装步骤三

图 4-1　平台控制柜面板　　　　　　　　　　图 4-2　平台控制柜

图 4-3 平台下控制柜面板

图 4-4 平台上控制柜面板

图 4-6 总数据处理箱面板

图 5-2 道床连接端子

图 5-3 钢轨续流电缆

图 5-4 均、回流电缆与钢轨连接

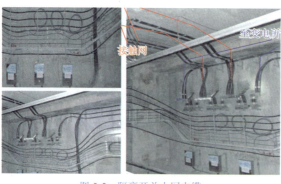
图 5-5 隔离开关上网电缆

图 5-6 回流箱及回流电缆

图 5-7 架空地线

图 5-8 TSG18G1 型受电弓

a)弓头电流连接组装

b)肘接电流连接组装

c)底架电流连接组装

图 5-15 电流连接组装

图 5-24 橡胶止挡

图 6-1 刚性支持定位装置

 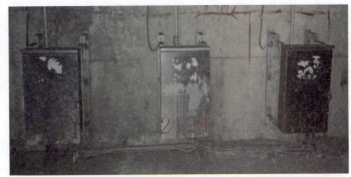

图 6-3　隔离开关与操作箱

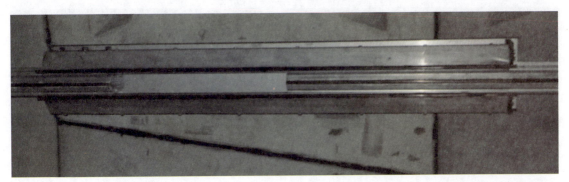

图 6-5　膨胀元件

图 7-1　隔离开关主绝缘烧伤图片　　　　图 7-2　圆柱销断裂

图 7-3　壳体破裂　　　　图 7-4　滚珠掉落

图 7-5 隔离开关合闸不到位

图 7-6 时间继电器调整前后

图 7-7 线岔

图 7-8 线岔故障说明

图 7-9 断线故障

图 7-10 磨耗较大

图 7-11 锚段关节运营期间断线故障

图 7-12 锚段关节腕臂折断故障

图 7-13　锚段关节腕臂绝缘子折断故障

图 7-14　支柱倒塌、断裂故障

图 7-15　腕臂、绝缘子故障

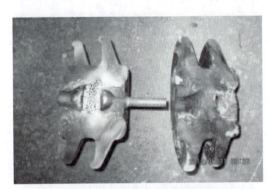
图 7-16　刚性绝缘子故障

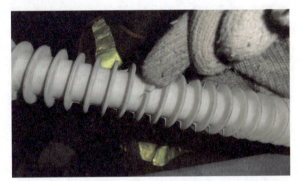
图 7-17　中心锚结绝缘棒故障

图 7-18　汇流排弹性定位线夹卡滞故障

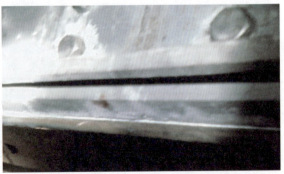
图 7-19　接触线跳槽

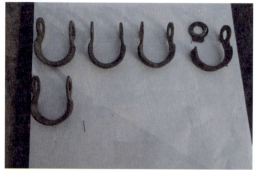
图 7-20　U 形环断裂

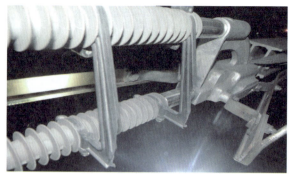
图 7-21　绝缘滑板断裂故障

图 7-22　合金滑板磨耗、裂纹情况

图 8-2　1500V 直流验电器

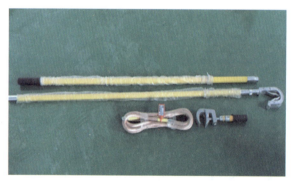
图 8-3　1500V 直流接地线

图 8-4　手扳葫芦

图 8-5　滑车、滑车组

图 8-7 蛙式紧线器

图 8-8 钢丝套

图 8-9 拉力带

图 8-10 900mm 断线钳

a) 电动式

b) 手动式

图 8-11 液压钳

图 8-12 接触线扭面器

a) 五轮

b) 三轮

图 8-13 整弯器

图 8-14 煨弯器

图 8-15　克丝钳

图 8-16　活口扳手

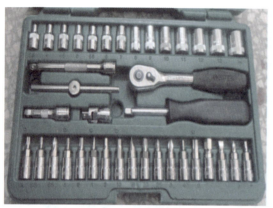
图 8-17　快速扳手组合

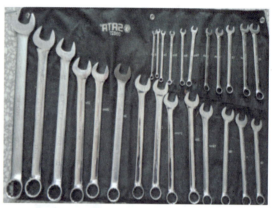
图 8-18　两用扳手套装

图 8-19　梅花扳手套装

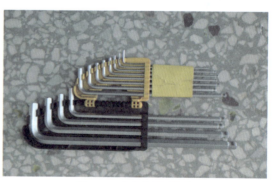
图 8-20　内六角扳手组合

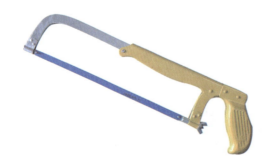
图 8-21　钢锯

图 8-22　手锤

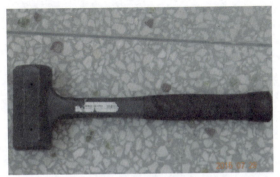
图 8-23　橡胶锤

图 8-24　脚扣

图 8-25　DJJ-8 接触网激光测量仪

图 8-26　接地电阻测试仪

图 8-29　接触线磨耗测量仪

图 8-30　数字万用表　　　　　　　　图 8-31　兆欧表

图 8-32 水平尺

图 8-33 游标卡尺

图 10-1 接触网受损情况

图 10-2 受电弓平台纤维状异物残留

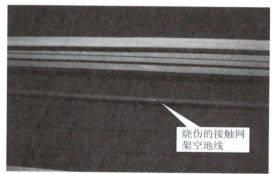

图 10-3 架空地线烧伤情况

图 10-4 馈线烧伤情况

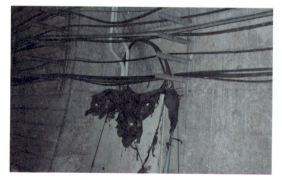

图 10-5 故障点附近残存的漂浮物

图 10-6 处理前

图 10-7 处理后

图 10-9 U 形连接环断裂

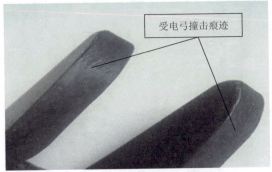

图 10-10 绝缘滑板导角部位图

图 10-11 绝缘滑板断裂情况对比

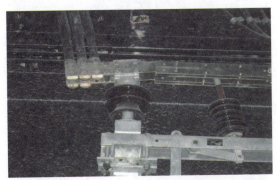

图 10-13 2131 开关

图 10-14 2121 开关

图 10-15 折断的支持绝缘子

图 10-16 传动机构壳体爆裂

图 10-17 隔离开关端子接触不良

图 10-18 鸟搭窝引起开关跳闸

图 10-19 列车划伤